蔡连国◎主　编
赵敬春　高峻峡◎副主编

教师职业道德解读

JIAOSHI ZHIYE DAODE JIEDU

黑龙江人民出版社

图书在版编目（CIP）数据

教师职业道德解读／蔡连国主编．— 哈尔滨：黑龙江人民出版社，2020.5（2023.1重印）
ISBN 978-7-207-12069-4

Ⅰ．①教… Ⅱ．①蔡… Ⅲ．①师德—研究 Ⅳ．①G451.6

中国版本图书馆 CIP 数据核字（2020）第 084544 号

责任编辑：孙国志　崔　冉
责任校对：秋云平
封面设计：欣鲲鹏

教师职业道德解读

主　审　庄　严
主　编　蔡连国
副主编　赵敬春　高峻峡

出版发行	黑龙江人民出版社
	地　址　哈尔滨市南岗区宣庆小区 1 号楼（150008）
	网　址　www.hljrmcbs.com
印　　刷	北京一鑫印务有限责任公司
开　　本	787×1092　1/16
印　　张	13.5
字　　数	240 千字
版次印次	2020 年 5 月第 1 版　2023 年 1 月第 2 次印刷
书　　号	ISBN 978-7-207-12069-4
定　　价	55.00 元

版权所有　侵权必究　　　　举报电话：（0451）82308054
法律顾问：北京市大成律师事务所哈尔滨分所律师赵学利、赵景波

序

百年大计,教育为本;教育大计,教师为本;教师大计,师德为先。随着基础教育改革的不断深入,人们逐渐认识到,更新教育观念,提高教育质量,深化教育改革,归根到底取决于教师的素质和水平。没有好的教师,就难有好的教育,努力造就一支师德高尚、业务精湛、结构合理、充满活力的高素质专业化教师队伍,是推动我国基础教育发展的根本保障。习近平总书记在党的十九大报告中提出了"加强师德师风建设,培养高素质教师队伍"的号召,在全国教育大会上从建设社会主义现代化强国的高度,对教师队伍建设提出了新的更高要求。

黑龙江教师发展学院作为在原黑龙江省教育学院基础上重新整合而成的新学校,承担着全省基础教育的研究、指导、服务的职能,同时,在加强教师队伍建设,提高师德建设水平方面起着举足轻重的作用。为响应党和国家的号召,落实省教育厅领导要求和相关会议精神,学院院长庄严教授提议,组织院内专家学者,编写《教师职业道德解读》一书,并亲自审阅了全书。作为第一读者,阅读此书,感到有如下几个特点:

一是立意高。全书以习近平新时代中国特色社会主义思想为统领,深入领会习近平总书记关于教育的重要论述,具体阐述了其教师观,为教师职业道德建设提供了根本指针。

二是内容广。本书不仅系统论述师德建设的基本理论,还阐述了相关教育政策和教育法律法规,使广大教师能够从政策、法律、道德等方面全方位把握新时代对教师的基本要求。

三是视野宽。本书不仅讲我国的师德建设,还比较全面、精练地介绍了国外教师职业道德建设的做法和经验,为我国教师职业道德建设提供了国际视野和启示。

四是针对性强。本书的受众主要是广大中小学教师,因此专设了相关章节,对我国中小学教师职业道德面临的主要问题进行了深入分析,并提出了解决对策,体现了强烈的问题意识。有鉴于此,本书在国内出版的同类书中不为常见,不可多得。当然,由于是多位作者合作的产物,各章所现风格不尽一致,

有些理论与实践问题也有待进一步深化。瑕不掩瑜,愿本书的出版能为我省基础教育战线广大中小学教师的师德建设做出应有的贡献。

是为序。

吴　涛

2019年9月秋分日

目 录

第一章 教师与教师职业道德 (1)
第一节 教师与教师职业道德 (1)
一、道德与职业道德 (1)
二、教师职业及其特点 (4)
三、教师职业道德的概念和特征 (5)
第二节 教师职业道德的形成与发展 (8)
一、我国教师职业道德的形成与发展 (8)
二、国外教师职业道德的形成与发展 (10)
三、中西方教师职业道德传统比较 (12)
第三节 学习和实践教师职业道德的意义 (13)
一、教师职业道德对教师具有调节和引导作用 (13)
二、教师职业道德对学生具有榜样和示范作用 (15)
三、教师职业道德对社会具有影响和促进作用 (17)

第二章 习近平关于教育的重要论述是教师职业道德建设的根本指针 (19)
第一节 习近平关于教育的重要论述是习近平新时代中国特色社会主义思想的重要组成部分 (19)
一、党和国家必须长期坚持的指导思想 (19)
二、习近平关于教育的重要论述是习近平新时代中国特色社会主义思想的重要组成部分 (22)
第二节 习近平教师观是新时代加强教师职业道德建设的根本指针 (25)
一、习近平教师观形成索骥 (26)
二、习近平教师观的主要内容 (27)

第三章 教师职业道德与相关教育政策 (38)
第一节 教育政策概述 (38)
一、教育政策的概念 (38)
二、教育政策的特点和功能 (38)
三、教育政策的类别和形式 (40)
四、教育政策与教师职业道德 (42)
第二节 新时代对教师职业道德的政策要求 (43)
一、党中央、国务院有关文件要求 (43)
二、教育部颁布的若干文件和规范标准 (58)
三、黑龙江省出台的有关规定 (76)

第四章 教师职业道德与相关教育法规 (81)
第一节 教育法规概述 (81)
一、教育法规的概念 (81)
二、教育法规的种类 (81)
三、教育法规与教师职业道德 (83)
第二节 教师的权利和义务 (86)
一、教师的权利 (86)
二、教师的义务 (89)
第三节 教育法律责任 (90)
一、教育法律责任的概念及特点 (90)
二、教育法律责任的主体和种类 (91)
三、与教师权利和义务相关的法律责任 (92)

第五章 教师职业道德规范体系 (95)
第一节 教师职业道德原则 (95)
一、教师职业道德原则的概念及其确立的依据 (95)
二、教师职业道德原则的地位和作用 (97)
三、教师职业道德的基本原则 (99)
第二节 教师职业道德规范 (105)
一、教师职业道德规范的含义 (105)
二、教师职业道德规范的结构与功能 (106)
三、教师职业道德规范的主要内容 (110)

第三节　教师职业道德范畴 …………………………………………… (117)
　　　一、教师职业道德范畴的含义及其特点 ………………………………… (117)
　　　二、教师职业道德范畴主要内容 ………………………………………… (119)

第六章　教师职业道德培养 ……………………………………………… (127)
　　第一节　教师职业道德教育 …………………………………………… (127)
　　　一、教师职业道德教育的概念及其特征 ………………………………… (127)
　　　二、教师职业道德教育的意义 …………………………………………… (130)
　　　三、教师职业道德教育的过程、原则和方法 …………………………… (133)
　　第二节　教师职业道德修养 …………………………………………… (137)
　　　一、教师职业道德修养的含义及其意义 ………………………………… (137)
　　　二、教师职业道德修养的主要内容 ……………………………………… (140)
　　　三、培养教师职业道德修养的基本方法 ………………………………… (142)

第七章　教师职业道德评价 ……………………………………………… (145)
　　第一节　教师职业道德评价的作用和原则 …………………………… (145)
　　　一、教师职业道德评价的含义 …………………………………………… (145)
　　　二、教师职业道德评价的作用 …………………………………………… (145)
　　　三、教师职业道德评价的原则 …………………………………………… (148)
　　第二节　教师职业道德评价的标准和依据 …………………………… (150)
　　　一、教师职业道德评价的标准 …………………………………………… (150)
　　　二、教师职业道德评价的依据 …………………………………………… (152)
　　第三节　教师职业道德评价的形式和方法 …………………………… (156)
　　　一、教师职业道德评价的形式 …………………………………………… (156)
　　　二、教师职业道德评价的方法 …………………………………………… (158)

第八章　我国中小学教师职业道德的主要问题与解决对策 ………… (162)
　　第一节　中小学教师职业道德面临的主要问题及成因分析 ………… (162)
　　　一、中小学教师职业道德面临的主要问题 ……………………………… (162)
　　　二、中小学教师职业道德面临问题的主要原因 ………………………… (169)
　　第二节　针对中小学教师职业道德问题的解决对策 ………………… (172)
　　　一、加强中小学教师自身职业道德修养建设 …………………………… (172)
　　　二、构建教师职业道德教育培训的有效机制 …………………………… (175)
　　　三、加强教师职业道德建设中的评价、监督和激励措施 ……………… (177)
　　　四、创建有利于教师职业道德建设的学校和社会环境 ………………… (181)

第九章 国外教师职业道德建设的做法与启示 (185)

第一节 有关国际组织关于教师职业道德规范的规定 (185)
一、联合国教科文组织的《关于教师地位的建议书》 (185)
二、国际教育工会的《国际教师团体协商委员会教师宪章》 (186)

第二节 国外一些主要国家教师职业道德建设的做法和经验 (187)
一、美国教师职业道德建设的做法和经验 (187)
二、日本教师职业道德建设的做法和经验 (192)
三、德国教师职业道德建设的做法和经验 (194)
四、英国教师职业道德建设的做法和经验 (196)
五、法国的师德问责制 (197)
六、俄罗斯的教师道德建设 (198)
七、加拿大的《教师职业道德标准》 (199)
八、新西兰的《注册教师职业道德规范》 (200)

第三节 国外教师职业道德建设的共性比较及其对我国的启示 (202)
一、国外教师职业道德建设的共性比较 (202)
二、国外教师职业道德建设对我国的启示 (204)

后 记 (207)

第一章 教师与教师职业道德

当下,教师与教师职业道德是人们日益关注的社会热门话题。那就有必要了解教师和教师职业道德的概念和特征,进而熟悉教师职业道德的形成与发展、中外教师职业道德传统的比较,以及学习和实践教师职业道德的意义。

第一节 教师与教师职业道德

一、道德与职业道德

(一)道德

道德是人们在社会交往中不能离开的生活和工作的标尺。良好的道德可以拨正人生的态度,激励人生的进取,优化人们的关系,从而能够提高民族整体素质,促进社会的精神文明、政治文明、物质文明和生态文明的健康发展。道德是一种社会现象,是由经济关系决定的一种社会意识形态。"道德"一词的形成则在春秋战国时期。在古代,道和德原本是两个概念,道被看成是道路规则,德被看成是走正路、行善事。两字合为一体,最早见于《礼记·大学篇》和《荀子·劝学篇》。按社会规则多做好事,就会和谐人们之间的关系,达到道德的最高境界。道德是人们的行为规范,它是一种协调诸多人际关系、人与环境之间关系的准则。

道德的内容是广泛而丰富的,其中道德意识、道德关系、道德实践是构成道德内容的主体。三者都很重要,缺一不可。道德的类型和提法是多种多样的。从社会历史的纵向看,有依次演进的原始社会道德、奴隶社会道德、封建社会道德、资本主义社会道德、社会主义和共产主义社会道德等。从社会现实的横向看,每一种社会形态内又有着多种类型的道德,但最基本的是社会公德、职业道德和家庭道德三种类型。全面加强道德建设,是以德治国、以德强国之必需。无论何种行业,无论职务高低,所有公民都应该清醒地认识到道德素质是民族精神的重要内容,道德水平是社会文明程度的重要标志。我们必须充分认识进一步加强公民道德建设的重要性和紧迫性。

道德是调整人们之间及个人同社会之间的行为规范的总和。他以善和恶、正义与非正义、公正与偏私、诚实和虚伪等行为,通过各种形式的教育和社会舆论的力量,使人们逐渐形成一定的信念习惯而发生作用。道德源于生活,道德的形成和发展源于人类自身存在发展的需要。道德的功能是协调个人与社会、个人与他人之间的利益关系,使其达到和谐统一。道德也源于人类的社会实践,道德是特定社会经济关系的产物。从道德调节的特性看,道德具有自律性,也具有节制性。

(二)职业道德

广义的职业道德是指从业人员在职业活动中应该遵循的行为准则,包括从业人员与服务对象、职业与职工、职业与职业之间的关系。狭义的职业道德是指在一定职业活动中应遵循的、体现一定职业特征的、调整一定职业关系的职业行为准则和规范。

职业道德是社会道德体系的重要组成部分,它是一定社会的道德原则和规范在职业行为和职业关系中的特殊表现,是从业人员在职业活动中应该遵循的道德规范以及应当具备的道德观念、道德情操和道德品质。[①] 职业道德是在近代社会的社会分工和职业分化的背景下产生的,在传统社会中,由于职业分化还不是那么严重,绝大多数人都从事着农业生产活动,因此职业道德并非社会道德规范体系中的重要内容,随着社会分工的加剧和职业工作的分化,社会上的职业种类越来越多,职业的特点也是五花八门,整个社会的道德生活出现了去中心化的趋势。人们的社会活动被分割为一个个职业领域,而每一种职业都有自身的相对独立性,因而也就需要相对独立而特殊的职业道德规范来加以约束和引导,这就使得职业道德在近现代社会中的地位日益凸显,成为社会道德规范体系中的重要组成部分。职业道德具有以下三个特点:

职业道德的稳定性:职业道德具有更高更具体的道德要求,鲜明地表达了职业义务、职业责任及职业行为方面的道德准则,通过特有的道德传统、道德习惯规范来造就行业的从业人员。有利于形成相对稳定的职业心理和职业习惯,因而具有较强的稳定性。

职业道德的差异性:从各个行业职业行为的实际出发,采用制度、守则、公

---

① 黄正平,刘守旗.教师职业道德新编[M].南京:南京大学出版社,2010:12.

约、承诺、誓言、条例以及标语口号之类的表达形式来规范。职业道德比较具体和灵活多样。这些形式和内容容易被广大从业人员理解和实行,也有利于行业外的人员认识和接受。在不同行业人员普遍认同和接受的基础上,逐渐成为各自行业的职业道德传统和习惯。

职业道德的约束性:主要在从业人员的业务活动中发挥作用,一方面用来调节行业内部关系,加强行业内部的凝聚力;另一方面用来调节从业人员与其服务对象之间的关系,用来塑造行业的形象。对于本行业的从业人员,职业道德具有很强的约束力。

(三)社会主义职业道德的基本要求

每一种职业的道德要求既有相通之处,又有行业特点。我国社会主义职业道德需要遵循五个基本要求。①

1. 爱岗敬业

爱岗敬业所要求的对象是所有从业者,从业人员热爱自己的工作岗位,敬重自己所从事的职业,表现为从业人员勤奋努力、精益求精、尽职尽责的职业行为。以爱岗敬业的心态从事自己的职业,不仅是个人获得职业成功的基本条件,也是一个人享受职业快乐的前提。

2. 诚实守信

诚实守信主要用来规范经济领域的商品生产和商品交换活动,以及各种商业合作行为。从业者在职业活动中,应该诚实劳动、合法经营、信守承诺、讲求信誉。职业关系和职业交往的活动是建立在互相信任的基础之上的,一旦违背了诚实守信的原则,不仅正常的职业关系会遭到破坏,利益遭受损失,破坏社会公正,而且会损害个人或团体的形象,从而导致个人和社会的双输结局。

3. 办事公道

办事公道所要求的对象主要是拥有公共权力的政府机关办事人员。办事公道要求从业人员在职业活动中,要做到公平、公正、公道,坚决避免滥用权力,坚决防止公权私用,坚决反对以权寻租,要做到不谋私利、不徇私情、不以公权侵害公共利益、不以公务活动损害公民利益、不假公济私。从业者要忠于自己所在的组织,不损害自己所属的团体的正当利益。不能因为个人私利而出卖组织,或者将组织的利益变相输送给个人,损公肥私。在处理各种利害关系时,要平等公正地对待他人,不因为他人或组织在财富权力、社会地位以及与自己亲

---

① 魏则胜. 教师职业道德[M]. 广州:中山大学出版社,2017:23.

缘关系等方面的差别而区别对待,要避免趋炎附势和歧视弱者。

4. 服务群众

服务群众所要求的对象是所有的从业者。它要求从业者在职业活动中一切从群众的利益出发,为群众着想,为群众办事,为满足群众的生活需要而不断提高服务质量。想群众之所想,急群众之所急。服务群众是任何一种职业活动都必须遵循的行动原则,原因就在于只有服务群众,职业活动才能够获得群众的回应和支持,才能够拥有良好的商品生产和交换关系,从而获取基本的经济利益。而经济利益只是职业活动的基本出发点,却不是职业活动的归宿。

5. 服务社会

服务社会是所有职业活动的最终目标,它要求从业人员在工作岗位上树立起奉献社会的职业理想,并通过兢兢业业的工作,自觉地为社会和他人做贡献,尽到力所能及的责任,从而建设国家,推动社会发展和文明进步。只有将个人的职业活动与服务社会、推动整个社会的进步联系起来,才能够使得自己的职业活动成为高尚的事业追求,自己的职业生涯成为道德修炼的过程,个人也必将因此获得精神的满足。

二、教师职业及其特点

(一)教师的概念

在现代社会中,教师是受社会委托,引导和帮助受教育者学习人类积累的文化科学知识、社会规范和相关技能,促进其在德智体美劳等方面朝着社会所期望的方向发展的专业人员。广义上,是从普遍的角度来说明教师是什么。例如苏联教育家加里宁认为,广义的教师是指有威望的、明智的、对人们有巨大影响的人而言。也有人认为,广义的教师是泛指传授知识经验的人。就是日常生活中所认为的以学者为师,将那些曾经对自己一生的成长发展起过指导作用或者产生过影响的长者、智者等尊称为自己的老师。狭义上,是从教师作为一种社会职业角色来解释教师是什么。有人认为,狭义的教师是指某门学科的讲授者;也有人认为,狭义的教师是指受过专门教育和训练的人,并在学校教育过程中担任教育教学工作的人。教师是学校里承担向学生传授知识技能、发展学生智力体能、培养学生思想品德任务的人员。这种概念明确认为,教师是指在学校担任教育教学工作的人员。

(二)教师的职业特点

教师职业具有一般社会职业所共有的种种属性,也具有其自身的特点。教书育人是社会的分工规定,教师职业承担的社会劳动任务,也就是教师职业区别于其他社会职业的基本特征。这一基本性质决定了教师职业具有以下明显的特点:

1. 教师职业的重要性

教师职业作为众多的社会职业之一,是一种平凡的职业,但在人类文明继承和延续中,每一个学生个体的成长过程中,教师都具有其特殊的作用。教师的职能不仅是物质文明和精神文明的创造,更主要是人们从事物质生产和精神生产的能力的创造。它通过传递知识和文明,塑造人的个性,培养新一代物质文明和精神文明的创造者。教师的劳动决定着民族的素质和人类社会的进步与文明。

2. 教师职业的专业性

教师职业是一种具有明显专业性的职业,从事教师职业的人必须具有特定的专业知识和能力,必须经过特定的专业训练和实践。

3. 教师职业的多角色性

教师在履行其职能时所扮演的角色包含领导者、管理者、严父慈母、朋友、心理咨询医生、保健医生、体育教练等多重角色。这是教师职业的客观要求,完不成这些角色,就失去了教书育人的教师资格,它体现了教师职业具有多种综合的社会职能。

4. 教师职业的示范性

在社会生活中,人们把老师视为榜样。教师个人的道德情操、世界观、人生观、价值观、修养学识、气质风度等等,都会影响学生,对他们产生潜移默化的影响。教师职业的示范性不仅是教师的职业要求,更是教师职业活动的客观存在。

三、教师职业道德的概念和特征

(一)教师职业道德的概念

教师作为人类文明的传播者、人类灵魂的工程师,教师的职业道德也就是师德,对学生、社会乃至对整个人类的影响都是非常重大的。

教师职业道德是教师这一特殊职业所具有的独特的职业道德规范体系。

与其他职业领域相比,教师职业具有自身的独特性,处理着特殊的人际关系与道德关系,因而也就需要一种特殊的职业道德来规范教师职业行为。教师职业道德又称为教师道德或者师德,它是指教师在职业活动过程中所应该遵循的,用于调节教师职业工作中教师与学生、教师与集体、教师与社会等关系的道德规范和行为准则的总称。教师职业道德是社会道德规范体系的有机组成部分,它体现着教师所应当具有的道德情感、道德观念、道德情操以及由此而形成的整体性的道德品质。

教师职业道德所关注的重点是教师职业工作中的人际关系,包括教师与学生的关系、教师与集体的关系以及教师与社会的关系等等。教师职业道德的核心目标是规范和引导教师处理好这些关系,让教师以道德的方式来协调人际行为,同时也以道德的方式来开展教育教学活动。教师与学生的关系是教师职业道德的核心方面,一名合格的教师必须具有处理好师生关系的能力。教师在教育工作中,既要有一定的威信,能够对学生的学习生活加以引导或者矫正,同时又要充分尊重学生的人格尊严,尊重学生的主体身份,给予学生自主选择的空间和机会。教师与学生之间应当是互相尊重、相互信任,同时又相互促进的关系,这也正是古代儒家所称的教学相长。此外,教师还必须处理好与集体的关系。这个集体包括同事群体以及学校生活中的共同体。教师生活于学校共同体之中,难免与教师集体以及学校共同体发生着各种各样的人际关系及利益关系。教师必须从道德的逻辑出发来处理好与集体和学校的关系,努力成为学校共同体教师集体中的合格成员,为集体生活和学校教育做出力所能及的贡献。当然,教师还面临着与社会的关系。教师作为社会成员,必须把自己看作是社会的一分子,在教学活动中履行社会职责,有效地传递社会的核心价值观念,通过自身的教学活动来培养人才,从而促进社会的发展。

(二)教师职业道德的特征

教师职业道德作为教师在长期的职业活动中内化的结果,在教师个人的观念行为中体现出一贯的较稳定的特征和倾向。教师职业道德是职业道德的一种类型,因此它具有各种类型的职业道德所具有的一般特征,同时,由于教师职业道德又是专属于教师这一特殊职业领域的道德规范,因此它又具有自身的特殊属性。教师职业道德的特征必须从以下四个方面来加以综合的理解和把握:

1. 教师职业道德具有教育性

教师的价值就是显性的影响和隐性的教育。除了在显性教育方面,教师会自动根据自己的价值观理解来处理每一节课的教学内容,凸显一些教育内容,而相对忽略另一些教学内容；在隐性教育方面，教师的敬业精神以及教师对课程以外许多问题的看法的不自觉流露，也都会对学生产生不同程度的影响。受职业道德影响的教学方式，如师生间的互动方式，也是教师价值观的体现，也会作为课程影响教育对象。教师的人格特征是影响教育内容的重要因素，甚至可以说教师的人格特征本身就是教育内容。教师的人格特征对教育内容的影响，可以从两个方面去理解：一方面教师的道德人格会成为学生学习的榜样。中国自古就有以身立教的理论，这也是同样的道理。另一方面教师的人格特征也影响教师对教育内容的加工处理。一个有文学气质的教师的教学是充满激情和富于想象的，一位逻辑性较强的教师会以冷静思辨的睿智见长；情绪好的教师容易宽以待人、诲人不倦，而心情欠佳者则容易苛求学生、草率行事。尽管气质、情绪等人格特征主要是心理范畴，但是职业道德对于这些人格特征的修养和调整仍然有非常大的引导作用。

2. 教师职业道德的自觉性

现代教育制度中的教师职前培养和继续教育制度的存在，使得教育工作者一般都经过专门的职业训练，因此他们不仅在教育工作的基础上具有十分明显的专业性和自觉性，而且在道德上也有较高的自觉性。教师应该是积极调整教育劳动中人际关系的主动力量，反之一些缺乏师德自觉的教师，实际上是失去了教师本质的教师，在人际关系中永远处于被动低效或无效的境地，所以教师职业道德从道德主体的角度看具有明显的自觉性。

3. 教师职业道德的整体性

教育劳动的特殊性之一就是影响的整体性，因此从教师职业道德的影响这一角度来看，教师职业道德具有一定的整体性。这一整体性主要有三个方面：一是指每一名教师对学生的影响是整体的。二是指教师对学生的影响具有整体性，面对的是学生群集体。三是指教育工作需要教师集体的通力合作才能完成。具体来说，第一，教师职业道德的影响与他的业务素质、人格特征等紧密联系在一起。比如主观上希望对学生公正的教师，可能因为其教育方式上的失误而适得其反；又比如一个心地仁爱的教师也可能因为其性格上的内向而给学生以冷漠的印象，所以师德的修养如同师德的影响一样，都是整体性的。通俗地说，教师实际上必须尽量做一个完人，从而影响学生的整体人格的建构和发展。第二，教师对学生的影响具有集体性，因为教师往往面对着一个班级集体的学生，而不只是面对一两个学生。通过对学生集体的教育也可以完成对学生个体的教育，因此优秀的教师往往能够经由集体来通达个人，通过集体教育来塑造良好的集体氛围，从而影响集体中的每一个学生的成长。第三，现代教师的劳

动具有非常强的集体性,单个教师的影响只有形成合力才能更有效地作用于学生。作为教育劳动成果的学生,实际上是一种集体劳作的成果,因此师德中的重要内涵就必然有教师之间的协调与配合。

4.教师职业道德的自律性

教师职业道德不仅是一种外在的道德规范体系,更是一种内在的道德自律。也就是说,教师必须通过把外在的道德规范内化为自身的道德素养,从而全面地提升自己的道德品质和道德境界。我们知道,纯粹的道德他律和外在的规范是很难限制教师的行为的。因为这些外在的规范难以深入人心,难以成为教师心灵世界和道德世界的有机组成部分。因此教师职业道德如果仅仅是这样一些外在的道德规范的集合体,通过灌输或者强制的方式来向教师施加压力,那么这些职业道德规范对于教师职业活动的调节作用,很可能是低效甚至是无效的。显然一种职业道德规范只有当它被道德主体所内化的时候,才有可能成为道德主体内心世界的有效有机组成部分,才可能经由道德他律而走向道德自律,从而主导道德主体的道德生活。教师职业道德也同样如此,它需要教师以主体的身份自觉自主地吸收和接纳这些道德规范,甚至允许教师反思和批判教师职业道德规范中的不合理的要素,保留合理的方面,从而让这些道德规范成为一种自律和自觉,而不再是一种外在的强加和灌输。通过这样的反思、吸收和内化的过程,教师职业道德才能真正成为属于教师职业生活的应有的道德规范。

总而言之,教师职业道德主要是一种用于协调教育活动中教师与学生、教师与集体以及教师与社会等关系的道德规范体系的总称。它既是社会向教师职业所提出的相对客观的道德规范,同时也是教师以及教师群体所应当主动去吸收内化和践行的道德规范。它既体现出了一定的道德他律性,同时也体现出了显著的道德自律性。因此只有将社会性与个体性、他律性与自律性紧密地结合在一起,教师职业道德才能有效地调节教师职业活动中的各种关系,最终促进教师职业工作的开展和教师职业成就的获得。

第二节 教师职业道德的形成与发展

一、我国教师职业道德的形成与发展

我国的教师职业道德是随着教师这一特殊职业的产生、发展而发展完善的。

原始社会末期和奴隶社会早期,随着生产力水平提高,社会有了足以供给脑力劳动者的剩余产品,逐渐产生了专门从事教师工作的特殊群体,教师这个职业开始萌生,约束教师行为的一些模糊的道德规范也逐渐发展起来。

夏、商、周三个朝代一千多年的奴隶社会,教师职业道德获得了比较快的发展。中国产生了比较成熟的体系化的官学系统,实行"官师合一""政教合一"的教育制度。学校教育服从奴隶主贵族的统治,教师职业和贵族的身份走向了合二为一,教师的职业道德与奴隶主贵族的道德也走向了合二为一。这一时期的教师职业道德呈现出强烈的奴隶主专制统治的色彩。

春秋战国时期,官学衰微,私学兴起,以孔子、荀子、孟子、墨子等为代表的一批教育家、思想家纷纷兴办私学,具有明显的阶级性质。基于自身的教育实践总结出了教师道德规范的体系,奠定了教师职业的光辉道德形象。

秦汉以后,罢黜百家,独尊儒术。一直到明清时期,教师职业道德与儒家理论实现了融合,儒家理论成为教师职业道德的伦理基础。董仲舒、韩愈是这一时期的道德教化的典范。

宋代以后理学、心学兴起,对教师职业道德的理解和阐述为教师职业道德的发展做出了重大贡献。理学大师朱熹、心学大师王阳明等都很好地阐述了教师职业道德的境界与教师应具备的品质。

近代中国,教师职业道德一方面深受传统儒家理论影响,另一方面也逐渐学习和借鉴了西方的伦理观念和师德观念,提出了要对教师的知识素养和道德素养进行专门培训,以此来获得新式教育所需要的新式师资,最终完成国家富强的目标。康有为、梁启超等人是这一时期的主要代表。

民国以后,一批教育家用自身的道德人格践行的教师职业道德,促进了教师职业道德在近代中国的发展。蔡元培、陶行知等人是这一时期教师职业道德的光辉典范。他们提出了平等待人、尊重个性、善于引导等等主张,但不能摆脱其资产阶级的时代局限性质。新民主主义革命时期,一批先进的知识分子,初步探索和实践了社会主义的教师职业道德。

新中国成立以后,继承发扬了老一辈革命家的高尚师德,借鉴和学习苏联的教育理论和教育制度,初步形成了具有中国特色的比较完整的社会主义教师职业道德规范体系。"文革"时期,教师职业道德体系受到破坏。改革开放后,经过几十年的共同努力逐渐形成了新时期比较完备的教师职业道德体系。国家教育主管部门出台了多个有关教师职业道德规范的文件,促进了教师职业道德体系的发展。先后有1984年版、1991年版、1997年版、2008年版的《中小学教师职业道德规范》。教师职业道德的主题突出在献身教育、教书育人。

当前,以习近平新时代中国特色社会主义思想为指引的新的教师职业道德体系正在形成和完善。内容越来越科学合理,层次越来越清晰明了。《新时代高校教师职业行为十项准则》《新时代中小学教师职业行为十项准则》和《新时代幼儿园教师职业行为十项准则》的出台颁布,更有利于促进教师对职业道德的理解和践行,同时也有利于增进职业道德对教师职业生活的规范和引导。

二、国外教师职业道德的形成与发展

(一)世界各国都非常重视教师职业道德的研究和建设

我们通过比较,了解和把握国外的先进经验和规律,对推动我国的教师职业道德建设具有很重要的现实意义。古代希腊罗马时期的教师职业道德,主要有两种观点:一种认为教师对学生应该严格要求和管理,学生应该绝对地服从教师,提倡实施体罚。[1] 代表人物是柏拉图。另一种观点认为教师应该对学生友善,应该依靠自身的才能品德把学生培养成品德高尚的人。代表人物是希腊的德谟克利特、昆体良等等。在中世纪的欧洲,教育具有明显的压制儿童天性发展的权威主义特点。一部分经院哲学家在理性的指引下,开始从尊重儿童的立场向教师提出相应的要求,托马斯·阿奎纳是代表人物。文艺复兴时期的教育思想家反对教师的权威主义和对学生的体罚,崇尚自由的精神,他们希望发展儿童的积极性和独立性并激发创造性,代表人物有意大利的维多里诺、捷克的夸美纽斯等人。

(二)近现代国外的教师职业道德进一步的发展

近代以来,注重教师培养学生的德智体各方面能力,英国教育家洛克、瑞士教育家裴斯泰洛是这一时期的代表人物。现代欧洲的教育史上建立了一系列的相关措施和机制,逐渐发展为系统化的职业道德规范,来保证教师在职业道德习惯养成方面和社会对教师的道德行为评价方面,有规可依、有章可循,在实践中取得了良好的效果。仅以具有代表性的美国和日本为例。

美国称职业道德为职业伦理。教师职业伦理规范是调节教师工作所涉及的各种关系的行为准则,重视对教师专业伦理的研究和践行,从 19 世纪就出现

---

[1] 刘亭亭. 教师职业道德[M]. 北京:北京大学出版社,2017:11.

了。1966年全美教育协会对教师职业道德规范进行了修订,并获得了所有教育从业人员的赞同。此后,经过长达50年,先后6次修订,最终定稿。进入20世纪80年代以后,美国对教师专业化的探索达到高潮,教师专业伦理的研究也得到进一步的加强。[①]

日本明治维新以后提出的教师职业道德理论反映了当时理想的教师形象,也对教师的职业道德提出不同的要求。日本在开始教育现代化的进程中着眼于教师的培养,对师范学生提出顺良、信爱、威重的培养目标,对以后日本师德规范的形成产生了巨大的影响。二战后,广大教师在对政府发动侵略战争的反思中觉醒,力求追求民族主义的现代教师形象。20世纪60年代以后,随着经济和教育事业的高度发展,教师职业道德日益被重视。日本社会认同教师职业是专业性职业,教师是从事专业性职业的专业人才的教师观。这一时期著名的著作有《师道》《人类教师与国民教师》等。提出在道德教育活动中不仅要重视学生的道德和面向学生的道德教育,而且也要留心教师的道德和面向教师的道德教育。

（三）国际组织关于教师职业道德的规定

在历史的发展中,联合国教科文组织提出了富有创见的教育理念,教育的基本概念和教育的行动纲领直接推动了世界各国的教育改革与发展,为世界的和平发展及人类的社会文明进步做出了特别的贡献。在关于师德问题、教师地位作用、教师教育等的文件中,都有有关教师师德方面的论述。1966年10月,联合国教科文组织通过了《关于教师地位的建议书》。1975年又提出了《关于教师作用的变化及其对教学专业的职前教育、在职教育的影响的建议》。国际教师团体协商委员会是一个协商机构,由国际教育工会、中学教师国际联合会、小学教师协会国际联合会共同发起成立。1954年8月,各国教师代表参加了在莫斯科举办的第19次会议,通过了《国际教师团体协商委员会教师宪章》,也对世界范围的师德规范提出了要求。

上述教师职业道德不同历史时期的发展变化以及不同国家和组织出台的这些规范文件和著述,都对各国教师教育与培训工作、教师职业道德的丰富和发展产生了深刻而广泛的影响。

[①] 刘亭亭.教师职业道德[M].北京:北京大学出版社,2017:14.

三、中西方教师职业道德传统比较

（一）中西方教师职业道德传统的共性分析

1. 中西方教师职业道德传统都注重教师职业道德的规范建设。从现有的资料来看，联合国教科文组织和国际教师团体协商委员会等国际机构所制定的有关教师的规则都体现了这一精神，美日等国都重视编制具体的教师职业道德规范，保证教师在职业道德习惯养成上和社会对教师的道德行为的评价上有规可依、有章可循。

2. 中西方教师职业道德传统都将师生关系作为教师职业道德规范的核心内容。中西方的职业道德都强调师生关系，目的在于尊重学生的自主性精神，使他们的人格得到充分发展。因而师生关系是一种无形的潜在的隐性教育因素，都直接制约着学生受教育的程度，决定了教育的质量和效果。

3. 中西方教师职业道德传统都注意划分师德规范的结构层次，以便于实施操作。教师职业的特殊性决定了师德规范既要有理想性，又要有现实性。因而西方国家注重区分师德规范的不同层次，以对教师整体与个体提出不同层次的职业道德要求。师德规范不是空洞的师德理想，而是包括具体的行为规则，它可以直接制约教师个人的从教行为与教师群体的道德修养。另一个方面，体现出师德规范的不同结构发挥不同的功能作用，理想发挥激励作用，原则发挥指导作用，规则发挥约束作用。

4. 中西方教师职业道德传统都强调教师职业道德教育的内化与养成。西方国家虽然重视教师职业道德教育，但在职前和职后的培训过程中，不以师德为名专门设置课程进行简单的灌输和空洞的说教，而是将其渗透在学校及社会的日常道德教育之中，注重职业道德习惯的养成。西方国家的教师职业道德教育途径、方法多种多样，主要是采取：间接教育，全方位地渗透；强调在道德实践中将道德规范内化为道德行为；将教师职业道德的责任义务教育融入"公民教育"和"公民责任"教育中，培养学生首先是具有爱国精神和尽责尽义务的"公民"。

（二）中西方教师职业道德传统的差异分析

中西方不同的文化传统决定了中西方教师职业道德在某些方面既有相似之处，也存在着差异。中国教师职业道德强调社会本位、师道尊严与情感本位。认为教师应该具有高度的社会使命感和责任感，有威严的形象，重视学生的情感伦理。而西方的师德则看重个人本位、师生和谐，认为教师应该尊重学生个性，与学生建立友好和睦的关系，重视培养学生的理性。

1. 中国教师职业道德以儒家师道为主，不仅理论体系完备，而且规范全面、具体明确。而西方崇尚自然科学理性，重视个人价值取向，要求教师尊重学生，培养学生的独立性，培养学生对正义的追求。中国教师注重自我道德修养的追求，强调教师以身作则，为人师表。要求教师在教育学生的过程中要加强自我道德教育，树立榜样和威信。认为教师必须有广博的知识，融会贯通，用谦虚谨慎的态度培养学生。把求知当成终身目标。同时也强调师生关系和谐。西方教育家注重知识的积累与传授。认为只有客观的确定的和实证的知识才是真正的可靠的知识。反对学术上弄虚作假，提倡对真理有批判精神。师德思想也体现了自然主义教育的特征，代表人物有德谟克利特、亚里士多德和柏拉图。在西方教育中也有明显的体现崇尚人本主义的功利主义思想，注重道德与利益的关系，以实际功利为目的的价值导向。但是也把勇敢、公正、平等、博爱等美德作为重要的德行价值取向。

2. 中国教师职业道德修养上注重内省和慎独的自我修养，而西方重视外在因素对道德的约束。西方要求教师要具备法律规定的教师素养和品质，强调的是一种服务的理念。中国强调教师的自我修养，要给学生做表率。西方强调外在行为的表演，强调师德发展以理性和法律为依据，教师各种行为要在法律框架下进行。把教师的职业道德以法律形式确定下来，对师德做了合理的规范和有力的保障，给了教师一个规范的道德标准。

中国教师被看成某种神圣的和社会主导观念的传播者，把师生关系纳入了宗法制度的格局。教师被赋予一种至尊的地位，是学术的权威的代表、正确价值观的代言。而西方的教育理论中，平等民主是师生关系的基础，教师只是引路人和指导者，不是绝对的权威。

第三节 学习和实践教师职业道德的意义

教师职业道德在促进教师的专业成长、推动教育工作的有效开展、协调教师职业活动的人际关系等方面都发挥着重要的作用。在教育活动中学习和实践教师职业道德具有三个方面的意义：

一、教师职业道德对教师具有调节和引导作用

教师职业道德可以对教师起到引导和规范的作用，促使教师提升自我的职

业道德修养,改善自身的职业素质和能力。教师在工作中必须注重个人人格的建立,只有这样才能在促进学生人格形成的同时使自己的人格更趋完善。教师选择教育作为自己毕生从事的事业,就必须要热爱教育事业、忠诚教育事业。许多优秀教师的经验证明,他们之所以能在教育过程中有卓著成效,首先在于他们愿意为教育奉献自己的毕生。学习教师职业道德并在工作中实践它,对于教师来说本身就是个纪律和职业道德的约束。

(一)教师职业道德对于教师集体的职业工作具有调节引导作用

教师职业道德与教师对教育活动意义的理解密切相关,教师职业道德为教师的职业成长提供了职业的信念和道德的理想,它可以促使教师更深刻地思考自身的职业工作的价值与意义。① 我们看到在现实生活中,有不少教师缺乏教育工作者的职业道德素养,他们仅把职业工作当作一份不会摔破的铁饭碗,仅把教育工作当成谋生的手段,而没有从更深的意义上来理解教师的职业工作。在生活中也有很多教师,他们真正去深刻地理解教师的职业道德,他们对自身的职业工作有着一种特殊的道德信念,因而他们更愿意把教育工作看作是一项具有很深的社会意义和个体意义的工作,愿意在教育工作中付出自己的努力。教师职业道德在教师的职业生活中正是起到了一种引导的作用,它使教师能够超越日常生活的现实性与功利性,把教师引向更为崇高的道德境界,使教师能够全身心地投入教育工作。

教师职业道德还能够通过评价激励和追求理想人格等方式,在造成良好的社会舆论和社会风尚的同时,培育教师的道德意识、行为品质。一种良好的教师职业道德和职业风尚可以在学校中制造良好的舆论氛围,而这种舆论氛围对于教师的道德成长而言是非常重要的。缺乏这种道德氛围,教师的道德意识、道德行为以及道德品质的发展仿佛就缺乏了水源和土壤。教师职业道德的熏陶,可以促进每一位教师不断反思自我的道德品质和道德行为。在日常生活和教育活动中以教师职业道德的标准来要求自己,从而提高自身的精神境界和道德水平。这有助于使教师成为道德纯洁、理想高尚的人,有助于教师在教育工作中不断完善和提升自我的道德品质。

(二)教师职业道德对教师集体的发展具有调节引导的作用

在学校生活和教育活动中,教师并不是一个人在工作,而往往是与其他教

---

① 檀传宝.教师职业道德[M].北京:北京师范大学出版社,2015:17.

师一起开展工作,一起追求共同的教育理想。教师职业道德倡导教师与教师之间的合作分享、诚信友爱,这无疑有助于教师集体凝聚力的增长,促进教师集体的整体业务能力发展。教师作为职业集体中的一名成员,必须处理好集体内部的关系,也必须正确处理职业集体与社会的关系,而这需要教师职业道德来加以规范和引导。有了良好的教师职业道德,可以引导教师更深刻地意识到自我与其他教师之间所形成的应当是合作和友爱的关系,而不是恶性竞争和互相攻击的关系。教师与教师之间虽然也有正常的教学竞争,但是这种竞争必须限定在合理的范围之内,必须接受教师职业道德的检验。而在个人与教师集体的关系中,个人的利益应该与教师的集体利益融合在一起,不能为了个人利益而无视甚至损害集体的利益。显然,当教师能够按照职业道德的操守开展职业工作的时候,教师之间的关系将更为和谐,整个教师集体也将获得更好的发展机会。

教师职业道德对教师集体的调节引导作用还表现在教师职业道德可以对教师集体起到监督和约束的作用,避免教师集体犯错误,做出道德上不正当的集体行为。比如违反国家规定收取不合理学杂费,私自组织、诱导或强制学生补课等等。教师职业道德在教师集体的每一位成员的心中都会形成一种监督和自我监督的机制。它要求教师以教师集体、职业良心和教育理想投入教育工作中。当教师及教师集体都能够按照职业良心来做事,能够以道德的方式来处理职业工作中的各种问题的时候,那么我们说这个教师集体在道德上是积极向上的集体,而这个集体中的教师也将会成长为更加优秀的教师。这种教师职业道德监督和约束的目的也是为了促进教师集体和个体的充分发展和提高。

二、教师职业道德对学生具有榜样和示范作用

教师职业道德通过教师的道德示范作用,对学生开展隐性的人格教育,促进学生的心智成长和道德发展。师生交往之间,教师职业道德的促进带动作用于具体的教育教学过程中。师生合理的交往也要具体化为教师的行为准则,这对于解决师生交往和冲突的障碍十分有效。而教师对学生的教育需要教师本身也讲究诚信处事、待人诚信为本。教师对学生也要讲究知之为知之,不知为不知。对待学生,教师应有诚信意识,学生对教师也有模仿的意识。教师对待学生在知识中误解的、不明确的、拿不准的就应该说清楚,不能含糊过去,事后要找原因、找根据,让学生真正体会到教师在学业上的可信可模仿。

(一)教师职业工作的突出特点是教育主体的隐性影响

教师是教育的主体,教师一举手一投足都会影响学生的成长。教师的这种

影响是潜移默化的,也是持久而深远的。一个具有良好的职业道德的教师,他自身道德品格的高尚以及他对于教育工作的热爱,将深深地感染学生,对学生产生非常好的教育影响。教师的良好职业道德将影响学生的道德人格发展。具有良好职业道德的教师所表现出来的敬业精神、道德品质和人格修养将会极大限度地感染学生,有利于发展学生健全的人格品质和道德素养。因此西方学者曾经提出"隐性课程"这样一个概念,用于归纳学校生活中课程教学之外的隐性的价值元素的道德影响。其中最为重要的就是教师的职业道德和人格修养对学生所形成的隐性的道德影响。"隐性课程"的理念告诉我们,教师在日常生活以及课堂生活中所表现出来的个性品质及道德人格,比如他是否公正地对待学生,是否热爱学生,是否热爱教育工作,是否具有仁爱的精神,是否具备关心的品质,是否具有良好的文明礼仪以及个人修养等等,都将对学生产生巨大的道德影响。因为教师是学生的天然的道德榜样,从站在讲台上的那一刻开始,就注定了教师必然以自身的职业道德和人格修养深刻地影响学生道德品质的发展。

(二)教师职业道德对学生的道德发展起到促进的作用

教师在职业工作中所体现的对学生的热爱期望等等,也会形成良好的心理氛围,有利于学生良好的学习动机的形成和心智成长。一个有着良好的职业道德的教师必然对教育工作充满激情,对学生充满热情。而教师的这种情感将对学生形成积极的心理暗示,促使学生以饱满的激情和热情投入知识学习和道德学习的活动之中,促进自身的智力和品格的发展。那些受到老师喜爱和关注的学生总是更容易获得好的学业成就,而那些总是遭到老师漠视的学生,很可能自暴自弃,一蹶不振。这也说明具有良好的教师职业道德的教师可以通过自身对学生的热爱、对于教育工作的热爱,充分关心和爱护每一位学生,给予学生积极的心理暗示。教师通过这种积极的关爱和心理暗示,可以推动学生以更饱满的热情投入学习活动当中,从而深深地影响学生的心智发展,促进学生的品格完善。当教师兢兢业业地做好教学工作,在教学生活中体现出良好的道德品格和文明修养,那么即使他从来也没有对学生讲过道德教育的内容,他事实上已经在做着道德教育的工作。相反,如果一个教师在教育教学工作中总是敷衍应付,在学校生活和课堂生活中缺乏基本的文明礼貌,在个人生活和公共事务中不具备良好的道德品格,甚至在很多时候做出不道德的行为,那么这样的教师将对学生的品格发展产生很糟糕的影响。当这样的教师出现在学生视线中的时候,他就是在做反道德教育的工作,最终阻碍学生的品格发展。正因为如此,良好的教师职业道德不仅对教师本身是重要的,同时对学生的成长也是非常重要的。

三、教师职业道德对社会具有影响和促进作用

教师职业道德可以通过教师富有成效的教育工作为社会培养有用之才,从而促进社会的发展。教师职业道德对教师的约束、对教育的诚信都是相辅相成的。教育过程中,教师对教育事业和学生都能以诚实守信的态度面对,做到诚心诚意、开诚布公,才能够在教育中发挥出自己的教育才干,在教育工作中取得出色的成绩。自己教的学生才能够讲诚信,使得教育成效逐步提高。从而能够积极营造学校、家庭、社会良好的风气,对社会发展也有非常重要的促进作用。

(一)教师的职业道德是社会道德的重要组成部分

教师的职业道德本身的高低除了是直接构成社会道德水平高低的一部分之外,还可以带动社会道德水平的提升。整个社会的精神文明建设是由各行各业的人们共同完成的,社会精神文明建设需要在整个社会范围内形成良好的精神氛围和道德氛围,使得社会的道德文明风尚得到显著的提升。而在社会精神文明建设中,教师的作用是非常明显的。教师往往被视为整个社会的道德楷模,所谓学为人师、行为世范,学高为师、身正为范。这表明,教师不仅仅是知识的传递者,同时更是整个社会的道德楷模,对社会的精神文明具有引领和示范作用。一个品德不良的教师可能被整个社会所唾弃,对整个社会产生极其不良的道德影响。而一个品德高尚的教师或者一个无私奉献的教师,他可能通过自身良好的道德修养和人格品质被社会所赞扬和称颂,成为整个社会的道德榜样。这样的教师可以引领整个社会道德风尚的形成,真正做到行为世范。因而我们也可以看到,教师的职业道德和修养对于整个社会的精神文明建设具有非常重要的作用,它可以直接带动整个社会道德水平的提升。[①]

(二)教师的工作实际上是社会生活重构的基石之一

教师通过自身也通过自己的学生直接或间接地参与良好的人际关系和社会生活的重建。提高教师素养的重要途径在于教师职业道德的养成。良好的职业道德可以推动教师不断去反思、开拓、学习、创新,以敬业的精神状态投入教育工作中,全方位地提升自己的教师素养和职业水准。通过职业素养的提

---

① 檀传宝.教师职业道德[M]. 北京:北京师范大学出版社,2015:21.

升,教师可以更好地培养学生,而这些优秀的学生将直接或间接地促进社会生活的发展和重建。教师职业工作的影响事实上融入了广阔的社会生活各个领域,对社会生活的发展具有十分重要的影响。教师兢兢业业认真负责地工作,教师培养出来的一代代优秀人才的拼搏奋进,促使整个社会生活处于积极发展状态,社会物质生活和精神生活的发展都得到一步步的提升。因此我们必须把教师职业看作是整个社会的一项基础性职业,把教师的职业道德看成是整个社会的基础性道德的构成,我们必须更加重视教师职业道德素养的提升,进而促进整个社会道德素养和精神文明的进步。

参考文献

1. 中小学教师通识培训教材编写组.中小学教师职业道德研修读本[M].北京:高等教育出版社,2012.
2. 刘亭亭.教师职业道德[M].北京:北京大学出版社,2017.
3. 陈大伟.教师职业道德[M].北京:高等教育出版社,2015.
4. 魏则胜.教师职业道德[M].广州:中山大学出版社,2017.
5. 戚万学.道德教育的文化使命[M].北京:教育科学出版社,2010.
6. 檀传宝.教师职业道德[M].北京:北京师范大学出版社,2015.
7. 卫荣凡.高校教师师德自律论[M].北京:中国社会科学出版社,2008.

第二章 习近平关于教育的重要论述是教师职业道德建设的根本指针

习近平关于教育的重要论述是习近平新时代中国特色社会主义思想的重要组成部分，是对马克思主义关于人的本质理论、中国尊师重教的优良传统的继承与发展，是实现中华民族伟大复兴中国梦的重要支撑。在关于教育问题的系列重要讲话中，习近平总书记系统阐释了新时代教师的内涵、标准、地位、待遇等内容，形成了较为完整的教师观。习近平教师观是中国共产党人教师队伍建设理论的最新成果，它弘扬了中华民族尊师重教的传统美德，为我国新时期教师队伍建设指明了前进的道路和方向。深入学习和贯彻落实习近平教师队伍建设观，具有重大现实意义。

第一节 习近平关于教育的重要论述是习近平新时代中国特色社会主义思想的重要组成部分

一、党和国家必须长期坚持的指导思想

(一)习近平新时代中国特色社会主义思想的核心内容

党的十八大以来，以习近平同志为主要代表的中国共产党人，顺应时代发展，从理论和实践结合上系统回答了新时代坚持和发展什么样的中国特色社会主义，怎样坚持和发展中国特色社会主义这个重大时代课题，创立了习近平新时代中国特色社会主义思想。

习近平新时代中国特色社会主义思想，坚持马克思主义立场观点方法，坚持科学社会主义基本原则，科学总结世界社会主义运动经验教训，根据时代和实践发展变化，以崭新的思想内容丰富和发展了马克思主义，形成了系统科学

的理论体系。习近平新时代中国特色社会主义思想内涵十分丰富,涵盖新时代坚持和发展中国特色社会主义的总目标、总任务、总体布局、战略布局和发展方向、发展方式、发展动力、战略步骤、外部条件、政治保证等基本问题,并根据新的实践对经济、政治、法治、科技、文化、教育、民生、民族、宗教、社会、生态文明、国家安全、国防和军队、"一国两制"和祖国统一、统一战线、外交、党的建设等各方面做出新的理论概括和战略指引。

习近平新时代中国特色社会主义思想的核心内容是"八个明确"和"十四个坚持"。

"八个明确",就是明确坚持和发展中国特色社会主义,总任务是实现社会主义现代化和中华民族伟大复兴,在全面建成小康社会的基础上,分两步走,在本世纪中叶建成富强民主文明和谐美丽的社会主义现代化强国;明确新时代我国社会主要矛盾是人民日益增长的美好生活需要和不平衡不充分的发展之间的矛盾,必须坚持以人民为中心的发展思想,不断促进人的全面发展、全体人民共同富裕;明确中国特色社会主义事业总体布局是"五位一体"、战略布局是"四个全面",强调坚定道路自信、理论自信、制度自信、文化自信;明确全面深化改革总目标是完善和发展中国特色社会主义制度、推进国家治理体系和治理能力现代化;明确全面推进依法治国总目标是建设中国特色社会主义法治体系、建设社会主义法治国家;明确党在新时代的强军目标是建设一支听党指挥、能打胜仗、作风优良的人民军队,把人民军队建设成为世界一流军队;明确中国特色大国外交要推动构建新型国际关系,推动构建人类命运共同体;明确中国特色社会主义最本质的特征是中国共产党领导,中国特色社会主义制度的最大优势是中国共产党领导,党是最高政治领导力量,提出新时代党的建设总要求,突出政治建设在党的建设中的重要地位。

"十四个坚持",就是坚持党对一切工作的领导,坚持以人民为中心,坚持全面深化改革,坚持新发展理念,坚持人民当家作主,坚持全面依法治国,坚持社会主义核心价值体系,坚持在发展中保障和改善民生,坚持人与自然和谐共生,坚持总体国家安全观,坚持党对人民军队的绝对领导,坚持"一国两制"和推进祖国统一,坚持推动构建人类命运共同体,坚持全面从严治党。

"八个明确""十四个坚持"有机融合、有机统一,凝结着我们党坚持和发展中国特色社会主义的宝贵经验,反映了以习近平同志为核心的党中央对中国特色社会主义规律性认识的深化、拓展、升华,体现了理论与实际相结合、认识论和方法论相统一的鲜明特色。

第二章 习近平关于教育的重要论述是教师职业道德建设的根本指针

习近平新时代中国特色社会主义思想，体系严整、逻辑严密、内涵丰富、博大精深，闪耀着马克思主义真理光辉。这一思想贯通马克思主义哲学、政治经济学、科学社会主义，贯通历史、现实和未来，贯通改革发展稳定、内政外交国防、治党治国治军等各领域，既坚持了老祖宗的思想，又讲了很多新话，使我们党对共产党执政规律、社会主义建设规律、人类社会发展规律的认识达到了新高度，为发展马克思主义做出了原创性贡献。

（二）习近平新时代中国特色社会主义思想的历史地位

习近平新时代中国特色社会主义思想是对马克思列宁主义、毛泽东思想、邓小平理论、"三个代表"重要想想、科学发展观的继承和发展，是马克思主义中国化最新成果，是党和人民实践经验和集体智慧的结晶，是中国特色社会主义理论体系的重要组成部分，是全党全国人民为实现中华民族伟大复兴而奋斗的行动指南，必须长期坚持并不断发展。

习近平总书记是习近平新时代中国特色社会主义思想的主要创立者。在领导全党全国各族人民推进党和国家事业的实践中，习近平总书记以马克思主义政治家、思想家、战略家的非凡理论勇气、卓越政治智慧、强烈使命担当，以"我将无我，不负人民"的赤子情怀，应时代之变迁、立时代之潮头、发时代之先声，提出系列具有开创性意义的新理念、新思想、新战略，为习近平新时代中国特色社会主义思想的创立发挥了决定性作用，做出了决定性贡献。

中国共产党第十九次全国代表大会将习近平新时代中国特色社会主义思想确立为党必须长期坚持的指导思想并庄严地写入党章，实现了党的指导思想的与时俱进。这是一个历史性决策和历史性贡献，体现了党在政治上、理论上的高度成熟、高度自信。第十三届全国人民代表会第一次会议通过的宪法修正案，郑重地把习近平新时代中国特色社会主义思想载入宪法，实现了国家指导思想的与时俱进，反映了全国各族人民共同意志和全社会共同意愿。习近平新时代中国特色社会主义思想，是新时代中国共产党的思想旗帜，是国家政治生活和社会生活的根本指针，是当代中国马克思主义、二十一世纪马克思主义。

在当代中国，坚持和发展习近平中国特色社会主义思想，就是真正坚持和发展马克思主义，就是真正坚持和发展科学社会主义。高举马克思主义、中国特色社会主义伟大旗帜不动摇，必须坚持习近平新时代中国特色社会主义思想指导地位不动摇！

二、习近平关于教育的重要论述是习近平新时代中国特色社会主义思想的重要组成部分

(一)习近平关于教育的重要论述的基本内容

党的十八大以来,以习近平同志为核心的党中央围绕坚持和发展什么样的中国特色社会主义,怎样坚持和发展中国特色社会主义这个重大时代课题,对包括教育在内的党和国家各方面工作进行了艰辛的理论探索,形成了习近平新时代中国特色社会主义思想,成为党和国家各项事业的根本遵循和行动指南,这一思想在教育领域的生动实践和理论探索,极大地丰富了我们党对中国特色社会主义教育的规律性认识,形成了习近平总书记关于教育的重要论述。

习近平总书记关于教育的重要论述,是习近平新时代中国特色社会主义思想对教育工作的总体要求。习近平总书记关于教育的重要论述,核心要义是"九个坚持",即坚持党对教事业的全面领导,坚持把立德树人作为根本任务,坚持优先发展教育事业,坚持社会主义办学方向,坚持扎根中国大地办教育,坚持以人民为中心发展教育,坚持深化教育改革创新,坚持把服务中华民族伟大复兴作为教育的重要使命,坚持把教师队伍建设作为基础工作。这"九个坚持"全部贯穿着习近平新时代中国特色社会主义思想的精髓要义,同"八个明确""十四个坚持"一脉相承,又充分体现了教育工作的特点和规律,是在深入分析新时代中国特色社会主义教育的本质特征、根本任务、主要矛盾、发展道路、改革目标、战略举措等方面的基础上,按照党的十九大确定的基本治国方略提出来的,是习近平新时代中国特色社会主义思想在教育领域的战略部署和具体要求。

习近平总书记关于教育的重要论述,是习近平新时代中国特色社会主义思想在教育领域的集中体现。在推进社会主义现代化建设的伟大实践中,习近平总书记倍加重视和关心教育,深刻洞察教育的基础性、先导性、全局性作用,始终从党和国家全局的高度看待教育、谋划教育、发展教育。仅据公开资料显示,党的十八大以来,习近平总书记11次深入大中小学和幼儿园考察调研,16次主持会议审议20项教育重大议题,25次就教育会议发出贺信和给师生回信,26次就教育改革发展做出重要讲话和指示批示,在这些关于教育工作的重要讲话、批示指示、贺信回信中,他对教育坚持党的领导和社会主义办学方向、服务经济社会发展和中华民族伟大复兴、教育自身改革发展等诸多方面提出了一系列富有创见的新理念新思想新观点,回答了一系列事关方向性、全局性、战略性的教育重大理论和实践问题,这些都是习近平新时代中国特色社会主义思想对

第二章 习近平关于教育的重要论述是教师职业道德建设的根本指针

教育工作的集中阐述。

深刻阐明了新时代中国特色社会主义教育的本质特征。习近平总书记强调,中国特色社会主义最本质的特征是中国共产党的领导,中国特色社会主义制度的最大优势是中国共产党的导。加强党对教育工作的全面领导,是办好教育的根本保证,各级各类学校党组织要把学校党建工作作为办学治校的基本功,把党的教育方针全面贯彻到学校工作各方面。

深刻阐明了新时代中国特色社会主义教育的功能定位。习近平总书记明确指出,教育是民族振兴、社会进步的重要基石,是功在当代、利在千秋的德政工程,对提高人民综合素质、促进人的全面发展、增强中华民族创新创造活力、实现中华民族伟大复兴具有决定性意义。教育是国之大计、党之大计,强调把优先发展教育事业作为推动党和国家各项事业发展的重要"先手棋"。

深刻阐明了新时代中国特色社会主义教育的战略目标。习近平总书记指出,加快推进教育现代化、建设教育强国、办好人民满意的教育。不断使教育同党和国家事业发展要求相适应、同人民群众期待相契合、同我国综合国力和国际地位相匹配。必须通过优先发展教育,把人口中蕴藏的智慧资源挖掘出来,转化为巨大的人才资源优势,为实现中华民族伟大复兴的中国梦提供有力支撑。

深刻阐明了新时代中国特色社会主义教育的根本任务。习近平总书记强调,要培养德智体美劳全面发展的社会主义建设者和接班人。我们的教育必须把培养社会主义建设者和接班人作为根本任务,培养一代又一代拥护中国共产党领导和我国社会主义制度,立志为中国特色社会主义奋斗终生的有用人才。

深刻阐明了扎根中国大地办教育的坚定自信。习近平总书记强调,我国有独特的历史、独特的文化、独特的国情,教育必须坚定不移走自己的路。我国5000多年的文明史,孕育了学无止境、有教无类、因材施教等深厚的教育思想。新中国成立以来,在不到70年的时间里,我国教育总体发展水平进入世界中上行列,成就非常了不起,彰显了党的宗旨和我国的制度优势、政治优势。这些都是我们坚定教育自信的底气。我国教育还存在一些问题,但照搬别国经验是解决不了的,必须扎根中国大地,探索更多符合国情的办法,让中国特色社会主义教育发展道路越走越宽广。

深刻阐明了新时代中国特色社会主义教育的育人模式。习近平总书记强调,要在坚定理性信念、厚植爱国主义情怀、加强品德修养、增长知识见识、培养奋斗精神、增强综合素质上下功夫,要树立健康第一的理念,全面加强和改进学校美育,在学生中弘扬劳动精神。要努力构建德智体美劳全面培养的教育体

系,形成更高水平的人才培养体系,要把立德树人融入思想道德教育、文化知识教育、社会实践教育各环节,贯穿基础教育、职业教育、高等教育各领域,学科体系、教学体系、教材体系、管理体系要围绕这个目标来设计,教师要围绕这个目标来教,学生要围绕这个目标来学,凡是不利于实现这个目标的做法都要坚决改过来。

深刻阐明了新时代中国特色社会主义教育的动力源泉。习近平总书记强调,要深化教育体制改革,健全立德树人落实机制,扭转不科学的教育评价导向,坚决克服唯分数、唯升学、唯文凭、唯论文、唯帽子的顽瘴痼疾,从根本上解决教育评价指挥棒问题。要深化办学体制和教育管理改革,充分激发教育事业发展生机活力。要提升教育服务经济社会发展能力,调整优化高校区域布局、学科结构、专业设置,建立健全学科专业动态调整机制,加快一流大学和一流学科建设,推进产学研协同创新,积极投身实施创新驱动发展战略,着重培养创新型、复合型、应用型人才,要扩大教育开放,同世界一流资源开展高水平合作办学。

深刻阐明了新时代中国特色社会主义教育的依靠力量。习近平总书记指出,坚持把教师队伍建设作为基础性工作,教师是人类灵魂的工程师,是人类文明的传承者,承载着传播知识、传播思想、传播真理,塑造灵魂、塑造生命、塑造新人的时代重任,全党全社会要弘扬尊师重教的社会风尚,努力提高教师政治地位、社会地位、职业地位,让广大教师享有应有的社会声望,在教书育人岗位上为党和人民事业做出新的更大贡献。

深刻阐明了新时代中国特色社会主义教育的治理体系。习近平总书记强调,各级党委要把教育改革发展纳入议事日程,党政主要负责同志要熟悉教育、关心教育、研究教育。办好教育事业,家庭、学校、政府、社会都有责任,全社会要担负起青少年成长成才的责任。

(二)习近平关于教育的重要论述的时代意义

习近平总书记关于教育的重要论述,坚持以马克思主义为指导,基于新中国成立特别是改革开放以来我国社会主义教育的伟大社会实践与理论探索,阐明了中国特色社会主义教育的基本规律,因而具有鲜明的时代性和科学性。习近平总书记紧扣培养人这一教育的根本问题,系统阐释了中国特色社会主义教育的本质特征、功能定位、战略目标、根本任务、发展规律、育人模式、动力源泉、依靠力量和治理体系等重大问题,从理论上全景式地展示了新时代中国特色社会主义教育体系。

◆ 第二章　习近平关于教育的重要论述是教师职业道德建设的根本指针 ◆

习近平总书记关于教育的重要论述，深刻总结了党的十八大以来，我国教育改革发展取得的历史性成就和经验，阐述了中国特色社会主义教育发展规律以及培养什么人、怎样培养人、为谁培养人这个根本性问题，实际上进而系统回答了"什么是中国特色社会主义教育""怎样发展中国特色社会主义教育"，构建了系统科学的新时代中国特色社会主义教育理论体系，开启了中国特色社会主义教育发展新征程，是科学社会主义教育理论的最新成果。

习近平总书记关于教育的重要论述，内涵丰富，博大精深，既继承了马克思主义教育思想的基本原理，又对科学社会主义教育理论做出了富有时代意义的丰富和发展，开辟了中国特色社会主义教育理论的新境界。对习近平总书记关于教育的重要论述，应当放在马克思主义教育思想和科学社会主义教育理论高度去认识，放到习近平新时代中国特色社会主义思想体系中去领会，结合中国特色社会主义教育发展规律去把握，这样有助于深刻认识把握习近平总书记关于教育的重要论述的科学内涵，有助于我们深刻认识其时代性、政治性和科学性，有助于我们深刻认识中国特色社会主义教育事业的内在规律和独特优势，促使我们更加牢固树立"四个意识"，坚定"四个自信"，自觉以习近平总书记关于教育的重要论述为根本遵循和行动指南，加快推进教育现代化，建设教育强国，办好人民满意教育。

第二节　习近平教师观是新时代加强教师职业道德建设的根本指针

习近平总书记在党的十九大报告中指出，要"加强师德师风建设，培养高素质教师队伍，倡导全社会尊师重教"①，再次强调师德师风建设的重要性。十八大以来，习近平总书记多次在考察、讲话、批示中表达了对教育事业的关心、对教师职业的尊重和对师德师风的重视。百年大计，教育为本；教育大计，教师为本；教师之本，在于师德。习近平总书记先后用"筑梦人""系扣人""引路人""大先生"等形象贴切的词汇来表达教师对国家发展和学生成长的引领和表率作用，号召广大教师要以德立身、以德立学、以德施教，既做学问之师，又做品行之师，努力做合格的"人类灵魂工程师"。习近平总书记关于教师的系列讲话立意高远，逻辑清晰，内容充实，论证严密，结论可靠，形成了系统完整的教师观，

---

① 习近平.决胜全面建成小康社会 夺取新时代中国特色社会主义伟大胜利——在中国共产党第十九次全国代表大会上的讲话[M].北京：人民出版社，2017：45.

是新时代教师职业道德建设的根本指针。

一、习近平教师观形成索骥

习近平总书记尊师重教、重视师德可以追溯到他在地方任职时。1989年在任福建宁德地委领导时,习近平就十分重视学校德育工作,强调各级各类学校都要大力加强学校的思想政治工作,牢牢把握正确的政治方向。全社会都要关注、重视和支持学校开展思想政治教育。① 2007年教师节前夕,时任上海市委书记的习近平强调:"要始终坚持把教育放在优先发展的战略地位,大力营造尊师重教的社会氛围,努力让教师成为社会上最受尊敬、最令人向往的职业。"② 到中央工作以后,习近平更从全局角度考虑教育和教师问题。2012年他在会见第二十次全国高等学校党的建设工作会议代表时强调:"教师是人类灵魂的工程师,是青年学生成长的引路人和指导者。"③党的十八大以后,习近平发表了关于师德问题的系列讲话。2013年儿童节前夕,他在北京市海淀区民族小学主持召开座谈会时指出,学校要把德育放在更加重要的位置,全面加强校风、师德建设,坚持教书育人。④ 2013年教师节前夕,远在国外的习近平通过书信表达对教师的慰问,提出"三个牢固树立",即"牢固树立中国特色社会主义理想信念,牢固树立终身学习理念,牢固树立改革创新意识"⑤,为师德建设立标。2014年青年节,在北京大学师生座谈会上,习近平指出教师既是学问之师,又是品行之师。2014年9月9日,习近平来到北京师范大学考察并发表重要讲话,其中篇幅最多的是师德,提出了"四有"标准,即好老师要有理想信念,要有道德情操,要有扎实学识,要有仁爱之心。2015年9月9日,习近平给正在参加"国培计划2014"培训的贵州教师回信,希望他们"牢记使命、不忘初衷,扎根西部、服务学生,努力做教育改革的奋进者、教育扶贫的先行者、学生成长的引导者"⑥,鼓励西部教师用爱心补缺教育短板。2016年9月9日,习近平到北京市八一学校考察,指出党和国家事业发展需要一支宏大的师德高尚、业务精湛、结构合理、充满活力的高素质专业化教师队伍,需要一大批好老师,并希望教师做好"四个引

---

① 习近平.把教育摆在先行官的位置[N].闽东日报,2015-03-23.
② 习近平.要始终坚持把教育放在优先发展战略地位[N].解放日报,2007-09-07.
③ 习近平.第二十次全国高校党建工作会议在京召开 习近平会见会议代表并讲话[N].人民日报,2012-01-05.
④ 习近平.习近平谈治国理政[M].北京:外文出版社,2014:184.
⑤ 习近平向全国广大教师致慰问信[N].人民日报,2013-09-10.
⑥ 习近平总书记给"国培计划(2014)"北师大贵州研修班参训教师的回信[N].人民日报,2015-09-10.

◆ 第二章　习近平关于教育的重要论述是教师职业道德建设的根本指针 ◆

路人",即"做学生锤炼品格的引路人,做学生学习知识的引路人,做学生创新思维的引路人,做学生奉献祖国的引路人"①,再次指出了高尚的师德对国家发展和学生成长的重要意义。2016年12月,习近平总书记在全国高校思想政治工作会议上强调:"高素质的教师队伍是办好教育的基础和前提,抓好师德师风是建设高素质教师队伍的内在要求和重要保证,教师要做到'四个相统一'即坚持教书和育人相统一,坚持言传和身教相统一,坚持潜心问道和关注社会相统一,坚持学术自由和学术规范相统一。"②2017年7月3日,习近平总书记对吉林大学教授黄大年同志先进事迹做出重要指示,指出"要以黄大年同志为榜样,学习他心有大我、至诚报国的爱国情怀,学习他教书育人、敢为人先的敬业精神,学习他淡泊名利、甘于奉献的高尚情操"③,这也是对广大教师提出的师德要求。由上可知,虽然习近平同志工作地点有变化、职务有升迁,但尊敬老师、重视师德却一以贯之。尤其是党的十八大以后,习近平总书记更是从党和国家事业发展全局的角度看待教育、教师和师德问题,凡提教育,必提教师,凡提教师,必提师德。在关于师德的系列重要论述中,习近平在不同场合提出教师要成为"大先生""筑梦人""系扣人""引路人""好老师""经师与人师",提出"三个牢固树立""四个标准""四个引路人"和"四个相统一"等师德标准和要求。这些新观点、新论断、新要求包含着习近平对民族未来的责任担当,对教育现状的清醒认识,对教育问题的深入思考,对教育及教师价值的重新定位,涵盖了师德建设的时代要求、涵义内容、意义作用、现实启示及实施路径等内容,标志着习近平师德观逐步形成。

二、习近平教师观的主要内容

(一)新时代教师地位:百年大计,教育为本;教育大计,教师为本

习近平总书记指出,"当今世界的综合国力竞争,说到底是人才竞争,人才越来越成为推动经济社会发展的战略性资源,教育的基础性、先导性、全局性地位和作用更加突显";教育"是对中华民族伟大复兴具有决定性意义的事业"。在整个教育体系中,教师是"立教之本、兴教之源",是教育过程的主导和灵魂,

---

① 习近平.全面贯彻落实党的教育方针 努力把我国基础教育越办越好[N].人民日报,2016-09-10.
② 习近平.把思想政治工作贯穿教育教学全过程 开创我国高等教育事业发展新局面[N].人民日报,2016-12-09.
③ 习近平对黄大年同志先进事迹作出重要指示[N].人民日报,2017-05-26.

教师队伍建设问题关系教育改革发展和人才强国战略的成败,进而关系中国梦能否如期实现。"今天的学生就是未来实现中华民族伟大复兴中国梦的主力军,广大教师就是打造这支中华民族梦之队的筑梦人。"有了优质教育和高素质教师队伍,才能培养造就数以亿计的栋梁之才,应对来自国际社会的险风恶浪和严峻考验,切实推进中国特色社会主义各项事业。

1. 中华民族伟大复兴,需要加强教师队伍建设的助推

实现中华民族伟大复兴是近代以来中国人的梦想,在中国共产党的带领下,中国取得了举世瞩目的成就,创造了人类社会发展史上惊天动地的发展奇迹,我们在今天比历史上任何时期都更接近中华民族伟大复兴的目标,比历史上任何时期都更有信心、有能力实现这个目标。实现中华民族伟大复兴,教育是基础,科技是关键,人才是核心。教育担当着强国富民、实现中华民族伟大复兴的历史使命。没有教育的普及和提高,便没有国家现代化的未来。因此,中国梦的实现,需要大力发展教育事业,需要加强教师队伍建设,需要教育发展为中国梦的实现提供智力支持、人才保障、力量源泉。青年学生是国家和民族的希望和未来,他们是实现中华民族伟大复兴的主力军,要实现这一目标,就要有合格的社会主义建设者和接班人,就要不断培养出道德高尚、身心健康、有能力有素质的青年学生,就需要一代又一代的青年学生共同为之努力。这都离不开教师的教书育人作用,广大教师就是打造中华民族"梦之队"的筑梦人。习近平的人民教师观丰富了习近平治国理政思想,指导着新时期的教师队伍建设和教育事业的发展,而实现中华民族伟大复兴的中国梦,必须要着力提升青年的素质和本领。广大优秀教师在提升青年的素质和本领方面,发挥着不可替代的重要作用。因此,我们要加强队伍建设,培养造就一大批优秀教师,让一代又一代的年轻人在广大优秀老师的培育和引导下,都能成长为实现中国梦的正能量。

2. 扶贫必扶智,乡村教师队伍建设的战略位置

到2020年要实现全面建成小康社会的奋斗目标,扶贫任务极其艰巨。摆脱贫困需要智慧,更需要能力,而人们智慧和能力的获得是通过教师的教育来实现的。因此,要想根本解决贫困地区的落后问题,就必须大力发展贫困地区教育,提高贫困地区人口素质。习近平认为:"要加大对农村地区、民族地区、贫困地区职业教育支持力度,努力让每个人都有人生出彩的机会。"[①]"要让贫困

---

① 习近平.更好支持和帮助职业教育发展 为实现"两个一百年"奋斗目标提供人才保障[N].人民日报,2014-06-24.

◆ 第二章 习近平关于教育的重要论述是教师职业道德建设的根本指针 ◆

家庭的孩子都能接受公平的有质量的教育,不要让孩子输在起跑线上。"①在此基础上,2015年9月9日习近平在给"国培计划(2014)"北京师范大学贵州研修班参训教师的回信中,首次提出了"扶贫必扶智"的新观点。习近平认为,"扶贫必扶智。让贫困地区的孩子们接受良好教育,是扶贫开发的重要任务,也是阻断贫困代际传递的重要途径。"②广大教师要努力做教育改革的奋进者、教育扶贫的先行者、学生成长的引导者,为贫困地区教育事业发展做贡献。发展乡村教育,就要把乡村教师队伍建设摆在优先发展的战略位置,努力造就一支素质优良、甘于奉献、扎根乡村的教师队伍。为此,要全面提高乡村教师的思想政治素质与业务能力素质,拓展乡村教师补充渠道,提高他们的生活待遇水平,职称(职务)评聘要向他们倾斜,推动城市优秀教师向乡村学校流动,建立乡村教师荣誉制度。

(二)新时代师德标准:做党和人民满意的四有好老师

教师队伍建设是教育发展的基础工作。教师传承文明、教书育人、传道授业解惑,为中国特色社会主义现代化建设造就大批高素质人才,把丰富的人力资源转化为人才资源。为社会主义事业培养高素质的人才是现代教育的核心,高素质的教师队伍是培养高素质人才的保障。教师在教育发展中的地位和作用越突出,高素质教师队伍建设的紧迫性就越凸显。习近平高度重视教师队伍建设,实施"国培计划"为贫困地区、经济欠发达地区培养优秀教师,以教师队伍的建设来促进教育公平。在新时代,提出做党和人民满意的"四有"好老师的标准:

1.有坚定的理想信念

"师者,所以传道授业解惑也。"为师者要传道,自己必先要明道、信道。何为"道"?从宏观角度看,不同时代、不同国家,"道"的内容可能有差异,但对社会主流意识形态和价值观念的教化与传播却是学校教育的共同责任。当代中国,为师者应明之"道",应信之"道",首先是马克思主义信仰、中国特色社会主义共同理想和社会主义核心价值观。共产主义理想是无产阶级的最高理想,是我们无产阶级乃至全人类最美好最进步的社会理想。为实现美好的共产主义理想社会,需要我们一代代人不懈地努力。邓小平曾说:"在我们最困难的时

---

① 习近平.在中央经济工作会议上的讲话[N].人民日报,2014-12-12.
② 习近平总书记给"国培计划(2014)"北师大贵州研修班参训教师的回信[N].人民日报,2015-09-10.

期,共产主义的理想是我们的精神支柱,多少人牺牲就是为了实现这个理想。"这是一盏明灯,照亮整个大地! 2013 年教师节,习近平对广大教师提出"三个牢固树立",第一个就是"牢固树立中国特色社会主义理想信念,带头践行社会主义核心价值观,自觉增强立德树人、教书育人的荣誉感和责任感,学为人师,行为世范,做学生健康成长的指导者和引路人"①,强调教师自己首先要做一个有信仰、有理想信念的人,才能用自己的信仰去引导、感化学生。2014 年在北师大考察时,习近平谈到好老师的标准,第一个也是强调要有理想信念。他说:"一个优秀的老师,应该是'经师'和'人师'的统一,既要精于'授业''解惑',更要以'传道'为责任和使命。好老师心中要有国家和民族,要明确意识到肩负的国家使命和社会责任。""广大教师要始终同党和人民站在一起,自觉做中国特色社会主义的坚定信仰者和忠实实践者,忠诚于党和人民的教育事业,自觉把党的教育方针贯彻到教学管理工作全过程,严肃认真对待自己的职责。要注重加强中国特色社会主义理论体系的学习,加深对中国特色社会主义的思想认同、理论认同、情感认同,不断增强道路自信、理论自信、制度自信,积极引导学生热爱祖国、热爱人民、热爱中国共产党。"②在 2016 年全国高校思想政治工作会议上,习近平强调,"教师是人类灵魂的工程师,承担着神圣使命。传道者自己首先要明道、信道。高校教师要坚持教育者先受教育,努力成为先进思想文化的传播者、党执政的坚定支持者"③。习近平关于教育的系列讲话始终强调教师要有理想信念,要有历史使命感和社会责任感,并把它作为评价好老师的标准,这是教师职业道德建设最重要的内容。

教育的本质就是用一颗心去唤醒另一颗心,用教师的理想去点燃学生的理想,用教师的信仰去引导学生的信仰。教师只有发挥"楷模"作用,做中国特色社会主义共同理想和中华民族伟大复兴中国梦的积极传播者,才能帮助学生筑梦、追梦、圆梦,让一代又一代年轻人都成为实现民族梦想的正能量。当前,全党全国人民正在按照十九大确定的蓝图,朝着实现中华民族伟大复兴的中国梦和"两个一百年"奋斗目标阔步迈进,这需要全国人民同心协力,当代教师必须担负起国家和时代赋予的责任,坚定马克思主义信仰和中国特色社会主义理想信念。习近平新时代中国特色社会主义思想是马克思主义中国化的最新成果,

---

① 习近平总书记系列讲话精神学习读本[M].北京:中共中央党校出版社,2013:223.
② 习近平.做党和人民满意的好老师:同北京师范大学师生代表座谈时的讲话[M].北京:人民出版社,2014:5.
③ 习近平.把思想政治工作贯穿教育教学全过程 开创我国高等教育事业发展新局面[N].人民日报,2016-12-09.

◆ 第二章 习近平关于教育的重要论述是教师职业道德建设的根本指针 ◆

是中国特色社会主义理论体系的重要组成部分,是全党全国人民为实现中华民族伟大复兴而奋斗的行动指南,是当前学校教育传道、授道最重要的内容,广大教师要把学习、领会与传授习近平新时代中国特色社会主义思想作为目前最重要的任务。要从讲政治的高度使之进教材、进课堂、进头脑,深刻理解其中蕴含的马克思主义立场观点方法,并能用其精神指导自己的行动。

2. 要有高尚的道德情操

道德情操是一种重要的精神力量,它对人的道德行为起着支持作用。在当今的时代体现就是践行社会主义核心价值观。在实践上体现为,对所从事的教育事业的忠诚和热爱,立志于做好教书育人的本职工作,干一行爱一行;教师,特别是青年教师要勇于担当,开拓进取,到西部去,到基层去,到边远的农村去,到祖国和人民最需要的地方去。同时,教师的言行举止会对学生产生深远的影响,会潜移默化地影响学生个性的形成和道德的发展。

立德垂范是教师职业角色的体现,要求教师为人师表、行为世范,在言论、行为、生活作风、思想意识等各个方面都要给学生积极向上的影响,起到表率和榜样作用,这是教师最基本的职业道德。教师劳动的主体性和示范性决定了教师在教书育人过程中必须为人师表,要以自己的风范、品德、才学去影响、熏陶和感染学生。张行简在《塾中琐言·端品》中说:"为师之道,端品为先。模范不端,则不模不范矣。不惟立言制行,随时检点,即衣冠瞻视,亦须道貌岸然。"近代人民教育家陶行知主张教师"一言、一行、一举、一动,都要修养到不愧为人之师表的地步"①。为人师表的道德情操标准也是习近平极为重视的问题,在不同场合都有提到。2013 年他在教师节给全国广大教师写信时,要求教师"自觉增强立德树人、教书育人的荣誉感和责任感,学为人师,行为世范,做学生健康成长的指导者和引路人"②。2014 年在视察北京师范大学时指出,师者,人之模范也。教师的职业特性决定了教师必须是道德高尚的人群。合格的老师首先应该是道德上的合格者,好老师首先应该是以德施教、以德立身的楷模。师者为师亦为范,学高为师,德高为范。老师是学生道德修养的镜子。好老师应该取法乎上、见贤思齐,不断提高道德修养,提升人格品质,并把正确的道德观传授给学生。同时指出,"一个老师如果在是非、曲直、善恶、义利、得失等方面老出问题,怎么能担起立德树人的责任?广大教师必须率先垂范、以身作则,引导和

---

① 陶行知.陶行知全集(第二卷)[M].成都:四川教育出版社,1991:274.
② 习近平总书记系列讲话精神学习读本[M].北京:中共中央党校出版社,2013:223.

帮助学生把握好人生方向,特别是引导和帮助青少年学生扣好人生的第一粒扣子"①。2016年教师节,习近平总书记在考察北京八一学校时提出,教师要做"四个引路人",第一就是要做学生锤炼品格的引路人。2016年12月,在全国高校思想政治工作会议上,习近平指出,"教师做的是传播知识、传播思想、传播真理的工作,是塑造灵魂、塑造生命、塑造人的工作。教师不能只做传授书本知识的教书匠,而要成为塑造学生品格、品行、品位的'大先生'"②。习近平对教师职业道德的论述鞭辟入里,揭示了教师职业的本质特征和规范要求。在教育教学过程中,教师道德既是教学内容,也是教学手段。他把立德垂范作为好老师最重要的标准,并指出好老师应该是"大先生",再次强调了教师的人格和风范对学生潜移默化的影响。

3. 要有扎实学识

素质是立身之基,技能是立业之本。学高才能为师,教师一定要有扎实学识。时代是朝前发展的,社会是不断进步的,知识是不断更新的,问题也是不断出现的。"这就要求老师始终处于学习状态,站在知识发展前沿,刻苦钻研、严谨笃学,不断充实、拓展、提高自己。"不但要有一桶水,还要有一潭水。正如,前人强不如后人强,老师强就代代强。科教兴国也正是此意。中华民族伟大复兴的中国梦的实现在教育,教育的兴旺发达在老师。

"学高为师",良好的专业功底是对教师的基本业务素质要求。一位业务精湛的老师必须具备较高的专业精神、坚实的理论知识体系、扎实的课堂教学基本功、善于培养学生全面发展的教育能力、能够开展科学研究的能力以及丰富的心理学专业知识。好老师还应该是智慧型老师,具备学习、处世、生活、育人的智慧,既授人以鱼,又授人以渔,能够在各个方面给学生以帮助和指导。总之,良好的专业素质是赢得学生尊重的基础,也是培养未来人才的前提条件,是现代教师的核心素养之一。对此,习近平总书记有过专门的论述。他说:"扎实的知识功底、过硬的教学能力、勤勉的教学态度、科学的教学方法是老师的基本素质,其中知识是根本基础。学生往往可以原谅老师严厉刻板,但不能原谅老师学识浅薄。'水之积也不厚,则其负大舟也无力。'知识储备不足、视野不够,

---

① 习近平.做党和人民满意的好老师:同北京师范大学师生代表座谈时的讲话[N].人民出版社,2014:7.

② 习近平.把思想政治工作贯穿教育教学全过程 开创我国高等教育事业发展新局面[N].人民日报,2016-12-09.

第二章 习近平关于教育的重要论述是教师职业道德建设的根本指针

教学中必然捉襟见肘,更谈不上游刃有余。"①

"经师易遇,人师难遭",现代社会对教师的专业素质提出了更高的要求,现代教师要成为"经师、人师",必须具备开放的胸怀和终身学习的理念。2014年在同北师大师生座谈时,习近平引用过一位国外教育家的话,"为了使学生获得一点知识的亮光,教师应吸进整个光的海洋",说明在信息时代做好老师,自己所知道的必须大大超过要教给学生的范围,不仅要有胜任教学的专业知识,还要有广博的通用知识和宽阔的胸怀视野。这就要求教师要加强学习,拓宽视野,更新知识,不断提高业务能力和教育教学质量,努力成为业务精湛、学生喜爱的高素质教师。对于教师的专业学习,习近平引用陶行知的话说:"出世便是破蒙,进棺材才算毕业",并要求老师"始终处于学习状态,站在知识发展前沿,刻苦钻研、严谨笃学,不断充实、拓展、提高自己。过去讲,要给学生一碗水,教师要有一桶水,现在看,这个要求已经不够了,应该是要有一潭水"②。从"一桶水"到"一潭水",习近平形象地表达了信息时代知识更新的规律和对学习者的要求,也对广大教师的专业发展提出了更高的目标。为人师者,唯有允公允能,乐思善学,与时俱进,方能不负时代,不负学生。

4. 要有仁爱之心

爱心是老师的精神家园,没有爱的教育就不是教育。教育没有爱,就如同池塘没有水一样。教师的教育方式方法可以千差万别,风格迥异,甚至大放异彩都可以,但是唯有爱心是贯穿始终的。爱学生是无差别的爱,学生是有独立的人格意义的人,老师与学生、学生与学生之间都是平等的,需要平等的相互尊重与信任。教师的爱打开学生的心灵之门,开启学生的智慧之门。教师的爱就是爱中国共产党,爱社会主义祖国,爱自己的工作岗位,爱学生,爱人民,爱一切美好的事物。

"师爱"是师德的灵魂。良好的师德最终要体现到对所从事职业的忠诚和热爱上来。师爱表现在两个方面:一是对教育满腔热情,把教育当事业而非仅仅是谋生的饭碗,不会见异思迁,更不会唯利是图。真正热爱教师岗位的人,会有对祖国、对人民、对教育事业的责任和奉献精神,会有对教师职业的敬畏和尊重,会从平凡、普通、琐碎的工作中得到满足和幸福,会享受和孩子们在一起的

---

① 习近平.做党和人民满意的好老师:同北京师范大学师生代表座谈时的讲话[M].北京:人民出版社,2014:9-11.

② 习近平.做党和人民满意的好老师:同北京师范大学师生代表座谈时的讲话[M].北京:人民出版社,2014:9-11.

时光,会在教育工作中充满创造性。这种热爱、喜欢和享受,是做好教育教学工作的前提。二是对学生充满仁爱,像爱自己孩子一样爱学生。在很大程度上,热爱学生就是热爱教育事业。师爱本质上是一种只讲付出不计回报的、无私的、广泛的且没有血缘的爱,是一种神圣的爱,是一种"大爱"。习近平说:"做好老师,要有仁爱之心。教育是一门'仁而爱人'的事业,爱是教育的灵魂,没有爱就没有教育。好老师应该是仁师,没有爱心的人不可能成为好老师。"①

教师对学生的爱应该是严慈相济、一视同仁的爱。严爱相济,张弛有度,晓之以理,动之以情,才能让学生"亲其师""信其道"。同时,师爱也意味着要公平对待每一个学生,爱心要能滋润每一个心灵。让每一个学生都健康成长,让每一个学生都享受成功的喜悦。教师对学生的爱还应该以尊重、理解和宽容为前提。面对涉世未深、懵懂未化的儿童和青少年,教育本该有教无类,因材施教,以心换心。习近平说:"好老师应该懂得既尊重学生,使学生充满自信、昂首挺胸,又通过尊重学生的言传身教教育学生尊重他人。"②只有尊重学生,发扬教育民主,充分调动学生的积极性,才能使教师和学生的活动协调一致,提高教育教学效果。

(三)新时代教师待遇:让教师成为令人羡慕的职业

1. 构建尊师重教的良好社会文化,让教师成为受社会尊重的职业

教师地位决定着教育在国家中的地位,也决定着这个国家的未来。2007年9月,时任上海市委书记的习近平在接见优秀教师代表时就指出:"教育是一项崇高的事业,具有全局性、战略性、基础性和先导性;教师是教育的第一资源,是发展教育事业的关键所在。"我们要"弘扬尊师重教的社会风尚,改善教师的工作和生活条件,努力让教师成为社会上受人敬重、令人向往的职业"③。这说明,尊重教师职业,给予其应有的社会地位早已成为习近平在基层和地方工作时的重要工作理念。党的十八大以来,习近平从战略和全局的高度,更认识到了尊师重教的重要性。在2013年9月9日向全国广大教师致慰问信时,习近平明确提出了"全社会要大力弘扬尊师重教的良好风尚,使教师成为最受社会尊重的

---

① 习近平.做党和人民满意的好老师:同北京师范大学师生代表座谈时的讲话[M].北京:人民出版社,2014:9-11.

② 习近平.做党和人民满意的好老师:同北京师范大学师生代表座谈时的讲话[M].北京:人民出版社,2014:9-11;上海市委书记习近平会见教师代表并致节日问候[N].新民晚报,2007-09-08.

③ 上海市委书记习近平会见教师代表并致节日问候[N].新民晚报,2007-09-08.

◆ 第二章　习近平关于教育的重要论述是教师职业道德建设的根本指针 ◆

职业"①的论断。在2014年教师节同北京师范大学师生代表座谈时,习近平向广大教师承诺:"要让全社会广泛了解教师工作的重要性和特殊性,让尊师重教蔚然成风。"②

马克思认为,利益是思想的基础。"'思想'一旦离开'利益',就一定会使自己出丑。"③搞好师德建设既要关注教师的精神需求,也要关注教师的物质利益。教师职业有其特殊性,道德水平、思想觉悟、知识素养相对其他行业有更高的要求。教师应该有博大情怀和奉献精神,但不能过分神圣化和盲目拔高,不能将师德建设从生活中剥离,否认教师作为一个普通人的物质需要。对此,邓小平曾指出,"革命精神是非常宝贵的,没有革命精神就没有革命行动。但是,革命是在物质利益的基础上产生的,如果只讲牺牲精神,不讲物质利益,那就是唯心论"④。为此,要努力提高教师的社会地位,保障他们的物质利益,改善教师的生活条件和工作环境。习近平总书记几乎每次在关于教育的讲话中,都很关注教师待遇和生活,要求"把加强教师队伍建设作为基础工作来抓,满腔热情关心教师,改善教师待遇,关心教师健康,维护教师权益"⑤,在福建任职时也曾提出"教师节应成为社会尊师重教日。各级领导及全社会都要切切实实为教师办几件实事,不断改善教师的工作、生活条件,提高广大教师的政治、经济待遇,推动全社会尊师重教风气的形成"⑥。总之,只有设法满足教师基本的物质和精神需要,才能使他们感受到教师职业的体面、尊严和价值,才能为师德建设提供源源不断的动力。习近平指出,不仅要让教师成为太阳底下最崇高的职业,而且要成为太阳底下最让人羡慕的职业。"国将兴,必贵师而重傅;贵师而重傅,则法度存。"当今的发达国家,教师都无比受尊敬,教师的待遇都明显高于国家其他行业。为此,他对各级党委和政府提出了具体的工作要求:首先,"加强教师队伍建设",提升教师素质,这是促进"教育事业发展最重要的基础工作";其次,调动教师的积极性,"改善教师待遇,关心教师健康,维护教师权益";再次,发挥教师的主体地位,教育事业的发展要"充分信任、紧紧依靠广大教师,支持优

---

① 习近平向全国广大教师致慰问信[N].人民日报,2013-09-10.
② 习近平.做党和人民满意的好老师:同北京师范大学师生代表座谈时的讲话[N].人民日报,2014-09-10.
③ 马克思,恩格斯.马克思恩格斯文集(第1卷)[M].北京:人民出版社,2009:28.
④ 邓小平.邓小平文选(第2卷)[M].北京:人民出版社,1994:146.
⑤ 习近平.做党和人民满意的好老师:同北京师范大学师生代表座谈时的讲话[M].北京:人民出版社,2014:13.
⑥ 习近平.把教育摆在先行官的位置[N].闽东日报,2015-03-23.

秀人才长期从教、终身从教"①。

2. 保障教师付出与收入的正比性,清贫不能也不该成为老师的标签

教师经济地位的改善为教师整体社会地位的提高奠定了坚实的物质基础,对教师的付出与收获观念要与时俱进,教师的待遇也要符合时代潮流。把教师捧上无私奉献的神坛,对教师进行只图付出不求回报的道德绑架,无疑是对教师职业的伤害。一个重要的不能忽视的概念:教师,它是一门职业。教师是职业就要谈付出与回报,谈劳动量和工作报酬。教育公平,应该包括对教师的公平。付出与收获要成正比,清贫不应该成为老师的标签。习近平总书记早年在河北省正定县工作期间,当他得知南牛公社南永固小学在落实民办教师待遇上行动迟缓,4名民办教师一年未领到工资的问题时,立即做出重要批示,要求马上整改。习近平雷厉风行的工作作风,使得教师工资问题得到很快解决。1983年10月,习近平同志明确提出,教育要改革,要改而不乱。根据这一原则,县里研究制定了《关于农村教育改革的意见》等文件,将民办教师工资列入干部工资序列,补齐了以前拖欠的教师工资,较好地解决了民办教师待遇和拖欠教师工资问题,使广大教师特别是民办教师深受鼓舞。② 十八大之后,习近平总书记强调要"改善教师待遇,关心教师健康,维护教师权益"③。教师经济地位的改善为教师整体社会地位的提高奠定了坚实的物质基础,教师职业正在成为最受社会尊重的职业。

参考文献

1. 中共中央宣传部.习近平新时代中国特色社会主义学习纲要[M].北京:学习出版社,人民出版社,2019.

2. 习近平.把教育摆在先行官的位置[N].闽东日报,2015-03-23.

3. 习近平.要始终坚持把教育放在优先发展战略地位[N].解放日报,2007-09-07.

4. 习近平.第二十次全国高校党建工作会议在京召开 习近平会见会议代表并讲话[N].人民日报,2012-01-05.

5. 习近平.习近平谈治国理政[M].北京:外文出版社,2014.

6. 习近平向全国广大教师致慰问信[N].人民日报,2013-09-10.

7. 习近平总书记给"国培计划(2014)"北师大贵州研修班参训教师的回

---

① 习近平.习近平向全国广大教师致慰问信[N].人民日报,2013-09-10.
② 程宝怀,刘晓翠,吴志辉.习近平同志在正定[N].河北日报,2014-01-02.
③ 习近平.习近平向全国广大教师致慰问信[N].人民日报,2013-09-10.

信[N].人民日报,2015–09–10.

8.习近平.全面贯彻落实党的教育方针 努力把我国基础教育越办越好[N].人民日报,2016–09–10.

9.习近平.把思想政治工作贯穿教育教学全过程 开创我国高等教育事业发展新局面[N].人民日报,2016–12–09.

10.习近平对黄大年同志先进事迹作出重要指示[N].人民日报,2017–05–26.

11.习近平.更好支持和帮助职业教育发展 为实现"两个一百年"奋斗目标提供人才保障[N].人民日报,2014–06–24.

12.习近平.在中央经济工作会议上的讲话[N].人民日报,2014–12–12.

13.习近平总书记系列讲话精神学习读本[M].北京:中共中央党校出版社,2013.

14.习近平.做党和人民满意的好老师:同北京师范大学师生代表座谈时的讲话[M].北京:人民出版社,2014.

15.习近平.把教育摆在先行官的位置[N].闽东日报,2015–03–23.

16.习近平.决胜全面建成小康社会 夺取新时代中国特色社会主义伟大胜利——在中国共产党第十九次全国代表大会上的讲话[M].北京:人民出版社,2017.

17.上海市委书记习近平会见教师代表并致节日问候[N].新民晚报,2007–09–08.

18.马克思,恩格思.马克思恩格斯文集(第1卷)[M].北京:人民出版社,2009.

19.邓小平.邓小平文选(第二卷)[M].北京:人民出版社,1994.

20.陶行知.陶行知全集(第二卷)[M].成都:四川教育出版社,1991.

21.程宝怀,刘晓翠,吴志辉.习近平同志在正定[N].河北日报,2014–01–02.

第三章 教师职业道德与相关教育政策

本章主要阐述教育政策概念,梳理教育政策的特点、功能、类别和形式,论证教育政策与教师职业道德的关系,从党中央国务院、教育部和黑龙江省三个层面分别解读近年来针对中小学、幼儿园教师职业道德建设问题出台的主要文件和政策要求。

第一节 教育政策概述

一、教育政策的概念

政策是政府、政党和其他政治团体等具有公共权力的主体在一定的历史条件下和社会环境中为了实现其政治、经济、文化、社会、科技、教育等各项发展目标而提出的政治性的行为依据和准则。它是一系列计划、法律、措施、规章、规则、条例、策略和方法的总称。

教育政策是国家和政党为了实现一定时期的教育目标和任务,通过一定的程序制定的调节教育内外关系的行动依据和准则,表现为教育路线、教育方针、教育战略、教育规划、教育决定、教育法律法规等形式。

二、教育政策的特点和功能

(一)教育政策的特点

1. 政治性与原则性

政治性是教育政策的根本特征,教育作为一项培养未来社会公民和统治阶级接班人的社会事业,具有鲜明的上层建筑特质。任何国家和政党的教育政策,都必然以满足其自身利益和政治意图为目的,它规定人们应做什么,不应做什么,提倡或鼓励什么。

2. 目的性与可行性

教育政策是人们根据一定的需要而制定出来的,是人们主观意识的体现和主观能动性的产物,具有明确的目的性。明确的目的性是教育政策的基本特征,没有目的性的教育政策是不存在的。同时,要使教育政策的目的变成现实,就要充分考虑教育政策的可行性。因为,再好的目的,如果脱离了现实条件,是难以实现的,是注定要失败的,这就要求我们在制定教育政策时,必须把其目的性和可行性联系起来考虑,使两者有机结合起来。

3. 稳定性和可变性

教育政策的制定需要充分考虑社会发展所处历史阶段的各种情况,在一定时期和范围,保持相对的稳定,有利于教育活动正常、稳定地运行;如果教育政策朝令夕改,变化频繁,使人无所适从,教育政策就会失去作为规范和准则的作用,影响民众对教育政策的信任程度和执行政策的坚定性。但随着政治、经济、科技等外部环境和条件的变化,以及教育自身内部的变化,教育政策需要与之相适应,做出相应的调整。

4. 合法性和权威性

教育政策是党和国家依据宪法的授权,为实现人民的教育意志而制定的教育准则。党和国家行为的合宪性决定了他们所颁布的教育政策的合法性以及由此而具有的权威性。

5. 系统性和多功能性

教育是相对独立的社会活动,其自身构成一个结构严谨、作用复杂的体系,教育体制政策、教育经费政策、教师政策、教育质量政策共同构成了国家基本的教育政策。同时,任何教育政策都是在与其他政策相互作用的过程中而发挥其功能的,其相互支持、相互制约,组成了有关社会发展的整体政策。教育政策既是一般政策系统中的一个有机组成部分,同时自身又组成了一个相对独立的体系,这决定了教育政策所指的行动必然要牵扯教育事业的方方面面,从而决定了教育政策的功能必定是多方面的,而不是单一零散的。[①]

(二)教育政策的功能

1. 导向功能

所谓导向功能是指教育政策对教育教学活动和人们的行为具有引导作用。教育政策的导向功能通常从两个方面表现出来:一是为教育事业的发展提出明

---

① 付世秋,徐文,方丽捷,王双明.教育政策法规与教师职业道德[M].清华大学出版社,2016:4-5.

确的目标。二是推出一整套旨在促进教育事业发展的重大措施。

2. 协调功能

教育政策的协调功能是指教育政策在社会发展过程中具有协调和平衡各种教育关系的作用。教育政策之所以具有协调功能,主要是由教育政策的本质属性决定的。教育政策是有关教育的权利和利益的具体体现,作为利益的"显示器"和"调节器",所有教育政策都具有协调功能。教育政策协调功能具有三个基本特点:一是多维性;二是动态性;三是适度性。

3. 控制功能

任何教育政策都是为了解决一定的教育问题或者预防某些教育问题的出现而制定的,具有约束和规范人们行为的作用。教育政策的这种特性就是我们所说的教育政策的控制功能。在实施教育活动中,教育政策的控制功能是非常重要的。一方面,教育政策的贯彻执行离不开及时有效的控制。理论和实践都表明,教育政策的贯彻执行往往不是一帆风顺的,教育政策制定者及政策对象的错误思想和行为,会在相当大的程度上影响和妨碍政策的贯彻落实。为了防范和纠正这些不良现象和越轨行为,保障教育政策得到正确贯彻执行,必须强化教育政策控制功能。另一方面,教育政策的适时调整更新也离不开控制。教育政策控制功能具有两个明显的特点:一是强制性;二是惩罚性。教育政策控制功能的发挥需要具备两个基本条件:一是教育政策控制的标准必须明确合理。制定控制标准,是发挥教育政策控制功能的前提和基础。二是教育政策控制的手段必须严密、封闭。①

三、教育政策的类别和形式

(一)教育政策的分类

教育政策是党和国家重要的基本政策,既是党和国家总政策在教育方面的具体化,又是制定教育方面具体政策的依据。它一方面从属于总政策,另一方面又以自己为"总政策",以若干具体政策为要素,构成从属于政策总体的自身政策体系。教育政策体系包括教育总政策和具体政策。

教育总政策是党和国家总政策在教育方面的具体化。教育总政策在教育事业的运行与发展中起着普遍指导作用。例如:现阶段党和国家的总政策是"决胜全面建成小康社会,夺取新时代中国特色社会主义伟大胜利"。在实际使

---

① 中公教育浙江教师招聘考试研究院.教育基础知识·小学[M].2012.

用中,由于"政策"一词可能有总政策、基本政策或具体政策等不同的含义,所以会出现"路线、方针、政策"并用,"政策和策略"并用的情况。本章所讲的政策是概括性的概念,包括了路线、方针、策略、措施、原则等。

教育具体政策是依据教育总政策,针对教育某一方面制定的具有指导意义的政策,一般来说比较具体,便于实施。例如:《新时代高校、中小学、幼儿园教师职业行为十项准则》就是2018年教育部为全面加强新时代师德师风建设提出的一项具体政策。

(二)教育政策的形式

1.党的政策文件

党的政策文件主要是指党的各种纲领、决定、决议、通知、宣言及声明等。

(1)《中国共产党章程》

《中国共产党章程》是最根本的党内法规。党章中所确立的教育政策是我党最根本的教育政策,是我们进一步制定教育政策的根本依据。党章中的政策为我们指明了教育的性质、教育工作的重点、教育工作的原则、教育工作的条件、教育工作的组织等重大问题。

(2)中国共产党全国代表大会的决议

中国共产党全国代表大会和它产生的中央委员会,是党的最高领导机关,它做出的有关教育工作的决议,是党的重要的教育政策。

(3)党中央制定和批准的文件

在中国共产党全国代表大会闭会期间,由中央委员会执行党的全国代表大会的决议,领导党的全部工作。党中央委员会为贯彻执行党的全国代表大会决议所制定的有关教育的文件,也是党的重要教育政策。

(4)党的地方各级领导机关的决议

党的地方各级代表大会有权讨论本地区范围内的重大问题并做出决议。党的地方各级委员会在代表大会闭会期间,负责执行上级党组织的指示和同级代表大会的决议,领导本地方的工作。

(5)党中央的各部门所制定和批准的有关教育的政策性文件

党中央各部门为了切实贯彻党中央的政策,在本部门的职权范围之内,制定和批准一些有关教育的政策。

2.全国人民代表大会所制定和批准的有关教育的政策性文件

全国人民代表大会所制定和批准的有关教育的政策性文件是教育政策的主要形式之一。

3. 党的领导机关与国家机关联合发布的各种决议、决定、通知等

(1) 党中央和国务院联合发布的决议、指示

党中央和国务院联合发布的决议、指示等,既是政府的法规性文件,又是党和国家的政策,具有法规性文件与政策性的双重作用。

(2) 党中央的各部门与国务院所属部委所制定和批准的有关教育的政策性文件

4. 国家行政机关制定发布的有关教育的政策性文件

5. 党和国家领导人的讲话[①]

四、教育政策与教师职业道德

(一) 教育政策决定着教师职业道德的性质和基本要求

政策作为公共权力主体在一定的历史条件下和社会环境中所提出的政治性的行为依据和准则,目的是为实现其在政治、经济、文化、社会等方面的发展目标和发展利益。教育作为一项培养未来社会公民和统治阶级接班人的社会事业,具有鲜明的上层建筑特点。任何国家和政党的教育政策,都必然要满足自身的阶级利益和政治意图,规定人们应该做什么,不应该做什么,提倡或鼓励什么。政治性是教育政策的根本属性。

一定时期的教师职业道德总是在一定的生产关系和阶级利益的影响和制约下逐渐形成的。教师职业道德作为道德的一部分,是一种社会认识现象,必然受到一定社会生产关系的制约。社会生产关系决定、制约着教育的制度、内容和目的,决定着教师的地位,从而制约着教师在教育过程中采取什么样的态度,以及在处理各种利益关系上遵守什么样的行为准则。正因为教师职业道德受制于一定的生产关系,是一定生产关系的反映,所以不同社会发展阶段的教师职业道德具有不同的行为准则和规范要求。在阶级社会里,教育本身就是统治阶级巩固本阶级利益的一个重要手段,所以历来统治阶级都为教师提出合乎本阶级或社会利益的师德要求;而处在一定阶级关系中的教师和教师的职业活动也总是自觉或不自觉地带有阶级色彩,反映出所属的一定阶级的利益要求。可以说,教师职业道德是一定社会统治阶级的道德原则和要求在教育领域中的具体体现,这种体现,在教育政策中清晰可见。

---

① 张维平,李广海,王梦楠,朱宝生.教育政策法规培训读本[M].北京:开明出版社,2008:3.

(二)教师职业道德相对于教育政策具有一定的稳定性和继承性

在历史发展方面,职业道德具有较强的稳定性和继承性。职业道德作为社会道德体系的一个组成部分,要受社会经济基础的制约,也受一定历史时期居主导地位的社会集团的道德观念的影响,并随社会历史条件的变化而变化,这是职业道德发展中带有规律性的现象。但是,职业道德又总是与特定的职业活动相联系,而同一种职业在不同的社会中有大体相同的工作要求和服务对象,有大体相同的特殊利益和义务,有大体相同的工作内容和活动方式,从而使该职业的从业人员在长期的职业活动中形成比较稳定的职业心理和行为模式,形成世代相传的职业传统。这种职业模式和传统虽然也会随着时代的发展而变化,不断增添新的内容和要求,但不会全部消失。与此相应,反映社会对某一职业道德要求的职业道德规范就会呈现出相对稳定性和连续性,虽然它也会有变化、有发展,但只要某一职业继续存在并稳定发展,与它相关的某些职业道德规范就会被世代相传和沿袭。

一定社会教师职业道德的建立和形成,一方面要反映当时社会的生产关系和统治阶级的利益要求,另一方面,又必然要充分借鉴和吸收历史上一切有价值的师德思想。在中外教育史上,许多伟大的思想家、教育家都曾提出过丰富的、有见识的师德思想,许多人还在他们的教育实践中树立了良好的师德榜样。如中国的孔子、韩愈、朱熹,古罗马的昆体良,捷克的夸美纽斯,德国的第斯多惠等等,他们所提出的师德思想,虽然不可避免地受到特定时代和阶级的局限,但其中的合理成分以及他们在实际教育行为中所表现出来的师德精神,无疑是后来教师职业道德的重要资源,值得后人继承和借鉴。事实也证明,任何社会教师职业道德的形成都离不开对历史上教师职业道德的继承和发展。这是道德稳定性的表现,也是教师这一职业特殊规律性的要求。

第二节 新时代对教师职业道德的政策要求

一、党中央、国务院有关文件要求

(一)《关于全面深化新时代教师队伍建设改革的意见》

2018年1月20日,中共中央、国务院印发了《关于全面深化新时代教师队伍建设改革的意见》(以下简称《改革意见》),就全面深化新时代教师队伍建设

改革作出了战略部署和安排,它是新中国成立以来党中央出台的第一个专门面向教师队伍建设的里程碑式的政策文件。其中,就加强新时代教师职业道德建设的主要内容有如下几个方面:

1.坚持兴国必先强师,深刻认识教师队伍建设的重要意义和总体要求(《改革意见》的第一方面)

从兴国必先强师的战略高度,深刻认识和理解教师队伍建设的重要意义和总体要求,促进我们对加强教师职业道德建设的理解。

(1)战略意义

对教师队伍建设重要意义应从以下几个方面去理解和学习:

①教师肩负的职责和历史使命:教师承担着传播知识、传播思想、传播真理的历史使命,肩负着塑造灵魂、塑造生命、塑造人的时代重任,是教育发展的第一资源,是国家富强、民族振兴、人民幸福的重要基石。

②党和国家重视程度:党和国家历来高度重视教师工作。党的十八大以来,以习近平同志为核心的党中央将教师队伍建设摆在突出位置,作出一系列重大决策部署。

③各地和教师贯彻落实情况:各地区各部门和各级各类学校采取有力措施认真贯彻落实,教师队伍建设取得显著成就。广大教师牢记使命、不忘初衷,爱岗敬业、教书育人、改革创新、服务社会,作出了重要贡献。

④形势的变化:当今世界正处在大发展、大变革、大调整之中,新一轮科技和工业革命正在孕育,新的增长动能不断积聚。中国特色社会主义进入了新时代,开启了全面建设社会主义现代化国家的新征程。我国社会主要矛盾已经转化为人民日益增长的美好生活需要和不平衡不充分的发展之间的矛盾,人民对公平而有质量的教育的向往更加迫切。

⑤存在的问题:面对新方位、新征程、新使命,教师队伍建设还不能完全适应。有的地方对教育和教师工作重视不够,在教育事业发展中重硬件轻软件、重外延轻内涵的现象还比较突出,对教师队伍建设的支持力度亟须加大;师范教育体系有所削弱,对师范院校支持不够;有的教师素质能力难以适应新时代人才培养需要,思想政治素质和师德水平需要提升,专业化水平需要提高;教师特别是中小学教师职业吸引力不足,地位待遇有待提高;教师城乡结构、学科结构分布不尽合理,准入、招聘、交流、退出等机制还不够完善,管理体制机制亟须理顺。时代越是向前,知识和人才的重要性就愈发突出,教育和教师的地位和作用就愈发凸显。各级党委和政府要从战略和全局高度充分认识教师工作的极端重要性,把全面加强教师队伍建设作为一项重大政治任务和根本性民生工

程切实抓紧抓好。

(2) 指导思想

对教师队伍建设指导思想应从以下几个方面去理解和学习：

①党和国家总体战略布局：全面贯彻落实党的十九大精神,以习近平新时代中国特色社会主义思想为指导,紧紧围绕统筹推进"五位一体"总体布局和协调推进"四个全面"战略布局,坚持和加强党的全面领导,坚持以人民为中心的发展思想,坚持全面深化改革,牢固树立新发展理念。

②党的教育方针：全面贯彻党的教育方针,坚持社会主义办学方向,落实立德树人根本任务,遵循教育规律和教师成长发展规律,加强师德师风建设,培养高素质教师队伍,倡导全社会尊师重教,形成优秀人才争相从教、教师人人尽展其才、好教师不断涌现的良好局面。

(3) 基本原则

贯彻《改革意见》应把握以下基本原则：

①确保方向：坚持党管干部、党管人才,坚持依法治教、依法执教,坚持严格管理监督与激励关怀相结合,充分发挥党委(党组)的领导和把关作用,确保党牢牢掌握教师队伍建设的领导权,保证教师队伍建设正确的政治方向。

②强化保障：坚持教育优先发展战略,把教师工作置于教育事业发展的重点支持战略领域,优先谋划教师工作,优先保障教师工作投入,优先满足教师队伍建设需要。

③突出师德：把提高教师思想政治素质和职业道德水平摆在首要位置,把社会主义核心价值观贯穿教书育人全过程,突出全员全方位全过程师德养成,推动教师成为先进思想文化的传播者、党执政的坚定支持者、学生健康成长的指导者。

④深化改革：抓住关键环节,优化顶层设计,推动实践探索,破解发展瓶颈,把管理体制改革与机制创新作为突破口,把提高教师地位待遇作为真招实招,增强教师职业吸引力。

⑤分类施策：立足我国国情,借鉴国际经验,根据各级各类教师的不同特点和发展实际,考虑区域、城乡、校际差异,采取有针对性的政策举措,定向发力,重视专业发展,培养一批教师;加大资源供给,补充一批教师;创新体制机制,激活一批教师;优化队伍结构,调配一批教师。

(4) 目标任务

《改革意见》把目标任务分为两个阶段：

①近期目标任务：经过5年左右的努力,教师培养培训体系基本健全,职业

发展通道比较畅通,事权、人权、财权相统一的教师管理体制普遍建立,待遇提升保障机制更加完善,教师职业吸引力明显增强。教师队伍规模、结构、素质能力基本满足各级各类教育发展需要。

②中远期目标任务:到2035年,教师综合素质、专业化水平和创新能力大幅提升,培养造就数以百万计的骨干教师、数以十万计的卓越教师、数以万计的教育家型教师。教师管理体制机制科学高效,实现教师队伍治理体系和治理能力现代化。教师主动适应信息化、人工智能等新技术变革,积极有效开展教育教学。尊师重教蔚然成风,广大教师在岗位上有幸福感、事业上有成就感、社会上有荣誉感,教师成为让人羡慕的职业。

2.着力提升思想政治素质,全面加强师德师风建设(《改革意见》第二个方面)

从大力提高教师思想政治素质的根本目的出发,加强师德师风建设的领导、组织、宣传与指导。

(1)加强教师党支部和党员队伍建设

①加强教师党支部和党员队伍建设:将全面从严治党要求落实到每个教师党支部和教师党员,把党的政治建设摆在首位,用习近平新时代中国特色社会主义思想武装头脑,充分发挥教师党支部教育管理监督党员和宣传引导凝聚师生的战斗堡垒作用,充分发挥党员教师的先锋模范作用。选优配强教师党支部书记,注重选拔党性强、业务精、有威信、肯奉献的优秀党员教师担任教师党支部书记,实施教师党支部书记"双带头人"培育工程,定期开展教师党支部书记轮训。坚持党的组织生活各项制度,创新方式方法,增强党的组织生活活力。健全主题党日活动制度,加强党员教师日常管理监督。推进"两学一做"学习教育常态化、制度化,开展"不忘初心、牢记使命"主题教育,引导党员教师增强政治意识、大局意识、核心意识、看齐意识,自觉爱党、护党、为党,敬业修德,奉献社会,争做"四有"好教师的示范标杆。重视做好在优秀青年教师、海外留学归国教师中发展党员工作。健全把骨干教师培养成党员,把党员教师培养成教学、科研、管理骨干的"双培养"机制。

②加强高校党务工作者队伍建设:配齐建强高等学校思想政治工作队伍和党务工作队伍,完善选拔、培养、激励机制,形成一支专职为主、专兼结合、数量充足、素质优良的工作力量。把从事学生思想政治教育计入高等学校思想政治工作兼职教师的工作量,作为职称评审的重要依据,进一步增强开展思想政治工作的积极性和主动性。

(2)提高思想政治素质

①以理想信念教育促进教师思想政治素质提高:加强理想信念教育,深入学习领会习近平新时代中国特色社会主义思想,引导教师树立正确的历史观、民族观、国家观、文化观,坚定中国特色社会主义道路自信、理论自信、制度自信、文化自信。引导教师准确理解和把握社会主义核心价值观的深刻内涵,增强价值判断、选择、塑造能力,带头践行社会主义核心价值观。引导广大教师充分认识中国教育辉煌成就,扎根中国大地,办好中国教育。

②以中华优秀传统文化教育引导教师思想政治素质提高:加强中华优秀传统文化和革命文化、社会主义先进文化教育,弘扬爱国主义精神,引导广大教师热爱祖国、奉献祖国。创新教师思想政治工作方式方法,开辟思想政治教育新阵地,利用思想政治教育新载体,强化教师社会实践参与,推动教师充分了解党情、国情、社情、民情,增强思想政治工作的针对性和实效性。要着眼青年教师群体特点,有针对性地加强思想政治教育。落实党的知识分子政策,政治上充分信任,思想上主动引导,工作上创造条件,生活上关心照顾,使思想政治工作接地气、入人心。

(3)弘扬高尚师德

①完善师德长效机制建设:健全师德建设长效机制,推动师德建设常态化、长效化,创新师德教育,完善师德规范,引导广大教师以德立身、以德立学、以德施教、以德育德,坚持教书与育人相统一、言传与身教相统一、潜心问道与关注社会相统一、学术自由与学术规范相统一,争做"四有"好教师,全心全意做学生锤炼品格、学习知识、创新思维、奉献祖国的引路人。

②实施师德师风建设工程:开展教师宣传国家重大题材作品立项,推出一批让人喜闻乐见、能够产生广泛影响、展现教师时代风貌的影视作品和文学作品,发掘师德典型、讲好师德故事,加强引领,注重感召,弘扬楷模,形成强大正能量。注重加强对教师思想政治素质、师德师风等的监察监督,强化师德考评,体现奖优罚劣,推行师德考核负面清单制度,建立教师个人信用记录,完善诚信承诺和失信惩戒机制,着力解决师德失范、学术不端等问题。

3.大力振兴教师教育,不断提升教师专业素质能力(《改革意见》第三个方面)

实施教师教育振兴战略,不断提升教师专业素质能力。

(1)加大对师范院校支持力度

①建立中国特色的师范教育体系:实施教师教育振兴行动计划,建立以师

范院校为主体、高水平非师范院校参与的中国特色师范教育体系,推进地方政府、高等学校、中小学"三位一体"协同育人。研究制定师范院校建设标准和师范类专业办学标准,重点建设一批师范教育基地,整体提升师范院校和师范专业办学水平。鼓励各地结合实际,适时提高师范专业生均拨款标准,提升师范教育保障水平。

②改革师范院校或师范专业培养和招生制度:切实提高生源质量,对符合相关政策规定的,采取到岗退费或公费培养、定向培养等方式,吸引优秀青年踊跃报考师范院校和师范专业。完善教育部直属师范大学师范生公费教育政策,履约任教服务期调整为6年。改革招生制度,鼓励部分办学条件好、教学质量高院校的师范专业实行提前批次录取或采取入校后二次选拔方式,选拔有志于从教的优秀学生进入师范专业。

③对教师教育实施政策倾斜:加强教师教育学科建设。教育硕士、教育博士授予单位及授权点向师范院校倾斜。强化教师教育师资队伍建设,在专业发展、职称晋升和岗位聘用等方面予以倾斜支持。师范院校评估要体现师范教育特色,确保师范院校坚持以师范教育为主业,严控师范院校更名为非师范院校。开展师范类专业认证,确保教师培养质量。

(2)支持高水平综合大学开展教师教育

创造条件,推动一批有基础的高水平综合大学成立教师教育学院,设立师范专业,积极参与基础教育、职业教育教师培养培训工作。整合优势学科的学术力量,凝聚高水平的教学团队。发挥专业优势,开设厚基础、宽口径、多样化的教师教育课程。创新教师培养形态,突出教师教育特色,重点培养教育硕士,适度培养教育博士,造就学科知识扎实、专业能力突出、教育情怀深厚的高素质复合型教师。

(3)全面提高中小学教师质量,建设一支高素质专业化的教师队伍

①提高中小学教师培养层次和质量:提高教师培养层次,提升教师培养质量。推进教师培养供给侧结构性改革,为义务教育学校侧重培养素质全面、业务见长的本科层次教师,为高中阶段教育学校侧重培养专业突出、底蕴深厚的研究生层次教师。大力推动研究生层次教师培养,增加教育硕士招生计划,向中西部地区和农村地区倾斜。

②优化中小学教师教育课程体系建设:根据基础教育改革发展需要,以实践为导向优化教师教育课程体系,强化"钢笔字、毛笔字、粉笔字和普通话"等教学基本功和教学技能训练,师范生教育实践不少于半年。加强紧缺薄弱学科教

师、特殊教育教师和民族地区双语教师培养。

③优化中小学教师教育培训体系建设：开展中小学教师全员培训，促进教师终身学习和专业发展。转变培训方式，推动信息技术与教师培训的有机融合，实行线上线下相结合的混合式研修。改进培训内容，紧密结合教育教学一线实际，组织高质量培训，使教师静心钻研教学，切实提升教学水平。推行培训自主选学，实行培训学分管理，建立培训学分银行，搭建教师培训与学历教育衔接的"立交桥"。建立健全地方教师发展机构和专业培训者队伍，依托现有资源，结合各地实际，逐步推进县级教师发展机构建设与改革，实现培训、教研、电教、科研部门有机整合。继续实施教师国培计划，鼓励教师海外研修访学。

④提高中小学教师队伍建设质量：加强中小学校长队伍建设，努力打造一支政治过硬、品德高尚、业务精湛、治校有方的校长队伍。面向全体中小学校长，加大培训力度，提升校长办学治校能力，打造高品质学校。实施校长国培计划，重点开展乡村中小学骨干校长培训和名校长研修。支持教师和校长大胆探索，创新教育思想、教育模式、教育方法，形成教学特色和办学风格，营造教育家脱颖而出的制度环境。

(4) 全面提高幼儿园教师质量，建设一支高素质善保教的教师队伍

①加强幼儿师范院校建设：办好一批幼儿师范专科学校和若干所幼儿师范学院，支持师范院校设立学前教育专业，培养热爱学前教育事业、以幼儿为本、才艺兼备、擅长保教的高水平幼儿园教师。

②加强幼儿园教师培养模式创新：创新幼儿园教师培养模式，前移培养起点，大力培养初中毕业起点的五年制专科层次幼儿园教师。优化幼儿园教师培养课程体系，突出保教融合，科学开设儿童发展、保育活动、教育活动类课程，强化实践性课程，培养学前教育师范生综合能力。

③完善幼儿园教师培训制度：建立幼儿园教师全员培训制度，切实提升幼儿园教师科学保教能力。加大幼儿园园长、乡村幼儿园教师、普惠性民办幼儿园教师的培训力度。创新幼儿园教师培训模式，依托高等学校和优质幼儿园，重点采取集中培训与跟岗实践相结合的方式培训幼儿园教师。鼓励师范院校与幼儿园协同建立幼儿园教师培养培训基地。

(5) 全面提高职业院校教师质量，建设一支高素质双师型的教师队伍

继续实施职业院校教师素质提高计划，引领带动各地建立一支技艺精湛、专兼结合的双师型教师队伍。加强职业技术师范院校建设，支持高水平学校和大中型企业共建双师型教师培养培训基地，建立高等学校、行业企业联合培养

双师型教师的机制。切实推进职业院校教师定期到企业实践,不断提升实践教学能力。建立企业经营管理者、技术能手与职业院校管理者、骨干教师相互兼职制度。

(6)全面提高高等学校教师质量,建设一支高素质创新型的教师队伍

①加强高校教师队伍建设:着力提高教师专业能力,推进高等教育内涵式发展。搭建校级教师发展平台,组织研修活动,开展教学研究与指导,推进教学改革与创新。加强院系教研室等学习共同体建设,建立完善传帮带机制。全面开展高等学校教师教学能力提升培训,重点面向新入职教师和青年教师,为高等学校培养人才培育生力军。重视各级各类学校辅导员专业发展。结合"一带一路"建设和人文交流机制,有序推动国内外教师双向交流。支持孔子学院教师、援外教师成长发展。

②加强高校人才培养:服务创新型国家和人才强国建设、世界一流大学和一流学科建设,实施好千人计划、万人计划、长江学者奖励计划等重大人才项目,着力打造创新团队,培养引进一批具有国际影响力的学科领军人才和青年学术英才。加强高端智库建设,依托人文社会科学重点研究基地等,汇聚、培养一大批哲学社会科学名家名师。高等学校高层次人才遴选和培育中要突出教书育人,让科学家同时成为教育家。

4.不断提高地位待遇,真正让教师成为令人羡慕的职业(《改革意见》的第五个方面)

创设尊师重教的良好氛围,提高教师的社会地位和待遇。

(1)加大教师表彰力度

大力宣传教师中的"时代楷模"和"最美教师"。开展国家级教学名师、国家级教学成果奖评选表彰,重点奖励贡献突出的教学一线教师。做好特级教师评选,发挥引领作用。做好乡村学校从教30年教师荣誉证书颁发工作。各地要按照国家有关规定,因地制宜开展多种形式的教师表彰奖励活动,并落实相关优待政策。鼓励社会团体、企事业单位、民间组织对教师出资奖励,开展尊师活动,营造尊师重教良好社会风尚。

(2)创设尊师重教良好氛围

建设现代学校制度,体现以人为本,突出教师主体地位,落实教师知情权、参与权、表达权、监督权。建立健全教职工代表大会制度,保障教师参与学校决策的民主权利。推行中国特色大学章程,坚持和完善党委领导下的校长负责制,充分发挥教师在高等学校办学治校中的作用。维护教师职业尊严和合法权

益,关心教师身心健康,克服职业倦怠,激发工作热情。

5. 切实加强党的领导,全力确保政策举措落地见效(《改革意见》的第六个方面)

(1)强化组织保障

①各级党委和政府要着力做好教师工作:各级党委和政府要满腔热情关心教师,充分信任、紧紧依靠广大教师。要切实加强领导,实行一把手负责制,紧扣广大教师最关心、最直接、最现实的重大问题,找准教师队伍建设的突破口和着力点,坚持发展抓公平、改革抓机制、整体抓质量、安全抓责任、保证抓党建,把教师工作记在心里、扛在肩上、抓在手中,摆上重要议事日程,细化分工,确定路线图、任务书、时间表和责任人。主要负责同志和相关责任人要切实做到实事求是、求真务实,善始善终、善作善成,把准方向、敢于担当,亲力亲为、抓实工作。

②各省、自治区、直辖市党委常委会要把教师工作列入重要议事日程:各省、自治区、直辖市党委常委会每年至少研究一次教师队伍建设工作。建立教师工作联席会议制度,解决教师队伍建设重大问题。相关部门要制定切实提高教师待遇的具体措施。研究修订教师法。统筹现有资源,壮大全国教师工作力量,培育一批专业机构,专门研究教师队伍建设重大问题,为重大决策提供支撑。

(2)强化经费保障

①优先保障教师队伍建设经费:各级政府要将教师队伍建设作为教育投入重点予以优先保障,完善支出保障机制,确保党和国家关于教师队伍建设重大决策部署落实到位。优化经费投入结构,优先支持教师队伍建设最薄弱、最紧迫的领域,重点用于按规定提高教师待遇保障、提升教师专业素质能力。加大师范教育投入力度。健全以政府投入为主,多渠道筹集教育经费的体制,充分调动社会力量投入教师队伍建设的积极性。制定严格的经费监管制度,规范经费使用,确保资金使用效益。

②加强对教师队伍建设工作的督导检查:各级党委和政府要将教师队伍建设列入督查督导工作重点内容,并将结果作为党政领导班子和有关领导干部综合考核评价、奖惩任免的重要参考,确保各项政策措施全面落实到位,真正取得实效。[1]

---

[1] 中共中央 国务院.关于全面深化新时代教师队伍建设改革的意见[S].北京,2018.

(二)《关于进一步加强科研诚信建设的若干意见》

2018年5月21日,中共中央办公厅、国务院办公厅印发了《关于进一步加强科研诚信建设的若干意见》(以下简称《科研诚信意见》),就进一步加强科研诚信的引导和管理,特别是增强教师科研诚信的自觉性提出了明确的要求:

1. 切实加强科研诚信的教育和宣传(《科研诚信意见》中的第五个方面)

《科研诚信意见》中的第十六条规定:加强科研诚信教育。加强对教师科研诚信教育,在职称晋升、参与科技计划项目等重要节点必须开展科研诚信教育。

对在科研诚信方面存在倾向性、苗头性问题的,所在单位应当及时开展科研诚信诫勉谈话,加强教育。

2. 严肃查处严重违背科研诚信要求的行为(《科研诚信意见》中的第六个方面)

《科研诚信意见》中的第二十条规定:严厉打击严重违背科研诚信要求的行为。坚持零容忍,保持对严重违背科研诚信要求行为严厉打击的高压态势,严肃责任追究。建立终身追究制度,依法依规对严重违背科研诚信要求行为实行终身追究,一经发现,随时调查处理。积极开展对严重违背科研诚信要求行为的刑事规制理论研究,推动立法、司法部门适时出台相应刑事制裁措施。

相关行业主管部门或严重违背科研诚信要求责任人所在单位要区分不同情况,对责任人给予科研诚信诫勉谈话;取消项目立项资格,撤销已获资助项目或终止项目合同,追回科研项目经费;撤销获得的奖励、荣誉称号,追回奖金;依法开除学籍,撤销学位、教师资格等;一定期限直至终身取消晋升职务职称、申报科技计划项目、担任评审评估专家、被提名为院士候选人等资格;依法依规解除劳动合同、聘用合同;终身禁止在政府举办的学校、医院、科研机构等从事教学、科研工作等处罚,以及记入科研诚信严重失信行为数据库或列入观察名单等其他处理。属于党员的,依纪依规给予党纪处分。涉嫌存在诈骗、贪污科研经费等违法犯罪行为的,依法移交监察、司法机关处理。

对包庇、纵容甚至骗取各类财政资助项目或奖励的单位,有关主管部门要给予约谈主要负责人、停拨或核减经费、记入科研诚信严重失信行为数据库、移送司法机关等处理。①

---

① 中共中央办公厅 国务院办公厅.关于进一步加强科研诚信建设的若干意见[S].北京,2018.

(三)《国家教育事业发展"十三五"规划》

2017年1月10日,国务院印发了《国家教育事业发展"十三五"规划》(简称《国家教育"十三五"规划》),就"十三五"期间科学规划教育事业发展,加快推进教育现代化等作出全面的部署和安排。其中,针对教师队伍建设,特别是教师职业道德建设问题,中央作出规划部署的主要内容有:

1. 加强师德师风建设

落实大中小学师德师风建设长效机制。坚持教书和育人相统一、言传和身教相统一、潜心问道和关注社会相统一、学术自由和学术规范相统一,引导广大教师以德立身、以德立学、以德施教。开展多种形式的师德教育,把教师职业理想、职业道德、法治、心理健康等教育融入培养、培训和管理的全过程,推动各地各校出台具体的实施细则和办法,构筑覆盖各级各类学校的师德建设制度网络,推动学校针对师德建设突出问题开展自查自纠,学校领导干部带头,全面加强教师队伍学风、教风、作风建设,努力建设一支有理想信念、有道德情操、有扎实学识、有仁爱之心的教师队伍。

2. 加强教师思想政治工作

创新工作手段和载体,开辟思想教育新阵地,抓好骨干教师和学科带头人培训,组织广大教师开展多种形式的社会实践活动,了解国情、社情、民情,引导广大教师带头践行社会主义核心价值观,增进对中国特色社会主义的思想认同、政治认同、理论认同和情感认同。加大对新入职教师、海外留学归国教师的国情国史教育力度。大力宣传和表彰优秀教师、师德标兵,提升教师职业的崇高感和荣誉感。

3. 完善师德师风考评监督机制

将师德师风建设作为学校工作考核和教育质量督导评估的重要内容,把师德师风表现作为教师考评的首要内容,建立个人自评、学生测评、同事互评、单位考评等多种形式相结合的考核机制,构建学校、教师、学生、家长和社会多方参与的师德师风监督体系。完善师德表彰奖励制度,将师德表现作为评奖评优的首要条件。依法依规加大对各类违反师德和学术不端行为的查处力度,对考核不合格的教师在职称评审、岗位聘用、评优奖励等环节实行一票否决制,将表现恶劣的清除出教师队伍。建立师德事件及舆情快速反应机制,及时掌握师德师风信息动态,及时纠正不良倾向和问题。

4. 提升教师能力素质

推进教师教育综合改革。加强教师教育体系建设,办好一批师范院校和师范专业,改进教师培养机制、模式、课程,探索建立教师教育质量监测评估制度。做好师范类专业认证试点工作。完善高校、地方政府、中小学"三位一体"的协同育人机制,加强师范生教育实践和教师教育师资队伍建设。全面推动教师教育改革创新,着力提高教师培养质量。继续实施卓越教师培养计划,扩大教育硕士招生规模,培养高层次中小学和中等职业学校教师。

5. 改进教师考核评价制度

加快研制各级各类教师队伍建设标准。建立符合大中小学教师岗位特点的评价机制,深入推进高校教师考核评价制度改革,坚持德才兼备,以实际能力为衡量标准,注重凭能力、实绩和贡献评价人才,克服唯学历、唯职称、唯论文等倾向,引导高校教师潜心教书育人,围绕国家战略需求开展科学研究。[1]

(四)《国务院关于加强教师队伍建设的意见》

2012年8月20日,国务院印发了《国务院关于加强教师队伍建设的意见》(以下简称《队伍建设意见》),就深入实施科教兴国战略和人才强国战略,进一步加强教师队伍建设提出明确的要求。主要内容有:

1. 加强教师队伍建设的指导思想、总体目标和重点任务(《队伍建设意见》中第一个方面的内容)

(1)总体目标

到2020年,形成一支师德高尚、业务精湛、结构合理、充满活力的高素质专业化教师队伍。专任教师数量满足各级各类教育发展需要;教师队伍整体素质大幅提高,普遍具有良好的职业道德素养、先进的教育理念、扎实的专业知识基础和较强的教育教学能力;教师队伍的年龄、学历、职务(职称)、学科结构以及学段、城乡分布结构与教育事业发展相协调;教师地位待遇不断提高,农村教师职业吸引力明显增强;教师管理制度科学规范,形成富有效率、更加开放的教师工作体制机制。

(2)重点任务

幼儿园教师队伍建设要以补足配齐为重点,切实加强幼儿园教师培养培训,严格实施幼儿园教师资格制度,依法落实幼儿园教师地位待遇;中小学教师队伍建设要以农村教师为重点,采取倾斜政策,切实增强农村教师职业吸引力,激励更多优秀人才到农村从教;职业学校教师队伍建设要以"双师型"教师为重点,完善"双师型"教师培养培训体系,健全技能型人才到职业学校从教制度;高

---

[1] 国务院. 国家教育事业发展"十三五"规划[S]. 北京,2017.

等学校教师队伍建设要以中青年教师和创新团队为重点,优化中青年教师成长发展、脱颖而出的制度环境,培育跨学科、跨领域的科研与教学相结合的创新团队;民族地区教师队伍建设要以提高政治素质和业务能力为重点,加强中小学和幼儿园双语教师培养培训,加快培养一批边疆民族地区紧缺教师人才;特殊教育教师队伍建设要以提升专业化水平为重点,提高特殊教育教师培养培训质量,健全特殊教育教师管理制度。

2. 加强教师思想政治教育和师德建设(《队伍建设意见》中的第二个方面的内容)

(1)全面提高教师思想政治素质

坚持和完善理论学习制度,创新理论学习的方式和载体,加强中国特色社会主义理论体系教育,不断提高教师的理论修养和思想政治素质。推动教师在社会实践活动中进一步了解国情、社情、民情。开辟思想政治教育新阵地,建立教师思想状况定期调查分析制度,坚持解决思想问题与解决实际困难相结合,增强思想政治工作的针对性和实效性。确保教师坚持正确政治方向,践行社会主义核心价值体系,遵守宪法和有关法律法规,坚持学术研究无禁区、课堂讲授有纪律;帮助和引领学生形成正确的世界观、人生观和价值观。

(2)构建师德建设长效机制

建立健全教育、宣传、考核、监督与奖惩相结合的师德建设工作机制。开展各种形式的师德教育,把教师职业理想、职业道德、学术规范以及心理健康教育融入职前培养、准入、职后培训和管理的全过程。加大优秀师德典型宣传力度,促进形成重德养德的良好风气。研究制定科学合理的师德考评方式,完善师德考评制度,将师德建设作为学校工作考核和办学质量评估的重要指标,把师德表现作为教师资格定期注册、业绩考核、职称评审、岗位聘用、评优奖励的首要内容,对教师实行师德表现一票否决制。完善学生、家长和社会参与的师德监督机制。完善高等学校科研学术规范,健全学术不端行为惩治查处机制。对有严重失德行为、影响恶劣者按有关规定予以严肃处理直至撤销教师资格。

3. 大力提高教师专业化水平(《队伍建设意见》中的第三个方面的内容)

(1)完善教师专业发展标准体系

根据各级各类教育的特点,出台幼儿园、小学、中学、职业学校、高等学校、特殊教育学校教师专业标准,作为教师培养、准入、培训、考核等工作的重要依据。制定幼儿园园长、普通中小学校长、中等职业学校校长专业标准和任职资格标准,提高校长(园长)专业化水平。制定师范类专业认证标准,开展专业认证和评估,规范师范类专业办学,建立教师培养质量评估制度。

(2) 提高教师培养质量

完善师范生招生制度,科学制订招生计划,确保招生培养与教师岗位需求有效衔接,实行提前批次录取,选拔乐教适教的优秀学生攻读师范类专业。发挥教育部直属师范大学师范生免费教育的示范引领作用,鼓励支持地方结合实际实施师范生免费教育制度。探索建立招收职业学校毕业生和企业技术人员专门培养职业教育师资制度。扩大教育硕士、教育博士招生规模,培养高层次的中小学和职业学校教师。创新教师培养模式,建立高等学校与地方政府、中小学(幼儿园、职业学校)联合培养教师的新机制,发挥好行业企业在培养"双师型"教师中的作用。加强教师养成教育和教育教学能力训练,落实师范生教育实践不少于一学期制度。鼓励综合性大学毕业生从事教师职业。

(3) 建立教师学习培训制度

实行五年一周期不少于360学时的教师全员培训制度,推行教师培训学分制度。采取顶岗置换研修、校本研修、远程培训等多种模式,大力开展中小学、幼儿园教师特别是农村教师培训。完善以企业实践为重点的职业学校教师培训制度。推进高等学校中青年教师专业发展,建立高等学校中青年教师国内访学、挂职锻炼、社会实践制度。加大民族地区双语教师和音乐、体育、美术等师资紧缺学科教师培训力度。加强校长培训,重视辅导员和班主任培训。推动信息技术与教师教育深度融合,建设教师网络研修社区和终身学习支持服务体系,促进教师自主学习,推动教学方式变革。继续实施"幼儿园和中小学教师国家级培训计划""职业院校教师素质提高计划"。

(4) 完善教师培养培训体系

构建以师范院校为主体、综合大学参与、开放灵活的中小学教师教育体系。依托相关高等学校和大中型企业,共建职业学校"双师型"教师培养培训体系。推动高等学校设立教师发展中心。依托现有资源,加强中小学幼儿园教师、职业学校教师、特殊教育教师、民族地区双语教师培养培训基地建设。推动各地结合实际,规范建设县(区)域教师发展平台。

(5) 培养造就高端教育人才

实施中小学名师名校长培养工程。制定普通中小学、中等职业学校校长负责制实施细则,探索校长职级制。改进特级教师评选和管理工作,更好地发挥特级教师的示范带动作用。坚持培养与引进兼顾,教学与科研并重,加强高等学校高层次创新型人才队伍建设。实施好"千人计划""长江学者奖励计划"和"创新团队发展计划"等人才项目,造就集聚一批具有国际影响的学科领军人才和高水平的教学科研创新团队。落实和扩大学校办学自主权,支持鼓励教师和校长在实践中大胆探索,创新教育思想、教育模式和教育方法,形成教学特色和办学风格,造就一批教育家,倡导教育家办学。

4. 建立健全教师管理制度(《队伍建设意见》中的第四个方面的内容)

健全教师考核评价制度。完善重师德、重能力、重业绩、重贡献的教师考核评价标准,探索实行学校、学生、教师和社会等多方参与的评价办法,引导教师潜心教书育人。严禁简单用升学率和考试成绩评价中小学教师。根据不同类型教师的岗位职责和工作特点,完善高等学校教师分类管理和评价办法;健全大学教授为本科生上课制度,把承担本科教学任务作为教授考核评价的基本内容。加强教师管理,严禁公办、在职中小学教师从事有偿补课,规范高等学校教师兼职兼薪。

5. 确保教师队伍建设政策措施落到实处(《队伍建设意见》中的第六个方面内容)

(1)加强组织领导

各级人民政府要切实加强对教师工作的组织领导,把教师队伍建设列入重要议事日程抓实抓好。完善部门沟通协调机制,形成责权明确、分工协作、齐抓共管的工作格局,及时研究解决教师队伍建设中的突出矛盾和重大问题。教育行政部门要加强对教师队伍建设的统筹管理、规划和指导,制定相关政策和标准。机构编制、发展改革、财政、人力资源社会保障等有关部门要在各自职责范围内,积极推进教师队伍建设有关工作。鼓励和引导社会力量参与支持教师队伍建设。

(2)加强经费保障

各级人民政府要加大对教师队伍建设的投入力度,新增财政教育经费要把教师队伍建设作为投入重点之一,切实保障教师培养培训、工资待遇等方面的经费投入。教师培训经费要列入财政预算。幼儿园、中小学和中等职业学校按照年度公用经费预算总额的5%安排教师培训经费;高等学校按照不同层次和规模情况,统筹安排一定的教师培训经费。切实加强经费监管,确保专款专用,提高经费使用效率。

(3)加强考核督导

要把教师队伍建设情况作为各地区各有关部门政绩考核、各级各类学校办学水平评估的重要内容,作为评优评先、表彰奖励的重要依据。建立教师工作定期督导检查制度,把教师队伍建设情况作为教育督导的重要内容,并公告督导结果,推动各项政策措施落实到位。①

二、教育部颁布的若干文件和规范标准

(一)《教育部关于进一步加强和改进师德建设的意见》

2005年1月13日,教育部印发了教师〔2005〕1号文件《教育部关于进一步加强和改进师德建设的意见》,就新时期加强和改进师德建设工作作出了明确规定,其主要内容有:

1. 总体要求

以热爱学生、教书育人为核心,以"学为人师、行为世范"为准则,以提高教师思想政治素质、职业理想和职业道德水平为重点,弘扬高尚师德,力行师德规范,强化师德教育,优化制度环境,不断提高师德水平。

2. 主要任务

(1)提高教师的思想政治素质

广大教师要牢固树立正确的世界观、人生观和价值观,牢固确立在中国共产党领导下走中国特色社会主义道路、实现中华民族伟大复兴的共同理想和坚定信念;拥护党和国家的路线、方针、政策。

自觉抵制各种错误思潮和腐朽思想文化的影响,坚持学术研究无禁区、课堂讲授有纪律,严格教育教学纪律。

(2)树立正确的教师职业理想

广大教师要有强烈的职业光荣感、历史使命感和社会责任感,以培育优秀人才、发展先进文化和推进社会进步为己任,站在时代的前列,努力成为为人民服务的践履笃行的典范。

(3)提高教师的职业道德水平

牢固树立育人为本、德育为先的思想,全面关心学生成长,形成相互激励、教学相长的师生关系;以身作则,言传身教,为人师表,以自己良好的思想和道德风范去影响和培养学生;大力提倡求真务实、勇于创新、严谨自律的治学态度与学术精神和团结合作、协力攻关、共同进步的团队精神。模范遵守学术道德规范,潜心钻研,实事求是,严谨笃学。

(4)着力解决师德建设中的突出问题

要坚决反对教师讥讽、歧视、侮辱学生,体罚和变相体罚学生的行为;坚决

---

① 国务院.关于加强教师队伍建设的意见[S].北京,2012.

反对向学生推销教辅资料及其他商品，索要或接受学生、家长财物等以教谋私的行为；坚决反对在科研工作中弄虚作假、抄袭剽窃等违背学术规范、侵占他人劳动成果的不端行为；严厉惩处败坏教师声誉的失德行为。

(5)积极推进师德建设工作改进创新

要努力探索新形势下师德建设的特点和规律，特别要在增强时代感，加强针对性、实效性上下功夫，讲究实际效果，克服形式主义，使师德建设更加贴近实际、贴近教师，使之成为全体教师普遍认同的行为准则。

3.主要措施

(1)强化师德教育

加强和改进教师思想政治教育、职业理想教育、职业道德教育，重视法制教育和心理健康教育。加强学风和学术规范教育。对学校班主任、辅导员等德育工作者进行师德教育专题培训。建立和完善新教师岗前师德教育制度。要把师德教育作为新一轮中小学教师全员培训的首要任务和重点内容。

(2)加强师德宣传

每年教师节组织师德主题教育活动，集中开展师德宣传教育活动，表彰师德标兵、优秀班主任、辅导员、德育工作者和德育工作先进集体；组织师德典型重点宣传和优秀教师报告团活动，大力褒奖人民教师的高尚师德，进一步倡导尊师重教的良好社会风尚；举办师德论坛，促进师德建设的理论创新、制度创新和管理创新。

(3)严格考核管理

建立师德考评制度，将师德表现作为资格认定、新教师聘用、教师年度考核、职务聘任、派出进修和评优奖励等的重要依据。

对师德表现不佳的教师要及时劝诫，经劝诫仍不改正的，要进行严肃处理。对有严重失德行为、影响恶劣者一律撤销教师资格并予以解聘。建立师德问题报告制度和舆论监督的有效机制。

(4)强化师德建设的领导

要求各级教育行政部门把师德建设作为一项事关教育工作全局的大事，纳入教育事业总体规划，加强领导，统筹部署，切实做到制度落实、组织落实、任务落实。要建立相应的工作机制，保证师德建设工作落到实处。各级各类学校要把师德建设摆在教师工作的首位，学校主要领导要亲自抓师德建设。学校教代会和群团组织紧密配合，学生、家长和社会积极参与，形成加强和推进师德建设的合力。①

(二)《教育部关于建立健全中小学教师师德建设长效机制的意见》

2013年9月2日,教育部印发了教师〔2013〕10号文件《教育部关于建立健全中小学教师师德建设长效机制的意见》,就建立健全教育、宣传、考核、监督与奖惩相结合的中小学师德建设长效机制提出明确意见。主要内容有:

1. 创新师德教育,引导教师树立远大职业理想

将师德教育纳入教师教育课程体系。新任教师岗前培训开设师德教育专题,在职教师培训把师德教育作为重要内容,记入培训学分。重视法制教育、心理健康教育和民族团结教育。采取实践反思、师德典型案例评析、情景教学等丰富师德教育形式,把教书育人楷模、一线优秀教师等请进课堂,用优秀教师的感人事迹诠释师德内涵。

2. 加强师德宣传,营造尊师重教社会氛围

弘扬高尚师德,弘扬主旋律,增强正能量。针对师德建设中出现的热点、难点问题,要及时应对并加以引导。充分利用教师节等重大节庆日、纪念日的契机,联合电视、广播、报纸、网络等多种媒体集中宣传优秀教师先进事迹,努力营造尊师重教的浓厚社会氛围。

3. 严格师德考核,促进教师自觉加强师德修养

师德考核应坚持公平、公正、公开原则;采取教师个人自评、家长和学生参与测评、考核工作小组综合评定等多种方式进行。考核结果一般分为优秀、合格、基本合格、不合格四个等次。

师德考核不合格者年度考核应评定为不合格,并在教师资格定期注册、职务(职称)评审、岗位聘用、评优奖励和特级教师评选等环节实行一票否决。

4. 突出师德激励,促进形成重德养德良好风气

把师德表现作为评选教书育人楷模、模范教师、教育系统先进工作者、优秀教师、优秀教育工作者、中小学优秀班主任、中小学德育先进工作者等表彰奖励的必要条件。在同等条件下,师德表现突出的,优先评选特级教师和晋升教师职务(职称)、选培学科带头人和骨干教师。

5. 规范师德惩处,坚决遏制失德行为蔓延

建立健全违反师德行为的惩处制度。明确教师不可触犯的师德禁行性行为,并提出相应处理办法。对危害严重、影响恶劣者,要坚决清除出教师队伍。

---

① 教育部.关于进一步加强和改进师德建设的意见[S].北京,2005.

建立问责制度。对教师严重违反师德行为监管不力、拒不处分、拖延处分或推诿隐瞒，造成不良影响或严重后果的，要追究学校或教育主管部门主要负责人的责任。①

(三)《幼儿园教师专业标准(试行)》

2012年2月10日，教育部印发了《幼儿园教师专业标准(试行)》(简称《幼教标准》)，它是国家对合格幼儿园教师专业素质的基本要求，是幼儿园教师实施保教行为的基本规范，是引领幼儿园教师专业发展的基本准则，是幼儿园教师培养、准入、培训、考核等工作的重要依据。

《幼教标准》设置了三个维度，即"专业理念与师德""专业知识""专业能力"。每个维度下设若干领域，共涉及十四个领域，每个领域下又设有若干"基本要求"。

1. 合格的幼儿园教师应秉持的基本理念

《幼教标准》遵循和倡导四大基本理念，即师德为先、幼儿为本、能力为重、终身学习。

(1)师德为先

热爱学前教育事业，具有职业理想，践行社会主义核心价值体系，履行教师职业道德规范，依法执教；关爱幼儿，尊重幼儿人格，富有爱心、责任心、耐心和细心；为人师表，教书育人，自尊自律，做幼儿健康成长的启蒙者和引路人。

(2)幼儿为本

尊重幼儿权益，以幼儿为主体，充分调动和发挥幼儿的主动性；遵循幼儿身心发展特点和保教活动规律，提供适合的教育，保障幼儿快乐健康成长。

(3)能力为重

把学前教育理论与保教实践相结合，突出保教实践能力；研究幼儿，遵循幼儿成长规律，提升保教工作专业化水平；坚持实践、反思、再实践、再反思，不断提高专业能力。

(4)终身学习

学习先进学前教育理论，了解国内外学前教育改革与发展的经验和做法；优化知识结构，提高文化素养；具有终身学习与持续发展的意识和能力，做终身学习的典范。

---

① 教育部.关于建立健全中小学教师师德建设长效机制的意见[S].北京,2013.

2. 合格的幼儿园教师专业标准基本要求

维度一：专业理念与师德

《幼教标准》从职业理解与认识、对幼儿的态度与行为、幼儿保育和教育的态度与行为、个人修养与行为四个领域对幼儿园教师的专业理念与师德提出具体要求：

（1）职业理解与认识

贯彻党和国家教育方针政策，遵守教育法律法规；理解幼儿保教工作的意义，热爱学前教育事业，具有职业理想和敬业精神；认同幼儿园教师的专业性和独特性，注重自身专业发展；具有良好职业道德修养，为人师表；具有团队合作精神，积极开展协作与交流。

（2）对幼儿的态度与行为

关爱幼儿，重视幼儿身心健康，将保护幼儿生命安全放在首位；尊重幼儿人格，维护幼儿合法权益，平等对待每一个幼儿；信任幼儿，尊重个体差异，主动了解和满足有益于幼儿身心发展的不同需求；重视生活对幼儿健康成长的重要价值，积极创造条件，让幼儿拥有快乐的幼儿园生活。

不讽刺、挖苦、歧视幼儿，不体罚或变相体罚幼儿。

（3）幼儿保育和教育的态度与行为

注重保教结合，培育幼儿良好的意志品质，帮助幼儿形成良好的行为习惯；注重保护幼儿的好奇心，培养幼儿的想象力，发掘幼儿的兴趣爱好；重视环境和游戏对幼儿发展的独特作用，创设富有教育意义的环境氛围，将游戏作为幼儿的主要活动；重视丰富幼儿多方面的直接经验，将探索、交往等实践活动作为幼儿最重要的学习方式；重视自身日常态度言行对幼儿发展的重要影响与作用；重视幼儿园、家庭和社区的合作，综合利用各种资源。

（4）个人修养与行为

富有爱心、责任心、耐心和细心；乐观向上、热情开朗、有亲和力；善于自我调节情绪，保持平和心态；勤于学习，不断进取；衣着整洁得体、语言规范健康、举止文明礼貌。

维度二：专业知识

《幼教标准》从幼儿发展知识、幼儿保育和教育知识、通识性知识三个领域对幼儿园教师的专业知识提出具体要求：

（5）幼儿发展知识

了解关于幼儿生存、发展和保护的有关法律法规及政策规定；掌握不同年龄幼儿身心发展特点、规律和促进幼儿全面发展的策略与方法；了解幼儿在发展水平、速度与优势等方面的个体差异,掌握对应的策略与方法;了解幼儿发展中容易出现的问题与适宜的对策;了解有特殊需要幼儿的身心发展特点及教育策略与方法。

(6)幼儿保育和教育知识

熟悉幼儿园教育的目标、任务、内容、要求和基本原则;掌握幼儿园环境创设、一日生活安排、游戏与教育活动、保育和班级管理的知识与方法;熟知幼儿园的安全应急预案,掌握意外事故和危险情况下幼儿安全防护与救助的基本方法;掌握观察、谈话、记录等了解幼儿的基本方法;了解0~3岁婴幼儿保教和幼小衔接的有关知识与基本方法。

(7)通识性知识

具有一定的自然科学和人文社会科学知识;了解中国教育基本情况;掌握幼儿园各领域教育的特点与基本知识;具有相应的艺术欣赏与表现知识;具有一定的现代信息技术知识。

维度三:专业能力

《幼教标准》从环境的创设与利用、一日生活的组织与保育、游戏活动的支持与引导、教育活动的计划与实施、激励与评价、沟通与合作、反思与发展七个领域对幼儿园教师的专业能力提出具体要求:

(8)环境的创设与利用

建立良好的师幼关系,帮助幼儿建立良好的同伴关系,让幼儿感到温暖和愉悦;建立班级秩序与规则,营造良好的班级氛围,让幼儿感受到安全、舒适;创设有助于促进幼儿成长、学习、游戏的教育环境;合理利用资源,为幼儿提供和制作适合的玩教具和学习材料,引发和支持幼儿的主动活动。

(9)一日生活的组织与保育

合理安排和组织一日生活的各个环节,将教育灵活地渗透到一日生活中;科学照料幼儿日常生活,指导和协助保育员做好班级常规保育和卫生工作;充分利用各种教育契机,对幼儿进行随机教育;有效保护幼儿,及时处理幼儿的常见事故,危险情况优先救护幼儿。

(10)游戏活动的支持与引导

提供符合幼儿兴趣需要、年龄特点和发展目标的游戏条件;充分利用与合理设计游戏活动空间,提供丰富、适宜的游戏材料,支持、引发和促进幼儿的游戏;鼓励幼儿自主选择游戏内容、伙伴和材料,支持幼儿主动地、创造性地开展游戏,充分体验游戏的快乐和满足感;引导幼儿在游戏活动中获得身体、认知、语言和社会性等多方面的发展。

(11) 教育活动的计划与实施

制定阶段性的教育活动计划和具体活动方案；在教育活动中观察幼儿，根据幼儿的表现和需要调整活动，给予适宜的指导；在教育活动的设计和实施中体现趣味性、综合性和生活化，灵活运用各种组织形式和适宜的教育方式；提供更多的操作探索、交流合作、表达表现的机会，支持和促进幼儿主动学习。

(12) 激励与评价

关注幼儿日常表现，及时发现和赏识每个幼儿的点滴进步，注重激发和保护幼儿的积极性、自信心；有效运用观察、谈话、家园联系、作品分析等多种方法，客观地、全面地了解和评价幼儿；有效运用评价结果，指导下一步教育活动的开展。

(13) 沟通与合作

使用符合幼儿年龄特点的语言进行保教工作；善于倾听，和蔼可亲，与幼儿进行有效沟通；与同事合作交流，分享经验和资源，共同发展；与家长进行有效沟通合作，共同促进幼儿发展；协助幼儿园与社区建立合作互助的良好关系。

(14) 反思与发展

主动收集分析相关信息，不断进行反思，改进保教工作；针对保教工作中的现实需要与问题，进行探索和研究；制定专业发展规划，不断提高自身专业素质。①

(四)《小学教师专业标准(试行)》

2012年2月10日，教育部印发了《小学教师专业标准(试行)》(简称《小教标准》)，它是国家对合格小学教师专业素质的基本要求，是小学教师实施教育教学行为的基本规范，是引领小学教师专业发展的基本准则，是小学教师培养、准入、培训、考核等工作的重要依据。

《小教标准》设置了三个维度，即"专业理念与师德""专业知识""专业能力"。每个维度下设若干领域，共涉及十三个领域，每个领域又设了若干"基本要求"。

1. 合格的小学教师应秉持的基本理念

《小教标准》遵循和倡导四大基本理念，即师德为先、学生为本、能力为重、终身学习。

---

① 教育部.幼儿园教师专业标准(试行)[S].北京,2012.

(1)师德为先

热爱小学教育事业,具有职业理想,践行社会主义核心价值体系,履行教师职业道德规范,依法执教;关爱小学生,尊重小学生人格,富有爱心、责任心、耐心和细心;为人师表,教书育人,自尊自律,做小学生健康成长的指导者和引路人。

(2)学生为本

尊重小学生权益,以小学生为主体,充分调动和发挥小学生的主动性;遵循小学生身心发展特点和教育教学规律,提供适合的教育,促进小学生生动活泼学习、健康快乐成长。

(3)能力为重

把学科知识、教育理论与教育实践有机结合,突出教书育人实践能力;研究小学生,遵循小学生成长规律,提升教育教学专业化水平;坚持实践、反思、再实践、再反思,不断提高专业能力。

(4)终身学习

学习先进小学教育理论,了解国内外小学教育改革与发展的经验和做法;优化知识结构,提高文化素养;具有终身学习与持续发展的意识和能力,做终身学习的典范。

2.合格的小学教师专业标准基本要求

维度一:专业理念与师德

《小教标准》从职业理解与认识、对小学生的态度与行为、教育教学的态度与行为、个人修养与行为四个领域对小学教师的专业理念与师德提出具体要求:

(1)职业理解与认识

贯彻党和国家教育方针政策,遵守教育法律法规;理解小学教育工作的意义,热爱小学教育事业,具有职业理想和敬业精神;认同小学教师的专业性和独特性,注重自身专业发展;具有良好职业道德修养,为人师表;具有团队合作精神,积极开展协作与交流。

(2)对小学生的态度与行为

关爱小学生,重视小学生身心健康,将保护小学生生命安全放在首位;尊重小学生独立人格,维护小学生合法权益,平等对待每一位小学生;信任小学生,尊重个体差异,主动了解和满足有益于小学生身心发展的不同需求;积极创造条件,让小学生拥有快乐的学校生活。

不讽刺、挖苦、歧视小学生,不体罚或变相体罚小学生。

（3）教育教学的态度与行为

树立育人为本、德育为先的理念,将小学生的知识学习、能力发展与品德养成相结合,重视小学生全面发展;尊重教育规律和小学生身心发展规律,为每一个小学生提供适合的教育;引导小学生体验学习乐趣,保护小学生的求知欲和好奇心,培养小学生的广泛兴趣、动手能力和探究精神;引导小学生学会学习,养成良好学习习惯;尊重和发挥少先队组织的教育引导作用。

（4）个人修养与行为

富有爱心、责任心、耐心和细心;乐观向上、热情开朗、有亲和力;善于自我调节情绪,保持平和心态;勤于学习,不断进取;衣着整洁得体、语言规范健康、举止文明礼貌。

维度二:专业知识

《小教标准》从小学生发展知识、学科知识、教育教学知识、通识性知识、教育教学设计五个领域对小学教师的专业知识提出具体要求:

（5）小学生发展知识

了解关于小学生生存、发展和保护的有关法律法规及政策规定;了解不同年龄及有特殊需要的小学生身心发展特点和规律,掌握保护和促进小学生身心健康发展的策略与方法;了解不同年龄小学生学习的特点,掌握小学生良好行为习惯养成的知识;了解幼小和小初衔接阶段小学生的心理特点,掌握帮助小学生顺利过渡的方法;了解对小学生进行青春期和性健康教育的知识和方法;了解小学生安全防护的知识,掌握针对小学生可能出现的各种侵犯与伤害行为的预防与应对方法。

（6）学科知识

适应小学综合性教学的要求,了解多学科知识;掌握所教学科知识体系、基本思想与方法;了解所教学科与社会实践、少先队活动的联系,了解与其他学科的联系。

（7）教育教学知识

掌握小学教育教学基本理论;掌握小学生品行养成的特点和规律;掌握不同年龄小学生的认知规律和教育心理学的基本原理和方法;掌握所教学科的课程标准和教学知识。

（8）通识性知识

具有相应的自然科学和人文社会科学知识;了解中国教育基本情况;具有相应的艺术欣赏与表现知识;具有适应教育内容、教学手段和方法现代化的信息技术知识。

(9)教育教学设计

合理制定小学生个体与集体的教育教学计划;合理利用教学资源,科学编写教学方案;合理设计主题鲜明、丰富多彩的班级和少先队活动。

维度三:专业能力

《小教标准》从组织与实施、激励与评价、沟通与合作、反思与发展四个领域对小学教师的专业能力提出具体要求:

(10)组织与实施

建立良好的师生关系,帮助小学生建立良好的同伴关系;创设适宜的教学情境,根据小学生的反应及时调整教学活动;调动小学生学习积极性,结合小学生已有的知识和经验激发学习兴趣;发挥小学生主体性,灵活运用启发式、探究式、讨论式、参与式等教学方式;发挥好少先队组织生活、集体活动、信息传播等教育功能。将现代教育技术手段整合应用到教学中;较好使用口头语言、肢体语言与书面语言,使用普通话教学,规范书写钢笔字、粉笔字、毛笔字;妥善应对突发事件;鉴别小学生行为和思想动向,用科学的方法防止和有效矫正不良行为。

(11)激励与评价

对小学生日常表现进行观察与判断,发现和赏识每一位小学生的点滴进步;灵活使用多元评价方式,给予小学生恰当的评价和指导;引导小学生进行积极的自我评价;利用评价结果不断改进教育教学工作。

(12)沟通与合作

使用符合小学生特点的语言进行教育教学工作;善于倾听,和蔼可亲,与小学生进行有效沟通;与同事合作交流,分享经验和资源,共同发展;与家长进行有效沟通合作,共同促进小学生发展;协助小学与社区建立合作互助的良好关系。

(13)反思与发展

主动收集分析相关信息,不断进行反思,改进教育教学工作;针对教育教学工作中的现实需要与问题,进行探索和研究;制定专业发展规划,积极参加专业培训,不断提高自身专业素质。[①]

(五)《中学教师专业标准(试行)》

2012年2月10日,教育部印发了《中学教师专业标准(试行)》(简称《中教

---

① 教育部.小学教师专业标准(试行)[S].北京,2012.

标准》),它是国家对合格中学教师专业素质的基本要求,是中学教师实施教育教学行为的基本规范,是引领中学教师专业发展的基本准则,是中学教师培养、准入、培训、考核等工作的重要依据。

《中教标准》设置了三个维度,即"专业理念与师德""专业知识""专业能力"。每个维度下设若干领域,共涉及十四个领域,每个领域又设了若干"基本要求"。

1.合格的中学教师应秉持的基本理念

《中教标准》遵循和倡导四大基本理念,即师德为先、学生为本、能力为重、终身学习。

(1)师德为先

热爱中学教育事业,具有职业理想,践行社会主义核心价值体系,履行教师职业道德规范,依法执教;关爱中学生,尊重中学生人格,富有爱心、责任心、耐心和细心;为人师表,教书育人,自尊自律,以人格魅力和学识魅力教育感染中学生,做中学生健康成长的指导者和引路人。

(2)学生为本

尊重中学生权益,以中学生为主体,充分调动和发挥中学生的主动性;遵循中学生身心发展特点和教育教学规律,提供适合的教育,促进中学生生动活泼学习、健康快乐成长,全面而有个性地发展。

(3)能力为重

把学科知识、教育理论与教育实践有机结合,突出教书育人实践能力;研究中学生,遵循中学生成长规律,提升教育教学专业化水平;坚持实践、反思、再实践、再反思,不断提高专业能力。

(4)终身学习

学习先进中学教育理论,了解国内外中学教育改革与发展的经验和做法;优化知识结构,提高文化素养;具有终身学习与持续发展的意识和能力,做终身学习的典范。

2.合格的中学教师专业标准基本要求

维度一:专业理念与师德

《中教标准》从职业理解与认识、对学生的态度与行为、教育教学的态度与行为、个人修养与行为四个领域对中学教师的专业理念与师德提出具体要求:

(1)职业理解与认识

贯彻党和国家教育方针政策,遵守教育法律法规;理解中学教育工作的意义,热爱中学教育事业,具有职业理想和敬业精神;认同中学教师的专业性和独特性,注重自身专业发展;具有良好职业道德修养,为人师表;具有团队合作精神,积极开展协作与交流。

(2)对学生的态度与行为

关爱中学生,重视中学生身心健康发展,保护中学生生命安全;尊重中学生独立人格,维护中学生合法权益,平等对待每一位中学生;尊重个体差异,主动了解和满足中学生的不同需要;信任中学生,积极创造条件,促进中学生的自主发展。

不讽刺、挖苦、歧视中学生,不体罚或变相体罚中学生。

(3)教育教学的态度与行为

树立育人为本、德育为先的理念,将中学生的知识学习、能力发展与品德养成相结合,重视中学生的全面发展;尊重教育规律和中学生身心发展规律,为每一位中学生提供适合的教育;激发中学生的求知欲和好奇心,培养中学生学习兴趣和爱好,营造自由探索、勇于创新的氛围;引导中学生自主学习、自强自立,培养良好的思维习惯和适应社会的能力;尊重和发挥共青团、少先队组织的教育引导作用。

(4)个人修养与行为

富有爱心、责任心、耐心和细心;乐观向上、热情开朗、有亲和力;善于自我调节情绪,保持平和心态;勤于学习,不断进取;衣着整洁得体、语言规范健康、举止文明礼貌。

维度二:专业知识

《中教标准》从教育知识、学科知识、学科教学知识、通识性知识四个领域对中学教师的专业知识提出具体要求:

(5)教育知识

掌握中学教育的基本原理和主要方法;掌握班级、共青团、少先队建设与管理的原则与方法;掌握教育心理学的基本原理和方法,了解中学生身心发展的一般规律与特点;了解中学生世界观、人生观、价值观形成的过程及其教育方法;了解中学生思维能力、创新能力和实践能力发展的过程与特点;了解中学生群体文化特点与行为方式。

(6)学科知识

理解所教学科的知识体系、基本思想与方法;掌握所教学科内容的基本知识、基本原理与技能;了解所教学科与其他学科的联系;了解所教学科与社会实践及共青团、少先队活动的联系。

(7)学科教学知识

掌握所教学科课程标准;掌握所教学科课程资源开发与校本课程开发的主要方法与策略;了解中学生在学习具体学科内容时的认知特点;掌握针对具体学科内容进行教学和研究性学习的方法与策略。

(8)通识性知识

具有相应的自然科学和人文社会科学知识;了解中国教育基本情况;具有相应的艺术欣赏与表现知识;具有适应教育内容、教学手段和方法现代化的信息技术知识。

维度三:专业能力

《中教标准》从教学设计、教学实施、班级管理与教育活动、教育教学评价、沟通与合作、反思与发展六个领域对中学教师的专业能力提出具体要求:

(9)教学设计

科学设计教学目标和教学计划;合理利用教学资源和教学方法设计教学过程;引导和帮助中学生设计个性化的学习计划。

(10)教学实施

营造良好的学习环境与氛围,激发与保护中学生的学习兴趣;通过启发式、探究式、讨论式、参与式等多种方式,有效实施教学;有效调控教学过程,合理处理课堂偶发事件;引发中学生独立思考和主动探究,发展学生创新能力;发挥共青团、少先队的组织生活、集体活动、信息传播等的教育功能;将现代教育技术手段整合应用到教学中。

(11)班级管理与教育活动

建立良好的师生关系,帮助中学生建立良好的同伴关系;注重结合学科教学进行育人活动;根据中学生世界观、人生观、价值观形成的特点,有针对性地组织开展德育活动;针对中学生青春期生理和心理发展特点,有针对性地组织开展有益身心健康发展的教育活动;指导学生的理想、心理、学业等多方面发展;有效管理和开展班级、共青团、少先队活动;妥善应对突发事件。

(12)教育教学评价

利用评价工具,掌握多元评价方法,多视角、全过程评价学生发展;引导学生进行自我评价;自我评价教育教学效果,及时调整和改进教育教学工作。

(13)沟通与合作

了解中学生,平等地与中学生进行沟通交流;与同事合作交流,分享经验和资源,共同发展;与家长进行有效沟通合作,共同促进中学生发展;协助中学与社区建立合作互助的良好关系。

（14）反思与发展

主动收集分析相关信息，不断进行反思，改进教育教学工作；针对教育教学工作中的现实需要与问题，进行探索和研究；制定专业发展规划，积极参加专业培训，不断提高自身专业素质。①

(六)《新时代幼儿园教师职业行为十项准则》

2018年11月27日，教育部印发了《新时代幼儿园教师职业行为十项准则》（简称《幼教准则》），就新时代广大幼儿园教师落实立德树人根本任务提出了新的更高要求。为进一步增强幼儿教师的责任感、使命感、荣誉感，规范职业行为，明确师德底线，引导他们成为有理想信念、有道德情操、有扎实学识、有仁爱之心的好老师，着力培养德智体美劳全面发展的社会主义建设者和接班人，教育部提出了新时代幼儿园教师职业行为十项准则：

1. 坚定政治方向

坚持以习近平新时代中国特色社会主义思想为指导，拥护中国共产党的领导，贯彻党的教育方针；不得在保教活动中及其他场合有损害党中央权威和违背党的路线方针政策的言行。

2. 自觉爱国守法

忠于祖国、忠于人民，恪守宪法原则，遵守法律法规，依法履行教师职责；不得损害国家利益、社会公共利益，或违背社会公序良俗。

3. 传播优秀文化

带头践行社会主义核心价值观，弘扬真善美，传递正能量；不得通过保教活动、论坛、讲座、信息网络及其他渠道发表、转发错误观点，或编造散布虚假信息、不良信息。

4. 潜心培幼育人

落实立德树人根本任务，爱岗敬业，细致耐心；不得在工作期间玩忽职守、消极怠工，或空岗、未经批准找人替班，不得利用职务之便兼职兼薪。

5. 加强安全防范

增强安全意识，加强安全教育，保护幼儿安全，防范事故风险；不得在保教活动中遇突发事件、面临危险时，不顾幼儿安危，擅离职守，自行逃离。

6. 关心爱护幼儿

呵护幼儿健康，保障快乐成长；不得体罚和变相体罚幼儿，不得歧视、侮辱

---

① 教育部.中学教师专业标准（试行）[S].北京,2012.

幼儿,严禁猥亵、虐待、伤害幼儿。

7. 遵循幼教规律

循序渐进,寓教于乐;不得采用学校教育方式提前教授小学内容,不得组织有碍幼儿身心健康的活动。

8. 秉持公平诚信

坚持原则,处事公道,光明磊落,为人正直;不得在入园招生、绩效考核、岗位聘用、职称评聘、评优评奖等工作中徇私舞弊、弄虚作假。

9. 坚守廉洁自律

严于律己,清廉从教;不得索要、收受幼儿家长财物或参加由家长付费的宴请、旅游、娱乐休闲等活动,不得推销幼儿读物、社会保险或利用家长资源谋取私利。

10. 规范保教行为

尊重幼儿权益,抵制不良风气;不得组织幼儿参加以营利为目的的表演、竞赛等活动,或泄露幼儿与家长的信息。①

(七)《幼儿园教师违反职业道德行为处理办法》

作为《新时代幼儿园教师职业行为十项准则》的配套文件,2018年11月8日,教育部下发了《教育部关于印发〈幼儿园教师违反职业道德行为处理办法〉的通知》(以下简称《幼儿园处理办法》),对违反《新时代幼儿园教师职业行为十项准则》中明令禁止行为的做出了处理规定。

1. 处分与处理的种类设定

《幼儿园处理办法》第三条规定:"本办法所称处理包括处分和其他处理。处分包括警告、记过、降低岗位等级或撤职、开除。警告期限为6个月,记过期限为12个月,降低岗位等级或撤职期限为24个月。是中共党员的,同时给予党纪处分。"

"其他处理包括给予批评教育、诫勉谈话、责令检查、通报批评,以及取消在评奖评优、职务晋升、职称评定、岗位聘用、工资晋级、申报人才计划等方面的资格。取消相关资格的处理执行期限不得少于24个月。"

2. 应给予处理的情况

《幼儿园处理办法》第四条规定,应予处理的教师违反职业道德行为包括:

(1)违反《新时代幼儿园教师职业行为十项准则》规定设定的十项底线行

---

① 教育部. 新时代幼儿园教师职业行为十项准则[S]. 北京,2018.

为(具体内容略)。

(2)其他违反职业道德的行为。

3. 处理的程序

《幼儿园处理办法》第五条规定:"幼儿园及幼儿园主管教育部门发现教师存在违反《幼儿园处理办法》第四条列举行为的,应当及时组织调查核实,视情节轻重给予相应处理。作出处理决定前,应当听取教师的陈述和申辩,听取幼儿、其他教师、家长委员会或者家长代表意见,并告知教师有要求举行听证的权利。对于拟给予降低岗位等级以上的处分,教师要求听证的,拟作出处理决定的部门应当组织听证。"

4. 处理结果管理

(1)《幼儿园处理办法》第九条规定:"对教师的处理,在期满后根据悔改表现予以延期或解除,处理决定和处理解除决定都应完整存入人事档案及教师管理信息系统。"

(2)《幼儿园处理办法》第十条规定:"教师受到处分的,符合《教师资格条例》第十九条规定的,由县级以上教育行政部门依法撤销其教师资格。教师受处分期间暂缓教师资格定期注册。依据《中华人民共和国教师法》第十四条规定丧失教师资格的,不能重新取得教师资格。教师受记过以上处分期间不能参加专业技术职务任职资格评审。"[1]

(八)《新时代中小学教师职业行为十项准则》

2018年11月27日,教育部印发了《新时代中小学教师职业行为十项准则》(简称《中教准则》),就新时代广大中小学教师落实立德树人根本任务提出了新的更高要求。为进一步增强中小学教师的责任感、使命感、荣誉感,规范职业行为,明确师德底线,引导他们成为有理想信念、有道德情操、有扎实学识、有仁爱之心的好老师,着力培养德智体美劳全面发展的社会主义建设者和接班人,教育部提出了新时代中小学教师职业行为十项准则:

1. 坚定政治方向

坚持以习近平新时代中国特色社会主义思想为指导,拥护中国共产党的领导,贯彻党的教育方针;不得在教育教学活动中及其他场合有损害党中央权威、违背党的路线方针政策的言行。

---

[1] 教育部.幼儿园教师违反职业道德行为处理办法[S].北京,2018.

2. 自觉爱国守法

忠于祖国、忠于人民,恪守宪法原则,遵守法律法规,依法履行教师职责;不得损害国家利益、社会公共利益,或违背社会公序良俗。

3. 传播优秀文化

带头践行社会主义核心价值观,弘扬真善美,传递正能量;不得通过课堂、论坛、讲座、信息网络及其他渠道发表、转发错误观点,或编造散布虚假信息、不良信息。

4. 潜心教书育人

落实立德树人根本任务,遵循教育规律和学生成长规律,因材施教,教学相长;不得违反教学纪律,敷衍教学,或擅自从事影响教育教学本职工作的兼职兼薪行为。

5. 关心爱护学生

严慈相济,诲人不倦,真心关爱学生,严格要求学生,做学生良师益友;不得歧视、侮辱学生,严禁虐待、伤害学生。

6. 加强安全防范

增强安全意识,加强安全教育,保护学生安全,防范事故风险;不得在教育教学活动中遇突发事件、面临危险时,不顾学生安危,擅离职守,自行逃离。

7. 坚持言行雅正

为人师表,以身作则,举止文明,作风正派,自重自爱;不得与学生发生任何不正当关系,严禁任何形式的猥亵、性骚扰行为。

8. 秉持公平诚信

坚持原则,处事公道,光明磊落,为人正直;不得在招生、考试、推优、保送及绩效考核、岗位聘用、职称评聘、评优评奖等工作中徇私舞弊、弄虚作假。

9. 坚守廉洁自律

严于律己,清廉从教;不得索要、收受学生及家长财物或参加由学生及家长付费的宴请、旅游、娱乐休闲等活动,不得向学生推销图书报刊、教辅材料、社会保险或利用家长资源谋取私利。

10. 规范从教行为

勤勉敬业,乐于奉献,自觉抵制不良风气;不得组织、参与有偿补课,或为校外培训机构和他人介绍生源、提供相关信息。①

---

① 教育部. 新时代中小学教师职业行为十项准则[S]. 北京,2018.

(九)《中小学教师违反职业道德行为处理办法》

作为《新时代中小学教师职业行为十项准则》的配套文件,2018年11月8日,教育部下发了《教育部关于印发〈中小学教师违反职业道德行为处理办法〉的通知》(以下简称《中小学处理办法》),对国家2014年制定的《中小学教师违反职业道德行为处理办法》进行了重新修订,对违反《新时代中小学教师职业行为十项准则》中明令禁止行为的作出了处理规定。

1. 处分与处理的种类设定

《中小学处理办法》第三条规定:"本办法所称处理包括处分和其他处理。处分包括警告、记过、降低岗位等级或撤职、开除。警告期限为6个月,记过期限为12个月,降低岗位等级或撤职期限为24个月。是中共党员的,同时给予党纪处分。"

其他处理包括给予批评教育、诫勉谈话、责令检查、通报批评,以及取消在评奖评优、职务晋升、职称评定、岗位聘用、工资晋级、申报人才计划等方面的资格。取消相关资格的处理执行期限不得少于24个月。

2. 应给予处理的情况

《中小学处理办法》第四条规定,应予处理的教师违反职业道德行为包括:

(1)违反《新时代中小学教师职业行为十项准则》规定设定的十项底线行为(具体内容略)。

(2)其他违反职业道德的行为。

3. 处理的程序

《中小学处理办法》第五条规定:"学校及学校主管教育部门发现教师存在违反《中小学处理办法》第四条列举行为的,应当及时组织调查核实,视情节轻重给予相应处理。作出处理决定前,应当听取教师的陈述和申辩,听取学生、其他教师、家长委员会或者家长代表意见,并告知教师有要求举行听证的权利。对于拟给予降低岗位等级以上的处分,教师要求听证的,拟作出处理决定的部门应当组织听证。"

4. 处理结果管理

(1)《中小学处理办法》第九条规定:"对教师的处理,在期满后根据悔改表现予以延期或解除,处理决定和处理解除决定都应完整存入人事档案及教师管理信息系统。"

(2)《中小学处理办法》第十条规定:"教师受到处分的,符合《教师资格条例》第十九条规定的,由县级以上教育行政部门依法撤销其教师资格。教师受处分期间暂缓教师资格定期注册。依据《中华人民共和国教师法》第十四条规定丧失教师资格的,不能重新取得教师资格。教师受记过以上处分期间不能参加专业技术职务任职资格评审。"①

（十）《严禁中小学校和在职中小学教师有偿补课的规定》

2015年6月,教育部印发了《严禁中小学校和在职中小学教师有偿补课的规定》的通知,列出了六种严禁中小学校和在职中小学教师有偿补课行为：

1. 严禁中小学校组织、要求学生参加有偿补课；
2. 严禁中小学校与校外培训机构联合进行有偿补课；
3. 严禁中小学校为校外培训机构有偿补课提供教育教学设施或学生信息；
4. 严禁在职中小学教师组织、推荐和诱导学生参加校内外有偿补课；
5. 严禁在职中小学教师参加校外培训机构或由其他教师、家长、家长委员会等组织的有偿补课；
6. 严禁在职中小学教师为校外培训机构和他人介绍生源、提供相关信息。

对违反上述规定的,教育部还明确了相关处罚措施,构建起学校、教师、学生、家长及社会广泛参与的监督体系。②

三、黑龙江省出台的有关规定

（一）《中共黑龙江省委宣传部、黑龙江省教育厅、黑龙江省人事厅关于进一步加强中小学师德建设的若干意见》

为贯彻落实《教育部关于进一步加强和改进师德建设的意见》文件要求,2007年我省印发了《中共黑龙江省委宣传部、黑龙江省教育厅、黑龙江省人事厅关于进一步加强中小学师德建设的若干意见》(黑教联〔2007〕29号),就我省进一步加强中小学师德建问题作出了新的补充规定,其主要内容有：

1. 依法执教,提高思想政治素质。广大教师要严格遵守宪法及有关教育的法律法规,在教育教学中同党和国家的方针政策保持一致。坚持学术研究无禁区、课堂讲授有纪律。

不准有违背国家法律和方针政策的言行,不得传播宗教,不得传播非法出版物,不准宣扬封建迷信和歪理邪说。

---

① 教育部.中小学教师违反职业道德行为处理办法[S].北京,2018.
② 教育部.严禁中小学校和在职中小学教师有偿补课的规定[S].北京,2015.

2.不准举办以敛财为目的的补习班或家教活动。义务教育阶段,不得举行或者变相举行与入学挂钩的选拔考试或者测试,不得张榜公布学生的考试成绩名次。

3.严谨治学,提高育人专业技能。师能体现师德。要及时了解学科发展、课程改革等方面的新动向、新成果,不断优化知识结构,做到博学多才,业务精良。

不准空堂、拖堂,不准对学生敷衍塞责,不准课上不讲、课后补讲,贻误教育教学工作。

4.完善师德考核和评估制度,考核结果作为评价教育工作和教师资格认定、培养培训、职务评聘、评优晋级、岗位聘任等的重要依据。

在特级教师、优秀教师、学科带头人、骨干教师评选和教师职务评聘等项工作中实行"师德问题"一票否决制。[①]

(二)《黑龙江省教育厅关于建立健全师德建设长效机制的实施意见》

为贯彻落实《教育部关于建立健全中小学教师师德建设长效机制的意见》文件要求,2015年黑龙江省教育厅印发了《黑龙江省教育厅关于建立健全师德建设长效机制的实施意见》(黑教联〔2015〕69号),就我省建立健全师德建设长效机制问题作出了新的补充规定:

1.将教师职业道德作为考取教师资格的必修必考内容。

2.实行新教师入职宣誓制度和老教师荣休仪式。

3.在同等条件下,师德表现突出的,在教师职务(职称)晋升、岗位聘用、特级教师评选、研究生导师遴选,以及学科带头人和学科领军人物选培中优先考虑。

4.各级教育行政部门和学校要对违反师德行为实行"零容忍",发现一起,查处一起,绝不姑息。要严格依法规范师德惩处。[②]

(三)《黑龙江省中小学教师违反职业道德行为处理办法实施细则(试行)》

2017年,黑龙江省教育厅印发了《黑龙江省中小学教师违反职业道德行为

[①] 中共黑龙江省委宣传部、黑龙江省教育厅、黑龙江省人事厅关于进一步加强中小学师德建设的若干意见[S]. 哈尔滨,2007.

[②] 黑龙江省教育厅.黑龙江省教育厅关于建立健全师德建设长效机制的实施意见[S]. 哈尔滨,2015.

处理办法实施细则(试行)》(以下简称《中小学处理细则》),对违反教师职业道德情况做出了处理规定(本处仅学习《新时代中小学教师职业行为准则》以外的补充内容)。

违反职业道德行为情况:

《中小学处理细则》第四条规定,教师有下列行为之一的,视情节轻重分别给予警告、记过、降低专业技术职务等级、撤销专业技术职务或者行政职务、开除或者解除聘用合同等相应处分。

1. 在教育教学活动和学生管理、评价中不公平公正对待学生,产生明显负面影响的;

2. 体罚学生和以侮辱、歧视等方式变相体罚学生,造成学生身心伤害的;

3. 索要或者违反规定收受家长、学生财物的,或让学生及家长支付报销应由教师本人或亲属承担的费用的。①

(四)《中小学在职教师从业行为"十严禁"》

2017年,黑龙江省印发了《黑龙江省教育厅关于印发〈中小学在职教师从业行为"十严禁"〉的通知》(以下简称《中小学"十严禁"》),针对部分中小学校(幼儿园)在职教师存在乱办班、乱补课、违规收受礼品礼金等有违师德的问题明确下达禁令。

1. 严禁组织或变相组织、推荐、诱导或暗示学生参加校内、校外任何形式的有偿补课;

2. 严禁参加或挂名参与校外培训机构、其他社会人员等组织的任何形式的有偿补课;

3. 严禁为校外培训机构和他人介绍生源或提供学生相关的信息;

4. 严禁以任何方式索要或接受学生及家长赠送的礼品礼金、有价证券和支付凭证等财物;

5. 严禁参加由学生及家长安排的可能影响学生考试、考核评价、选班干、评优模和调排换座等的宴请活动;

6. 严禁参加由学生及家长安排支付费用的旅游、健身休闲等娱乐活动;

7. 严禁让学生及家长支付报销应由教师个人或亲属承担的任何费用;

---

① 黑龙江省教育厅.黑龙江省中小学教师违反职业道德行为处理办法实施细则(试行)[S].哈尔滨,2017.

8. 严禁利用工作时间从事任何形式的商业经营活动或有偿中介活动；

9. 严禁利用业余时间通过实体店或以互联网、移动互联网形式向学生及家长推销、推介商品的行为；

10. 严禁利用职务之便谋取不正当利益的其他行为。①

参考文献

1. 付世秋,徐文,方丽捷,王双明.教育政策法规与教师职业道德[M].北京:清华大学出版社,2016.

2. 中公教育浙江教师招聘考试研究院.教育基础知识·小学[M].2012.

3. 张维平,李广海,王梦楠,朱宝生.教育政策法规培训读本[M].北京:开明出版社,2008.

4. 中共中央 国务院.关于全面深化新时代教师队伍建设改革的意见[S].北京,2018.

5. 中共中央办公厅 国务院办公厅.关于进一步加强科研诚信建设的若干意见[S].北京,2018

6. 国务院.国家教育事业发展"十三五"规划[S].北京,2017.

7. 国务院.关于加强教师队伍建设的意见[S].北京,2012.

8. 教育部.关于进一步加强和改进师德建设的意见[S].北京,2005.

9. 教育部.关于建立健全中小学教师师德建设长效机制的意见[S].北京,2013.

10. 教育部.幼儿园教师专业标准(试行)[S].北京,2012.

11. 教育部.小学教师专业标准(试行)[S].北京,2012.

12. 教育部.中学教师专业标准(试行)[S].北京,2012.

13. 教育部.新时代幼儿园教师职业行为十项准则[S].北京,2018.

14. 教育部.幼儿园教师违反职业道德行为处理办法[S].北京,2018.

15. 教育部.新时代中小学教师职业行为十项准则[S].北京,2018.

16. 教育部.中小学教师违反职业道德行为处理办法[S].北京,2018.

17. 教育部.严禁中小学校和在职中小学教师有偿补课的规定[S].北京,2015.

18. 中共黑龙江省委宣传部、黑龙江省教育厅、黑龙江省人事厅关于进一步加强中小学师德建设的若干意见[S].哈尔滨,2007.

---

① 黑龙江省教育厅.中小学在职教师从业行为"十严禁"[S].哈尔滨,2017.

19. 黑龙江省教育厅.黑龙江省教育厅关于建立健全师德建设长效机制的实施意见[S]. 哈尔滨,2015.

20. 黑龙江省教育厅.黑龙江省中小学教师违反职业道德行为处理办法实施细则(试行)[S]. 哈尔滨,2017.

21. 黑龙江省教育厅.中小学在职教师从业行为"十严禁"[S]. 哈尔滨,2017.

第四章 教师职业道德与相关教育法规

教师职业道德的建设不仅包括道德层面的行为规范,同时还应该包括法治素养。在教学过程中,教师身上的道德观念是在潜移默化中影响学生的,但对于法治意识的培养,很多教师忽视了其重要性。在教学过程中,法治意识的培养不仅是为了更科学地调节教师的社会关系,同时还是约束和保护教师本身的一种法律保障。因此,在建设教师的职业道德素养时,加强对法治意识的培养,可以使教师在遵守法律的同时,更好地运用法律来保护自己。

第一节 教育法规概述

一、教育法规的概念

教育法规是调整教育活动和教育行政活动中发生的各种法律关系的规范性文件的总称。主要指有关教育的专门法律、法令、条例规则、章程等,也包含其他法规中调整有关教育的各种法律关系的规范性条文。在我国,由全国人大及其常委会制定和发布的教育法规,称为"教育法律";由国家行政机关制定和发布的教育法规,称为"教育行政法规";由省级人大及其常委会制定和发布的教育法规,称为"地方性教育法规"。

二、教育法规的种类

(一)教育法律

目前构成我国教育法律体系的法律有:为促进民办教育事业的健康发展,维护民办学校和受教育者的合法权益而制定的《中华人民共和国民办教育促进法》;为了发展高等教育事业,实施科教兴国战略,促进社会主义物质文明和精神文明建设而制定的《中华人民共和国高等教育法》;为了发展教育事业,提高全民族的素质,促进社会主义物质文明和精神文明建设而制定的《中华人民共和国教育法》；为了保障适龄儿童、少年接受义务教育的权利，保证义务教育的实施，提高全民族素质而制定的《中华人民共和国义务教育法》；为推动国家通用语言文字的规范化、标准化及其健康发展，使国家通用语言文字在社会生活中更好地发挥作用，促进各民族、各地区经济文化交流而制定的《中华人民共和国国家通用语言文字法》；为了实施科教兴国战略，发展职业教育，提高劳动者素质，促进社会主义现代化建设而制定的《中华人民共和国职业教育法》；为了保障教师的合法权益，建设具有良好思想品德修养和业务素质的教师队伍，促进社会主义教育事业的发展而制定的《中华人民共和国教师法》；为了促进我国科学专门人才的成长，促进各门学科学术水平的提高和教育、科学事业的发展，以适应社会主义现代化建设的需要而制定的《中华人民共和国学位条例》。

（二）教育行政法规

目前我国的教育行政法规有：为保护未成年人的身心健康，促进义务教育制度的实施，维护未成年人的合法权益而制定的《禁止使用童工规定》；为了提高教师素质，加强教师队伍建设而制定的《教师资格条例》；为奖励取得教学成果的集体和个人，鼓励教育工作者从事教育教学研究，提高教学水平和教育质量而制定的《教学成果奖励条例》；为加强学校卫生工作，提高学生的健康水平而制定的《学校卫生工作条例》；为保证学校体育工作的正常开展，促进学生身心的健康成长而制定的《学校体育工作条例》；为加强幼儿园的管理，促进幼儿教育事业的发展而制定的《幼儿园管理条例》；为建立高等教育自学考试制度，完善高等教育体系而制定的《高等教育自学考试暂行条例》；为提高中华民族的文化素质，促进社会主义物质文明和精神文明建设而制定的《扫除文盲工作条例》；为加强高等教育的宏观管理，保证普通高等学校的教育质量，促进高等教育事业有计划、按比例地协调发展而制定的《普通高等学校设置暂行条例》和《中华人民共和国民办教育促进法实施条例》《中华人民共和国学位条例暂行实施办法》。

（三）与教师职业道德建设相关的其他法律

《宪法》 《宪法》是国家的根本大法，是各行业法律体系构建的前提和基础。深入学习《宪法》，形成宪法思维和宪法精神，再认识和理解部门法时就会容易和透彻。

其他法律 《中华人民共和国立法法》《中华人民共和国未成年人保护法》《中华人民共和国预防未成年人犯罪法》《中华人民共和国侵权责任法》《中华

人民共和国国防教育法》《中华人民共和国民办教育促进法》《中华人民共和国行政复议法》《中华人民共和国行政处罚法》《中华人民共和国国家赔偿法》等等。

三、教育法规与教师职业道德

(一)法律与道德的关系

习近平总书记指出:"法律是成文的道德,道德是内心的法律。法律和道德都具有规范社会行为、调节社会关系、维护社会秩序的作用,在国家治理中都有其地位和功能。法安天下,德润人心。法律有效实施有赖于道德支持,道德践行也离不开法律约束。法治和德治不可分离、不可偏废,国家治理需要法律和道德协同发力。"

全国各级各类学校专任教师2017年是1623万人,这样庞大的一支队伍,需要有法律规范,这支队伍承担着立德树人的重任,需要有职业道德,需要法律和道德的双重约束与调节。法律是准绳,任何时候都必须遵循;道德是基石,任何时候都不可忽视。要提高全体教师法治意识和道德自觉,法律要发挥作用,首先全系统要信仰法律道德,法律道德要得到遵守,必须提高全体教师道德素质。要加强法治宣传教育,引导全体教师树立法治意识,使大家发自内心信仰和崇敬宪法法律。同时要加强道德建设,弘扬中华民族传统美德,提升全体教师思想道德素质。要坚持把普法和守法作为依法治教的基础性工作,使全体教师成为社会主义法治的忠实崇尚者、自觉遵守者、坚定捍卫者。要深入实施公民道德建设工程,深化群众性精神文明创建活动,引导广大教师自觉践行社会主义核心价值观,树立良好道德风尚,争做社会主义道德的示范者、良好风尚的维护者。

(二)教育法规与教师职业道德

1.教师是教育系统落实依法治教的"关键人群"

法治意识的提升不仅是社会文明进步的一个重要标志,也是国家不断走向自我完善和发展的不竭动力。在现代社会中,不论是西方的资本主义制度还是我国的社会主义制度,都需要崇尚法的意志。只有让公民认识法律、尊重法律、敬畏法律,才能使法律真正起到保护公民合法权益的作用。而在普及法律的过程中,学校的教师起到了十分重要的作用。教师作为学生学习过程中的重要引导者,其自身的法治意识影响着学生对法律的认识和理解。因此,提升教师的

法治意识和素养,是关乎教育大计的必要做法。

(1)法治素养是新时代教师必备素养之一

全面依法治国背景下提升教师法治素养显得尤为迫切。提升教师法治素养是学校教育教学管理回应法治社会的时代诉求,是教师切实履行作为国家公职人员的义务诉求,是教师应对教育纠纷维护自身权利的保障诉求。随着我国依法治国方针政策的全面推行,教育事业也在各方面进行了相应的贯彻和落实。学校作为一个高级知识分子的聚集地,应义不容辞地扛起维护法律尊严的大旗。而要想营造学校的法治化氛围,首先应该提高教师的法治意识素养,以教师去影响学生、教育学生,从而创建科学现代的法治化校园。

法律素养是指一个人认识和运用法律的能力。一是指法律知识,是法律意识、法律观念;二是法律信仰,包括专业知识素质等。法治素养是高于法律素养的一种能力和行为,不单单是能认识和运用法律,还能用法律精神和思维治理、管理各种事物。微观上体现公平正义,宏观上体现法治信仰、信念。从法制到法治的演变,法制时代重在建设一部部法典,法治时代需要我们把法治精神、法治思维落实到每一个行为中,从依法治国到依法治教,不仅仅学校的领导者要依法管理学校,教师作为一个班级的管理者、一个落实国家教育任务的承担者,也要把法治精神和法治思维落实到日常工作中。

法治素养以认识法律文字、认同法律文字内容精神为前提,法律素养提升离不开法律知识的普及,提高教师的法治素养,养成新时代的法治观念、法治思维,自觉守法、主动普法、有事找法。在推动依法治教、建设教育法治的过程中,教师的法治素养即尊法、学法、信法、守法、依法办事的素养直接决定着教育法治建设的进度和深度。法治社会一定是全民守法的社会,是依法办事的社会,全民族的法治素养是建成法治社会的根本保障。

(2)教师提高法治素养具有重要意义

法国思想家卢梭的经典名言:一切法律中最重要的法律,既不是铭刻在大理石上,也不是刻在铜表上,而是铭刻在公民的内心里。法律要发挥作用,首先,全社会要信仰法律,这是法治国家的首要精神。教师作为普通公民要守法,作为知识的传播者要普法,先一步提高教师法治素养,是教育界落实依法治国基本方略的基础工程。

中国建设法治国家,教师应当以身作则。同时,职业道德与法治精神也密切相关。切实树立法治意识,培养自己的法治修养应当成为教师专业发展的重要任务之一。遵从法治、敬畏法律是广大教师必须具备的基本素质。教师在依法治教过程中肩负重要使命,必须牢牢抓住教师这个"关键人群"。不乏缺乏法治信仰、法治意识淡薄、法律知识缺乏,不尊重法律、崇尚权利、崇拜关系的老师。

2.法律对教师从业有明确规定

教师是一个特殊的职业,《中华人民共和国职业分类大典》(2015年版)将我国职业分类为8大类职业、66个中类职业、413个小类职业、1838个细类职业,教师职业是其中之一。同时,在我国的法律体系中,教师是我国众多职业中有专门法律规范的职业。在我国现有的法律体系中,有八部法律是专门针对职业来立法规范的,分别是《法官法》《检察官法》《人民警察法》《律师法》《执业医师法》《公务员法》《注册会计师法》《教师法》。在这八部法律中,有五部法律(《法官法》《检察官法》《人民警察法》《公务员法》《教师法》)明确规定,只有中华人民共和国的公民才能担任。教师职业是法律赋予中国公民的神圣职业,在教育法律中,对教育教学活动两个主体的任职资格有明确的法律规定,一是校长必须由中国公民担任,二是教师资格的条件之一为中国公民,并分别在教育法、教师法、民办教育促进法中得以规定,这是教育主权的体现。

3.我国法律充分体现出对教师的尊重

法律明确了教师在教书育人、提高进修、参与管理、休养休假等方面的权利。

(1)全社会都应当尊重教师

《教师法》把国家尊师重教的方针上升为法律,体现了全国人民的共同愿望和意志。《教师法》第四条规定:"各级人民政府应当采取措施,加强教师的思想政治教育和业务培训,改善教师的工作条件和生活条件,保障教师的合法权益,提高教师的社会地位。全社会都应当尊重教师。"

国家对教师的尊重还体现在教师有自己的法定节日。《教师法》第六条规定:"每年九月十日为教师节。"

(2)法律对教师的权利义务有明确规定

《教育法》《教师法》都明确了"教师的权利和义务"。《教师法》第七条规定教师享有下列权利:进行教育教学活动,开展教育教学改革和实验;从事科学研究、学术交流,参加专业的学术团体,在学术活动中充分发表意见;指导学生的学习和发展,评定学生的品行和学业成绩;按时获取工资报酬,享受国家规定的福利待遇以及寒暑假期的带薪休假;对学校教育教学、管理工作和教育行政部门的工作提出意见和建议,通过教职工代表大会或者其他形式,参与学校的民主管理;参加进修或者其他方式的培训。

(3)法律对教师的福利待遇奖励有明确规定

《教师法》第六章全文规定了教师的待遇问题,包括:教师的平均工资水平应当不低于或者高于国家公务员的平均工资水平;享受教龄工资;少数民族地区和边远贫困地区的从教补贴;住房;医疗;退休。

《教师法》第七章全文规定了学校奖励教师的几种情况和各级政府对教师可以授予荣誉称号的情况,以及设立基金对教师进行奖励的情况。

(4)法律对教师维护权益的渠道有明确规定

《教师法》第八章对侮辱、殴打教师的,对依法提出申诉、控告检举的教师进行打击报复的,对拖欠教师工资或者侵犯教师其他合法权益的侵权行为,明确了行政责任或者刑事责任。

4. 法律对教师的义务和责任有明确规定

《教师法》第八条规定教师应当履行下列义务:遵守宪法、法律和职业道德,为人师表;贯彻国家的教育方针,遵守规章制度,执行学校的教学计划,履行教师聘约,完成教育教学工作任务;对学生进行宪法所确定的基本原则的教育和爱国主义、民族团结的教育,法制教育以及思想品德、文化、科学技术教育,组织、带领学生开展有益的社会活动;关心、爱护全体学生,尊重学生人格,促进学生在品德、智力、体质等方面全面发展;制止有害于学生的行为或者其他侵犯学生合法权益的行为,批评和抵制有害于学生健康成长的现象;不断提高思想政治觉悟和教育教学业务水平。

法律对教师的责任也做出了明确的规定。《教师法》第三十七条规定:"教师有下列情形之一的,由所在学校、其他教育机构或者教育行政部门给予行政处分或者解聘:(一)故意不完成教育教学任务给教育教学工作造成损失的;(二)体罚学生,经教育不改的;(三)品行不良、侮辱学生,影响恶劣的。教师有前款第(二)项、第(三)项所列情形之一,情节严重,构成犯罪的,依法追究刑事责任。"

第二节 教师的权利和义务

一、教师的权利

(一)《教育法》规定的教师权利

教师的权利是指教师在教育教学活动中依法享有的权益,是国家对教师能够做出或不做出一定行为,以及要求他人相应做出或不做出一定行为的许可与保障。法律上的教师权利包括教师实施某种行为的权利,以及要求义务人履行义务的权利。当教师的权利受到侵害时,有权诉诸法律,要求确认和保护其权利。

《中华人民共和国教育法》(以下简称《教育法》)于1995年3月18日由第八届全国人民代表大会第三次会议通过,1995年9月1日起实施。这是我国教育史上具有里程碑意义的大事。它的颁布,标志着我国已进入全面依法治教的新时期,对我国教育事业的改革和发展以及物质文明、精神文明建设具有巨大而深远的意义。

《教育法》是教育立法系统的基本法、母法,它确立了我国教育的基本法律原则和法律制度。《教育法》从法律的高度体现了国家对教师职业的重视,充分尊重和维护教师权利,使其心情舒畅,有利于国家人才战略的实施和教育事业的发展。

《教育法》第三十三条到三十六条规定:教师享有法律规定的权利,履行法律规定的义务,忠诚于人民的教育事业。国家保护教师的合法权益,改善教师的工作条件和生活条件,提高教师的社会地位。教师的工资报酬、福利待遇,依照法律、法规的规定办理。国家实行教师资格、职务、聘任制度,通过考核、奖励、培养和培训,提高教师素质,加强教师队伍建设。学校及其他教育机构中的管理人员,实行教育职员制度。学校及其他教育机构中的教学辅助人员和其他专业技术人员,实行专业技术职务聘任制度。"

(二)《教师法》规定的教师权利

《中华人民共和国教师法》(以下简称《教师法》)由第八届全国人民代表大会常务委员会第四次会议于1993年10月31日通过,自1994年1月1日起施行。《教师法》的公布与实施,对于落实教育优先发展的战略地位,维护教师的合法权益,加强教师队伍建设,促进教育事业乃至整个社会经济发展,有着十分重要的意义。

《教师法》第一次以法律形式明确了教师在我国社会主义现代化建设中的重要地位,对教师的权利、义务、任用、考核、培训和待遇等方面做了全面的规定,是我国教师队伍建设走向规范化、法制化的根本保障。

根据我国《教师法》第七条的规定,我国教师享有下列权利:

第一,进行教育教学活动,开展教育教学改革和实验。即教育教学权。这是教师最基本的权利,作为教师,有权依据其所在学校的教学计划、教育工作量等具体要求,结合自身教学特点自主地组织课堂教学;有权依照课程标准的要求确定其教学内容、进度,不断完善教学内容;有权针对不同的教育对象,在教育教学的形式、方法、具体内容等方面进行改革和实验。任何人不得非法剥夺在聘教师行使这一基本权利。

第二,从事科学研究、学术交流,参加专业的学术团体,在学术活动中充分发表意见。即科学研究权。这是教师作为专业技术人员所享有的一项基本权利。作为教师,在完成规定的教育教学任务的前提下,有权进行科学研究、技术开发、撰写学术论文、开展调查研究,参加有关的学术交流活动,有权在学术研究中发表自己的观点,开展学术争鸣,参加依法成立的学术团体并在其中兼任工作。

第三,指导学生的学习和发展,评定学生的品行和学业成绩。即指导评价权。这是与教师在教育教学过程中的主导地位相适宜的一项基本权利。作为教师,有权根据学生的身心发展特点和教育规律,因材施教,有针对性地指导学生的学习,并在学生的升学、就业等方面给予指导;有权对学生的思想品德、学习、文体活动、劳动等方面给予客观公正的评价;有权运用正确的指导思想和科学的方式方法,使学生的个性和能力得到充分发展。

第四,按时获取工资报酬,享受国家规定的福利待遇以及寒暑假期的带薪休假。即报酬待遇权。这是教师的基本物质保障权。作为教师,有权要求所在学校及其主管部门根据国家教育法律、教师聘用合同的规定按时、足额地支付工资报酬,有权享受国家规定的福利待遇。教师的工资报酬一般包括基础工资、职务工资、课时报酬、奖金、教龄津贴、班主任津贴及其他各种津贴在内的工资性收入。福利待遇主要包括教师的医疗保健、住房、养老保险等方面的各项待遇和优惠,以及寒暑假期的带薪休假。

第五,对学校教育教学、管理工作和教育行政部门的工作提出意见和建议,通过教职工代表大会或者其他形式,参与学校的民主管理。即民主管理权。作为教师有权通过教职工代表大会、工会等组织形式参与学校民主管理,讨论学校改革、发展等方面的重大事项,保障自身的民主权利和切身利益,推进学校民主建设。

第六,参加进修或者其他方式的培训。即培训进修权。教师的培养是指专门教育机构为各级各类学校教师的补充更新而进行的专业性学历教育。作为教师有权参加进修和培训,提高思想政治理论水平和更新专业知识。

二、教师的义务

教师享有法律规定的权利,同时必须履行法律规定的义务。教师的义务是指依照法律规定,教师必须做出或禁止做出一定的行为。教师的义务一方面表现为教师作为公民应履行的义务,另一方面表现为教师作为一种特殊职业所应该履行的义务。其重点在于教师在从事教育教学工作的过程中,为保障教育对象的权利而必须或禁止做出的一系列行为。

根据《教师法》规定,教师应当履行下列义务:

第一,遵守宪法、法律和职业道德,为人师表。宪法和法律是国家、社会组织和公民活动的基本行为准则,任何组织和公民都必须遵守,教师也不例外。教师肩负职业的责任和使命,更应该体现出良好的职业素养,在依法治教方面有更好的理念和做法。

第二,贯彻国家的教育方针,遵守规章制度,执行学校的教学计划,履行教师聘约,完成教育教学工作任务。教师在教育教学过程中,应当全面贯彻国家教育基本方针,落实立德树人根本任务,发展素质教育,推进教育公平,培养德智体美全面发展的社会主义建设者和接班人;自觉遵守教育行政部门和学校及其他教育机构制定的教育教学管理的各项规章制度;认真执行学校依据国家规定制定的教学计划,严格履行聘用合同中约定职责,完成规定的教育教学任务,保证教育教学质量。

第三,对学生进行宪法所确定的基本原则的教育和爱国主义、民族团结的教育,法制教育以及思想品德、文化、科学技术教育,组织、带领学生开展有益的社会活动。教师应按照此规范要求,结合自身学科教学特点,将思想品德教育贯穿教学过程中。对学生进行思想品德教育不仅是政治思想品德课教师的职责,也是每一个学科教师的基本任务。教师应当做好爱国主义教育、民族团结教育、法治教育、科技创新教育与学科教学融合,引导学生树立正确的世界观、人生观、价值观,培养德智体美劳全面发展的社会主义建设者和接班人。

第四,关心、爱护全体学生,尊重学生人格,促进学生在品德、智力、体质等方面全面发展。教师要懂得学生也是公民,人格不受侵犯。不能因为学生的受教育者地位,而侵犯学生的尊严。教师不仅不侵犯学生人格权,还要关心学生、

爱护学生,对学生一视同仁,不能有民族歧视、性别歧视、残障歧视、学困歧视。不能体罚或者变相体罚学生,不能泄露学生隐私。

第五,制止有害于学生的行为或者其他侵犯学生合法权益的行为,批评和抵制有害于学生健康成长的现象。中小学生作为未成年人,感情脆弱,辨别是非能力差,缺乏自我控制和自我保护能力,教师作为教育主体学校的义务的直接实施者,有义务保护学生不受侵害,营造良好的环境和氛围,助力学生成长。教师要在未成年学生在校内或本校组织的校外活动中发生人身伤害事故时,及时救护,并配合学校妥善处理。

第六,不断提高思想政治觉悟和教育教学业务水平。教师肩负着提高民族素质的使命,立德树人需要专业的知识和能力支撑,教师要具备较高的思想政治觉悟、较强的学科专业知识、与时俱进的教育教学方法,只有不断地学习理论,不断完善知识结构,敢于创新和接受新鲜事物,才能帮助学生构建知识体系,培养良好的人性情操,领悟生活的无限美好。

"没有无义务的权利,也没有无权利的义务",教师的基本权利和义务,基于教育教学活动而生,由教育法律规范设定,是一种职业特定的法律权利和法律义务。权利和义务从来都是对立统一、相互依存的。教师既是权利的享有者,也是义务的承担者。明确权利义务,正确行使自己的权利,严格履行自己的义务,才能把自己发展成新时代的"四有"好老师。

第三节 教育法律责任

一、教育法律责任的概念及特点

(一)法律责任概念

法律责任有广义和狭义之分。广义的法律责任和法律义务是同义语。狭义的法律责任是指法律关系的主体实施了违法行为而必须承担的否定性的法律后果。

教育法律责任是教育法律关系主体因实施了违反教育法的行为,依照有关法律、法规的规定应当承担的否定性的法律后果。从法律意义上理解教育法律责任,应当注意:其一,教育法的法律责任与违法行为紧密相连。存在违反教育法律、法规的行为,是承担教育法的法律责任的前提。其二,法律后果的承担者,是有遵守教育法律、法规义务的特定教育法律关系主体。其三,教育法的法律责任与法律制裁紧密相连,表现为一种否定性的法律后果,是国家对违反教育法律、法规行为的不赞许态度。

（二）教育法律责任的特点

教育法律责任与其他社会责任相比,具有以下特点:

第一,必须有法律明文的规定。也就是说对教育活动中的哪些行为应当追究法律责任、由谁追究,以及法律责任的种类,都必须在有关教育法律、法规或其他法律、法规上有明确的规定。

第二,以国家强制力保证实施。对违反教育法律、法规的行为的追究是以国家强制力来保证实施的,并对所有的违法者和一切违法行为都普遍予以制裁。

第三,由违法的教育法律关系主体所承担。无论是自然人还是法人,均必须是处在教育法律关系中,其行为侵犯教育法上规定的权利和违反教育法上的义务,才能导致教育法律责任。

第四,由国家专门机关或国家授权机关依法追究。对违法行为追究责任的主体,必须是法律、法规授权的特定的国家机关或组织。

二、教育法律责任的主体和种类

（一）教育法律责任的主体

教育法律责任主体是指承担教育法律责任的对象。根据教育法规,可能成为教育法律责任主体的有:教育行政机关和其他国家行政机关;教育行政机关和其他行政机关的工作人员;实施教育教学活动的学校、校长、教师;就学学生;义务教育阶段的适龄儿童、少年的父母或其他监护人;其他负有遵守教育法义务的公民和法人。

（二）教育法律责任的种类

教育法根据违法主体的法律地位和违法行为的性质,规定了承担法律责任的三种主要方式,分别是刑事法律责任、民事法律责任和行政法律责任。

1.刑事法律责任是指行为人实施刑事法律禁止的行为所必须承担的法律后果。教育法规的刑事法律责任是指行为人实施违反教育法的行为,同时触犯了刑法,达到犯罪的程度时,所必须承担的法律后果。依法应当追究刑事责任的行为有以下六种:侵占、克扣、挪用义务教育经费;扰乱实施义务教育学校教学秩序,情节严重的;侵占或者破坏学校校舍、场地和设备情节严重的;侮辱、殴打教师、学生情节严重的;体罚学生情节严重的;玩忽职守致使校舍倒塌,造成师生伤亡事故情节严重的。追究刑事法律责任往往表现为给予行为人以刑事制裁,即人民法院依法对犯罪人运用刑罚。

2.民事法律责任是指行为人由于民事违法行为而承担的法律后果。民事责任的重要特点之一是它主要表现为一种财产上的责任。教育法规的民事责任是教育法律关系的主体违反教育法律、法规,破坏了平等主体之间正常的财产关系和人身关系,依法承担的民事责任,是一种以财产为主要内容的责任。在义务教育方面,应承担相应的民事法律责任的行为有:侵占、破坏学校的场地、房屋和设备的;侮辱殴打教师、学生的;体罚学生的;将学校校舍、场地出租、出让或者移作他用、妨碍义务教育实施的。

承担民事责任的方式主要有:停止侵害;排除妨碍;消除危险;返还财产;恢复原状;修理、重作、更换;赔偿损失;支付违约金;消除影响、恢复名誉;赔礼道歉。以上承担民事责任的方式,可以单独适用,也可以合并适用。

3.行政法律责任指行政法律关系主体由于违反行政法律规范,构成行政违法而应当依法承担的否定性法律后果。违反教育法的行政法责任的承担方式主要有两类,即行政处罚和行政处分。

(1)行政处罚是国家行政机关依法对违反行政法律规范的组织或个人进行惩戒、制裁的具体行政行为。

(2)行政处分是根据法律或国家机关、企事业单位的规章制度,由国家机关或企事业单位给予犯有违法失职行为或内部纪律的人员的一种制裁。行政处分有时也称"纪律处分",共有8种:警告、记过、记大过、降级、降职、撤职、开除留校察看、开除。

三、与教师权利和义务相关的法律责任

与教师权利和义务相关的法律责任,主要涉及两个方面的内容:一是侵犯教师权益的组织或个人的法律责任;二是教师在教育教学中应承担的法律责任。

(一) 侵犯教师权益的组织或个人的法律责任

教师作为公民,其人身权利受法律的保护,任何侵犯公民人身权利的行为都应承担相应的法律责任,受到法律的制裁。教师担负着教书育人、提高民族素质的光荣职责,对教师人身权利的公然侵犯,其造成的危害后果不仅影响到教师的身心健康,而且影响教育事业的发展。首先,对于侵犯教师权益的组织和个人,《中华人民共和国教师法》明确规定,侮辱、殴打教师的,根据不同情况,分别给予行政处分或者行政处罚;造成损害的,责令赔偿损失;情节严重,构成犯罪的,依法追究刑事责任。其次,对依法提出申诉、控告、检举的教师进行打击报复的,由其所在单位或者上级机关责令改正;情节严重的,可以根据具体情况给予行政处分。国家工作人员对教师打击报复构成犯罪的,依照《刑法》第一百四十六条的规定追究刑事责任。最后,《中华人民共和国教师法》规定,教师有权获取工资报酬,享受国家规定的福利待遇。为了切实保护教师的合法权益,保障教育教学工作的正常进行,《中华人民共和国教师法》明确规定了拖欠教师工资行为的法律责任:"地方人民政府对违反本法规定,拖欠教师工资或者侵犯教师其他合法权益的,应当责令其限期改正;对违反国家财政制度、财务制度,挪用国家用于教育的经费,严重妨碍教育教学工作的,由上级机关责令限期归还被挪用的经费,并对直接责任人员给予行政处分;情节严重,构成犯罪的,依法追究刑事责任。"

(二) 教师在教育教学中应负的法律责任

在教育教学中,教师的言行如果违反了相关法律法规的规定,也要承担相应的法律责任。首先,《中华人民共和国未成年人保护法》第四十八条规定,学校、幼儿园、托儿所的教职员对未成年学生和儿童实施体罚或者变相体罚,情节严重的,由其所在单位或者上级机关给予行政处分;《中华人民共和国未成年人保护法》第二十一条规定,学校、幼儿园、托管所的教职员工应当尊重未成年人的人格尊严,不得对未成年人实施体罚、变相体罚或者其他侮辱人格尊严的行为。其次,《中华人民共和国教师法》第三十七条规定,教师有下列情形之一的,由所在学校、其他教育机构或者教育行政部门给予行政处分或者解聘:故意不完成教育教学任务,给教育教学工作造成损失的;体罚学生,经教育不改的;品行不良、侮辱学生,影响恶劣的;教师有上述所列情形之一,情节严重,构成犯罪

的,依法追究刑事责任。

参考文献

1.陈惠津,范士龙.教师职业道德与教育法规[M].武汉:华中师范大学出版社,2018.

2.檀传宝,李西顺.教师职业道德与法规[M].北京:北京师范大学出版社,2016.

3.付世秋.教育政策法规与教师职业道德[M].北京:清华大学出版社,2016.

4.孔养涛.教师法治意识与素养的提升研究[J].教育教学论坛,2019(29).

5.万华.教师法治素养的时代诉求与提升策略[J].教育研究与实验,2018(4).

第五章 教师职业道德规范体系

教师职业道德规范体系是教师职业道德规范化、系统化的整体表现形式。主要包括教师职业道德原则、教师职业道德规范和教师职业道德范畴等内容。其中教师职业道德规范和范畴是由教师职业道德原则派生而来,教师职业道德规范和范畴是教师职业道德原则的展开、补充和具体化。教师职业道德原则、教师职业道德规范和教师职业道德范畴相互作用、相互影响、相辅相成,共同构成教师职业道德体系的有机整体。

第一节 教师职业道德原则

教师在教育实践活动中,必须遵循一定的道德原则,以保证教育实践有效、正常、顺利地进行。教师职业道德原则作为教师在教育实践活动中的职业行为准则,是教师职业道德的总纲和精髓所在,是教师处理职业伦理关系的道德标准和参照,集中反映了教师职业道德本质,在教师职业道德规范体系中居于核心地位。在教育实践活动中,教师要遵循思想性、道德性、知识性、人本性的职业道德原则。

一、教师职业道德原则的概念及其确立的依据

(一)教师职业道德原则的概念

道德原则是一定社会或阶级对人们行为提出的最基本的要求,是道德体系的核心,是人们立身处世的基本准则,也是判断是非、善恶的基本标准。

教师职业道德原则是指教师在教育职业活动中正确处理各种利益关系,调节和评价一切职业道德行为所应遵循的最根本的指导准则。教师职业道德原则是根据一定社会或阶级对教师职业道德基本要求和教师职业的实际需要提出的,是对教师职业道德要求的高度概括。

(二)教师职业道德原则确立的依据

1. 满足社会政治、经济和阶级利益的需要

恩格斯曾说:"人们自觉或不自觉地,归根结底总是从他们阶级地位所依据的实际关系中——从他们进行生产和交换的经济关系中,获得自己的伦理概念","一切以往的道德文化归根结底是当时社会经济状况的产物"。① 道德原则作为道德文化的一部分,是道德体系的核心,是个体在社会关系中的行为依据,呈现了个体所处阶级社会中阶级地位所依据的伦理原则。教师职业道德作为社会道德体系的重要组成部分,是教师在教育实践活动中的行为基准。教育作为社会生活的重要分支,其教育对象、内容和形式等都是依据统治阶级的政治和社会需要而确立。因此,教师职业道德原则势必要反映所处社会的政治、经济关系和利益需要。对于我国新时代的教师来说,就要确立社会主义核心价值观的理念,牢固树立"四个意识",即政治意识、大局意识、核心意识、看齐意识;坚定"四个自信",即中国特色社会主义道路自信、理论自信、制度自信和文化自信。

2. 符合社会道德原则的基本要求

马克思曾说:"作为确定的人,现实的人,你就有规定,就有使命,就有任务,至于你是否意识到这一点,那都是无所谓的。这个任务是由于你的需要及其与现存世界的联系而产生的。"②职业道德是社会公共生活中最一般、最普遍的行业规范和标准,它是社会道德的重要组成部分,作为一种社会意识形态,它是由社会存在决定的,并随着社会存在的变化而变化。教师职业道德作为社会道德的组成部分,必须从其自身的特定角度来反映社会存在的变化,表达一定社会或阶级中教师的义务、责任和要求等。因此,我国的教师职业道德原则就要反映社会主义社会道德的要求和方向,反映社会主义社会道德原则对教师行为的基本要求。

3. 反映教师职业活动的全部特征

教书育人是教师的天职,也是对教师职业活动的简要概括。在教育教学活动中,教师通过教书传授学生"知识与技能",实现对学生道德的培养、引导与影响,达到育人的目的。因此,教书育人反映了教师职业的实现路径和核心内容,也是教师职业有别于其他职业的最显著特征。由此可知,促进学生全面健康地

---

① 马克思,恩格斯.马克思恩格斯选集(第3卷)[M].北京:人民出版社,1995:434-435.
② 马克思,恩格斯.马克思恩格斯全集(第3卷)[M].北京:人民出版社,2002:329.

发展,实现教书育人的目的,就成为教师职业行为的指南针,显然教师职业道德原则也必须符合教书育人的要求。

4. 贯穿指导教师职业道德实践的整个过程

教师职业道德原则是对一定社会教师职业道德行为本质属性的概括,最集中地反映了教师职业活动的根本要求,直接指引着教师职业行为的基本方向。[①]教师职业道德实践中最集中的是要处理好教育活动中的各种利益关系,此过程中涉及了教师与学生、与家长、与学校、与社会、与社区等各方关系。因此,在教师职业道德实践的全过程中,教师职业道德原则是其所依据的最一般、最普遍的根本要求,是教师在实践活动中指导一切教育行为的根本准则,贯穿于教师职业道德实践活动的始终。

二、教师职业道德原则的地位和作用

(一)教师职业道德原则的地位

1. 教师职业道德原则是教师职业道德规范体系的核心

教师职业道德原则集中反映了教师职业道德本质,是教师职业道德的总纲和精髓所在,是教师处理职业伦理关系的道德标准和参照,也是教师在教育实践活动中的职业行为准则,对教师的职业道德实践具有指导意义,与之相关的教师职业道德具体内容、范畴、准则等都是依据其派生而来。因此,在教师的职业道德规范体系中教师职业道德原则处于核心地位,担负着指导性的重要作用。

2. 教师职业道德原则与教师职业道德规范、教师职业道德范畴的关系

第一,道德原则是一定社会或阶级对人们行为提出的最基本的要求,是道德体系的核心。道德规范是比较具体的道德原则,是在一定条件下、一定范围内人们立身处世和评价是非善恶的标准。道德范畴存在于每一个人的意识和感情中,是反映人们道德关系和行为调节方向的一些基本概念。

第二,教师职业道德规范和范畴都是教师职业道德原则派生出来的。教师职业道德规范和范畴是教师职业道德原则的展开、补充和具体化。

第三,教师职业道德原则、教师职业道德规范和教师职业道德范畴相互作用、相互影响、相辅相成,共同构成教师职业道德体系这一有机整体。

---

① 周琴.教师职业道德与教育法律法规[M].合肥:安徽大学出版社,2015:24.

(二)教师职业道德原则的作用

1. 历史进程中的连续性和统一性作用

麦金泰尔曾谈道:"我是我所继承的东西,一种特殊的过去某种程度地出现在我的现在之中。我发现一个历史的我自己的部分,并且一般而言,不论我是否喜欢,是否认识到它,我都是一个传统的承载者之一。因而我描述一个实践概念时,重要的是注意到,实践永远有历史,在任何既定时刻,一种实践是什么取决于理解它的一种模式,而这种理解模式常常为许多代人所传承。因此,就德性维持实践所需要的关系而言,德性必须维持的不仅有对现在的关系,还有对过去的关系,甚至对将来的关系。"①因此,研究教师职业道德的原则时,不仅要从教师真实的存在和历史延传的抽象维度去研究,还要从教师职业道德的历史实践活动维度去研究。马克思主义认为,人们的行为,凡是有利于社会进步和社会发展的,就是合乎道德的,反之就是不道德的。不同社会的不同阶级有不同的道德规范,肯定道德规范的历史性和阶级性,并不否认道德本身的继承性。任何先进阶级的道德规范总是要继承和发展先前社会中的有积极和进步作用的道德规范。社会主义和共产主义道德规范,是从无产阶级的阶级斗争的利益和全人类的利益中引申出来的,是最先进的道德规范。因此,只有从历史整体性的视角去看,才不至于割裂历史的先进性和启示性,才能使得当下的教师职业道德的意义原则存在于连续的、统一的、客观的视域中。

2. 道德实践中的稳定性和约束性作用

希尔斯认为人们总是依恋于既定事物,"既定事物对他们来说成了行事的'自然方式'。一旦一种范型被当作'自然的'而接受,'自然的'几乎就相当于规范的和强制性的"②。在教师的教育教学活动中,教师职业道德最初可能是既定的和强制性的,但之后就变成了他们日常教学中不可或缺的习惯,成为自然而然的事情。因此,当教师职业道德原则变成了教师职业践行的"自然",就彰显了其延传和整合德性习俗的力量,教师在这样的"习俗"中认识和反思自我,不断趋近相适应的职业德行来验证其内在的德性,这种自然一旦形成,在一定阶段便具有了相对的稳定性,进而教师职业道德原则也就发挥出其稳定性和强制约束的作用。此外,随着教师职业内容和环境等的变化,具体道德规范的内容会有所变更,但是其依据的教师职业道德原则却具有相对的稳定性,例如不

---

① [美]麦金太尔.德性之后[M].龚群,戴扬毅,译.北京:中国社会科学出版社,1995:279.
② [美]爱德华·希尔斯.论传统[M].傅铿,吕乐,译.上海:世纪出版社,2009:214.

管任何时代、任何社会"教书育人"都是教师所遵循的道德原则,虽然可能在不同的社会、时代或不同的具体环境下,教书育人的内容、形式会有所不同,规范和要求有所差别,但是其反映的教育本质却是一贯的。

3. 现实社会发展中的时代性作用

教师职业道德原则是指引教师职业行为的指导性原则,是教师处理与学生、学校、家长及社会等关系的行为准则。在传统与现代、中国与西方教育理念的相互碰撞和冲突中,社会属性与现实性必然要求教师职业道德要符合当下人们的价值追求。

随着时代的发展,教师职业道德的内容和表现形式都会发生某些变化,决定了其依据的职业道德原则必然是有着不同的选择和诠释,而这种选择和诠释必然是当下教师职业德性能否满足社会发展、政治、经济、文化等各方需要的回应,充分体现出教师职业道德原则在现实社会发展中的时代性作用。

4. 自身价值的独特性和指导性作用

教师职业道德原则是调节教师个人与他人、个人与社会之间关系的行为准则,体现了教师职业道德的本质,具有明显的区别于其他职业的伦理特性和道德特性。

教师职业道德原则规定了教师职业道德特定的方向和性质,贯穿于教师道德发展的全过程和教师道德活动的各个领域,在教师职业道德体系中处于核心地位,与之相关的教师职业道德规范、教师职业道德范畴和教师职业道德评价等则是教师职业道德原则的具体表现形式,都是围绕教师职业道德原则派生而来的。所以,教师职业道德原则在教师职业道德体系中起着统领作用,是教师在职业道德教育、道德规范、道德修养、道德评价等方面都必须遵循的基本原则,因此其具有普遍约束力和重要指导性作用。

三、教师职业道德的基本原则

(一)思想性原则——教师要有理想信念

思想性原则是教师职业道德原则的统领性原则,指引着教师的价值追求、政治理念、职业信仰的方向,因此具有非常重要的指导性作用。思想性原则主要通过教师崇高的理想信念和正确的政治方向两方面来体现。

1. 崇高的理想信念

崇高的理想信念是教师职业道德原则的思想砥柱。理想信念体现了人的价值追求、目标方向和动力来源。崇高的理想信念可以形成强大的价值认同力、目标吸引力和精神感召力。百年大计教育为本,教育大计教师为本。思想是行动的先导,教师的理想信念决定了育人的思想基础。因此,要实现伟大的中国梦就要保证教师育人思想的纯洁性、先进性和崇高性。只有教师树立了正确的思想观念,才能传达给所培育的学生以正确的观念,才能保证学生健康、快乐、积极地成长。如果说理想信念是共产党员精神上的钙,那么崇高的理想信念也是全体教师思想上的钙,更是培育的每一株小树苗生命上的钙,这个钙如果补得适时、适量,就会助力于每一名学生志存高远、信念坚定,成长为祖国未来建设的有用之才。

2. 正确的政治方向

正确的政治方向是教师职业道德原则的本质要求。教师是党的教育方针的执行者,教育方针代表了党和国家对培养人才的要求。我国社会主义教育就是要培养社会主义的建设者和接班人,坚持正确的政治方向是第一位的。教师要以习近平新时代中国特色社会主义思想为指导,践行社会主义核心价值观,以身作则,做学生的榜样,引领帮助学生把握好人生方向,"扣好人生的第一颗扣子",培养学生走中国特色社会主义道路的坚定信念。广大中小学教师更要正确认识世界和中国的发展大势,坚持以马克思主义为指导,全面贯彻党的教育方针,做社会主义核心价值观的坚定信仰者、积极传播者、模范践行者;树立为共产主义远大理想和中国特色社会主义共同理想而奋斗的信念和信心;正确认识时代的责任和使命,抵制一切反马克思主义和反社会主义以及损害国家利益的言行。

(二) 伦理性原则——教师要有道德情操

伦理性原则是教师职业道德原则的立命之本。教师职业道德是教师专业伦理的客观性内化于教师个体的道德修养及其结果。教书育人是教师职业的根本任务,而教书是目的,育人才是根本,高尚的道德情操是教师育人的道德根本,是教师专业行为必须遵照的伦理要求。伦理性原则主要通过乐教勤业、为人师表和率先垂范三方面来体现。

1. 乐教勤业

教师乐教勤业是由教师实现自身效益和社会价值的内在需要所决定的。习近平曾说:"敬业乐业为美德"。任何一种职业,不仅是人谋生的手段,其存在也是社会的需要,体现一定的社会价值。在一种职业努力实现社会价值的过程中,必然会产生对职业活动效率和效益的追求,从而唤起从业人员对职业的敬重感,使之乐于从事本职业。勤奋工作是获得行业活动质量和效益的根本保证,教育也是如此,它的育人特点和自身效益、社会价值实现的需要,内在地决定了从业者要乐于从教,勤奋工作。对于教师来说,敬业、勤业是一种美德,乐业、乐教是一种境界。乐教是勤业的内在动因,促使勤业,只有乐教才能有从事工作的动力、归属感和幸福感;勤业是乐教的具体表现,可以强化乐教,是满足乐教的有效途径,只有勤业才能实现教师职业的成就感和自豪感。

2. 为人师表

教师为人师表,是职业的专业性赋予教师的本质要求。叶圣陶先生曾说:"教育工作者的全部工作,就是为人师表。"为人师表既是由教师职业劳动的特点和性质决定的,也是由学生"向师性"的心理特征决定的。教师不仅是科学文化知识的传递者,也是社会文化、伦理道德、价值观念的传授者和示范者。教师劳动的示范性特点决定了教师必然成为学生的表率,用自己的思想、品德、言行、仪表为学生做出榜样。中小学生具有"向师性"的心理特点,好奇心强,可塑性大,喜欢模仿,易受外界和他人的影响。在学校教育中,教师的一言一行会像照镜子一样在学生身上体现出来。教师对一名学生产生影响,进而会影响到一个家庭,乃至影响整个社会。所以,教师不仅是学生的榜样,也是世人的楷模,为人师表是教师职业对其德性和德行提出的本质要求。因此,教师要做到具有广博的知识、高尚的德性、健康的心理、文雅的举止、端庄的仪表、廉洁的作为,才能为人师表。

3. 率先垂范

才智卓越、知识渊博、品行高尚的人才能为人师。教师以身示范,就要求其在品行和学识上都具有示范性。正如卢梭在《爱弥儿》中提到:"在敢于担当培养一个人的任务以前,自己必须要造就成一个人,自己就必须是一个值得推崇的模范。"[1]我们常说"学高为师,身正为范",学生的向师性特点决定了教师只有才学兼备,具有高尚的道德品质、"慎独"的情操修养才能成为学生的道德楷模和精神榜样,正所谓"以教传道,以道致德,以德立人"。社会是由人组成的,人的成长中"教师"的重要作用不言而喻,教师对人的培养,影响着个体、家庭,进而也影响着社会,"师兴则国兴","尊师重道,则国昌也"。因此,教师为人师表当立"万世师表"的"上德"之准则——"上德不德,是以有德。……大丈夫处其厚不居其薄,处其实,不居其华。故去彼取此[2]"。时时为人师表,处处以身作则,事事率先垂范,用美好的心灵熏陶学生,用高尚的人格影响学生,用纯洁的

---

[1] [法]卢梭.爱弥儿(上卷)[M].李平沤,译.北京:商务印书馆,1978:82.
[2] 老子注释[M].张玉春,金国泰,译注.成都:巴蜀书社,1991:96.

品行去感染学生。

（三）知识性原则——教师要有扎实学识

知识性原则是教师职业道德原则的根本要求。韩愈在他的《师说》中说过："师者，所以传道、授业、解惑也。"教师是通过教书实现育人的根本目的，但是要做到这一点，就必须要求老师在专业上要有扎实的学识。知识性原则主要通过专业扎实的学识和传播优秀文化两方面来体现。

1. 专业扎实的学识

"水之积也不厚，则其负大舟也无力。"扎实的知识功底、过硬的教学能力、勤勉的教学态度、科学的教学方法是教师的基本素质。如果教师知识不扎实、教学不过硬，教学中必然会捉襟见肘，更谈不上游刃有余。我国自古以来就有"学高为师"的古训，指的是教师应在学识上高人一筹，而"己之才学为人所尊，乃可诲人以进修之要；己之性行为人所重，乃可诲人以操履之详"[1]的话语，也鲜明体现了深厚学识是好老师的必备素质之一。面对当前的信息化时代，经济快速发展、社会日益多元、各种新知识不断涌现，做一名好老师，必须具备扎实的学识，努力提升自身的学识魅力，这样才能满足学生绵延不绝的求知欲，教师的教学过程不仅是传授知识，更重要的是激发学生的求知欲和教会学生学会学习。要想促进学生的学习发展和自身的专业成长，要想成为学生眼中有教学魅力的老师，教师就必须不断地学习，提升自己的专业知识素养。

苏霍姆林斯基也曾说："为了使学生获得一点知识的亮光，教师应吸进整个光的海洋。"马卡连柯说："学生可以原谅老师的严厉、刻板，甚至吹毛求疵，但是不能原谅老师的不学无术。"只有具有扎实的学识，才能增强教师的从业能力。随着学生获得信息和知识的途径及渠道变得便捷多样，教师不再是掌握信息的权威者，而是知识的应用者。如果教师再使用陈旧的知识和老化的方法去教授学生，就无法适应新时代的挑战。教师一定要有忧患意识，现在的教师要给学生一碗水，不能满足于自己有一桶水，而是要有一潭水。

2. 传播优秀文化

文化，通过传承、选择、批判、创新等记录世界的发生、发展。教师是文化的使者，也是文化的创造者。为了更好地推动人类文明的不断发展和进步，教师有义务传播优秀的文化，对于我国新时代的教师来说更是责无旁贷。我国是有着几千年历史的文明古国，文化底蕴深厚，博大精深。社会主义核心价值观是

---

[1] 袁采.袁氏世范(卷二)[M].刘云军,译.北京:商务印书馆,2017:167.

当代中国精神的集中体现,凝结着全体人民共同的价值追求,体现了当代中国的文化性质和方向。因此,教师在新的历史背景下,应找准自身的角色定位,认真汲取中华优秀传统文化的思想精华和道德精髓,传承中国优秀传统文化的真善美,大力弘扬以爱国主义为核心的民族精神和以改革创新为核心的时代精神,深入挖掘和阐发中华优秀传统文化"讲仁爱、重民本、守诚信、崇正义、尚和合、求大同"的时代价值,向世界传递中国正能量,这是摆在教师面前的新机遇和新挑战,也是教师职业道德原则必然遵循的新要求。

(四)人本性原则——教师要有仁爱之心

人本性原则是教师职业道德原则的终极目标。教育要以人为本,是由道德的人本性所决定的。道德是人在现实社会生活、社会实践过程中为了满足自己的需要而去选择和创造的。因此,道德是为人服务的。以人为本是科学发展观的核心,也是现代教育的终极目标追求。以人为本就是把教育和人的幸福联系起来,和人的自由发展联系起来,使教育真正成为人的教育,即所谓教育不仅是使人获得生存技能的途径,也是提升人需要层次、丰富人精神世界的一种方式。

教育是心与心的呼应,也是爱的共鸣。爱是教育事业的精髓,是教师道德品质的灵魂。人本性原则致力于人道主义的价值取向,这种价值取向一切皆以人为中心,强调人的地位,重视人的价值,维护人的尊严,保障人的权利和自由。"人的宝贵与尊严,是人道主义的中心价值。"①教师职业道德的人本性原则就是指教师要秉承教育人道主义精神,从学生的角度出发,以生为本,爱护学生生命,关怀学生幸福,维护学生权利,提高学生道德价值,尊重学生发展需要。关爱学生为教师职业道德人本性原则的核心。人本性原则主要通过尊重与关心学生、理解与信任学生、爱护与包容学生三方面来体现。

1. 尊重与关心学生

尊重学生就是尊重学生的人格,把学生看作是一个具有独立人格的完整个体,真诚、平等地对待。"教育的伟大任务既不是简单地灌输,也不是将我们的观点强加给他人,而是为鼓舞人们达到新的道德发展水平而进行启迪和指导。任何把含有排他因子的真理、虔诚、美德和正义的观念强加于整个社会都是有害的。"②因此,教师不能高高在上、盛气凌人,更不能滥用自己的地位和权力,要俯下身子与学生平等地交流和对话,要正确对待他们的优点与缺点,尊重他们

---

① [美]科利斯·拉蒙特.人道主义哲学[M].北京:华夏出版社,1990:279.
② 徐廷福.教师职业道德修养[M].北京:北京师范大学出版社,2015:64.

的人格、权利和自由,平等地对待每一位学生,关心他们在生活和学习中的每一个细节。

2. 理解与信任学生

教师要多走近学生,多与学生交谈,倾听他们的心声。从学生的言谈中洞悉他们的喜怒哀乐,知道他们的兴趣爱好,从而适应学生活跃的思维和变化的情绪。教师要熟悉学生的生活方式、思维方式、价值观念等,全面掌握学生的生理、心理特点,当他们遇到学习或生活上的问题时,教师要给予充分的理解和支持,这样学生才会愿意与教师一起分享快乐、诉说痛苦。只有信任学生,教师才能充分调动学生的主动性、积极性,激发学生上进的动力,这样师生关系才能更加融洽。教师还要相信学生的潜在能力,鼓励学生富有创新意识,放手让学生在实践中锻炼,在磨炼中成长,给学生充分发挥自己潜能的机会和舞台。

3. 爱护与包容学生

马卡连柯在《家庭和儿童教育》中写道:"爱是伟大的情感,它总是在创造奇迹,创造新人,创造人类最伟大的珍贵东西。"德国教育家凯兴斯泰纳在《教育者的灵魂和教师培养问题》一书中也指出:教育者的本性首先是对塑造具有个性的人的纯真的爱。教育就是一项爱的艺术和事业,教师的一个个教育细节就像一束束温暖的阳光,照进学生幼小的心房,让学生感受到成长的愉悦。所以,教师要用爱心去温暖学生,当学生犯错误时,既要针对问题直言不讳,又要春风化雨循循善诱。在融洽、和谐、民主的氛围中让学生欣然接受,并且积极地引导其转变,从而使其具有正确的思想和行为。有很多时候教师和学生考虑问题的角度不同,教师应该学会站在学生的立场分析问题,明白学生产生某种与自己不一致的想法是情有可原的,这样处理问题时才不会求全责备,而会宽容豁达。

(五)依法从教原则——教师要依法从教

依法从教原则是教师职业道德的底线原则。法律是成文的道德,道德是内心的法律。依法从教是教师在教育教学活动中,按照教育法律的规定,依法行使权利,自觉履行义务,逐步使教育教学工作走上法制化和规范化。依法从教原则主要通过守法从教和廉洁从教两方面来体现。

1. 守法从教

习近平在《社会主义核心价值观与中国梦》中指出:"'法治'是社会主义治国理政的基本方式,依法治国是社会主义民主政治的基本要求,法治不仅指法律制度,更指向依法办事的态度观念和价值取向,它是实现自由平等、公平正义的制度保证。"在社会主义现代化进程中,加强法制建设,全面推进依法治教,是教育改革和发展的客观要求,也是现代化教育发展的必然产物。遵守法律是每个公民的义务,从内容上来说教师守法从教包括教师依法行使教育教学职权和依协议履行教育教学义务两方面。对学生的教育与管理行为,既不能任意行使,也不能随意放弃,而是集权利与义务为一体,表现为权利和义务的双重性。遵纪守法是学校依法治教的前提,教师要依法执教必须恪守宪法原则,遵守法律法规,依法履行教师职责,在法律法规允许的范围内从教,率先垂范懂法、守法、护法,营造良好的依法治教风气。

2. 廉洁从教

教师从事塑造人的心灵、培养人的事业。从大处来讲,关系到民族的强大、国家的兴旺;从小处讲,关系到儿童的健康成长、家庭的幸福。荀子在《荀子·解蔽》中提到:"凡观物有疑,中心不定,则外物不清;吾虑不清,则未可定然否也。"如果教师对教书育人的根本信念有偏差,误以为单纯谋利的手段,那就会在育人中误入歧途。正所谓"为师不廉,师道必坏,师道坏,则必误学子"。教师的工作有别于其他的工作,其核心是育人,是为社会、国家培养人才的职业,有其他职业无法比拟的崇高性和无私性特点。因此,教师要明白"不能胜寸心,安能胜苍穹"的道理,正心诚意,自觉抵制社会不良风气,不利用职责之便谋取私利,严于律己,志向高远,守护好教师职业的精神阵地,"修身慎行,敦方正直,清廉洁白,恬淡无为",不仁之事不为,不义之财不取,不正之风不染,常怀律己之心,廉洁从教,清白做人。

第二节　教师职业道德规范

在教师职业道德规范体系中,教师职业道德规范居于重要地位,其不仅是教师职业道德体系的基本构成,还是教师职业道德原则的体现、展开和具体化。教师职业道德规范划定教师职业行为的基本底线,评价教师职业行为的正当与否,是规范教师职业行为、加强职业修养的基本遵循。教师只有自觉遵守教师职业道德规范,才能更好地履行教师职责和义务。

一、教师职业道德规范的含义

道德规范是指一定社会或阶级用以调整人们之间利益关系的行为准则,也是评价人们行为善恶的标准。此规范是用以判断善和恶、正当和不正当、正义和非正义、荣和辱、诚实和虚伪、权利和义务等的道德基本准则,人们遵守道德规范要求的行为,就是善行;违反道德规范的行为,就是恶行。道德规范源于人们的道德生活和社会实践，又高于人们的道德生活和社会实践。历史上不同时代、不同阶级的道德规范，都是从相应的时代要求和阶级利益出发，经过概括而形成的，并用以指导人们的道德生活和道德行为。

教师职业道德规范是指教师用以处理个人与他人、集体、国家、社会等关系的教师职业行为的基本准则。教师职业道德规范划定教师职业行为的基本底线，评价教师职业行为的正当与否，是教师严格自我约束、规范职业行为、加强自我修养的基本遵循，是教师师德师风建设的关键。

二、教师职业道德规范的结构与功能

教师职业道德规范所涉及的范围很广，包含的内容也很丰富，并且是随着时代的发展而不断发展的。自改革开放以来，我国于1984年、1991年、1997年、2008年、2018年先后五次颁布和修订了《中小学教师职业道德规范》，这标志着我国的师德建设经过不断的沿革、发展与完善基本形成了制度化、规范化的体系。

2018年教育部发布教师〔2018〕16号文件，关于《新时代高校教师职业行为十项准则》《新时代中小学教师职业行为十项准则》《新时代幼儿园教师职业行为十项准则》（以下简称2018年"十项准则"）的通知，此文件的出台明确了我国新时代教师职业行为的基本规范，针对主要问题、突出问题划定基本底线，是对广大教师的警示提醒和严管厚爱，是深化师德师风建设，造就政治素质过硬、业务能力精湛、育人水平高超的高素质教师队伍的关键之举。以下我们探讨的教师职业道德规范将以此"十项准则"为主要内容。

明确教师职业道德规范，首先要明确其结构，包括基本成分、类型、层次及基本框架，以便从整体把握规范中提出的各项要求。

（一）教师职业道德规范的结构

1. 教师职业道德规范的基本成分

一套完备的教师职业道德规范，应当包括以下基本成分：说明教师职业道德规范推行的目的意义；确立从事教师专业工作应秉承的思想政治方向和道德理想；阐明教师专业工作遵守的法律范畴；确定教师专业工作遵照的伦理要求；明确教师专业工作依据的道德原则；提出教师职业恪守的道德标准；规定教师职业道德遵守的双向（正向要求和反向禁令）规范内容。如2018年的"十项准则"就涵盖了坚定政治方向、自觉爱国守法、传播优秀文化、爱岗敬业、关爱学生、诚实守信、廉洁自律等七大方面共十条的教师必须遵守的职业道德规范内容。

2. 教师职业道德规范的类型

按照教师职业道德规范的作用方向，可分为两种类型：正向倡导型的教师职业道德规范和反向禁令型的教师职业道德规范。正向倡导型的教师职业道德规范，主要是将教师在专业工作中应该达到的要求进行基本规范。如"教师带头践行社会主义核心价值观，弘扬真善美，传递正能量"。反向禁令型的教师职业道德规范，主要是将教师在专业工作中禁行性行为进行明确规范。如"教师不得违反教学纪律，敷衍教学，或有擅自从事影响教育教学本职工作的兼职兼薪行为"。

按照教师职业道德规范的伦理性，可分为三种类型：教学伦理类教师职业道德规范、科研伦理类教师职业道德规范、社会伦理类教师职业道德规范。教学伦理类，如"不得违反教学规律，敷衍教学"等。科研伦理类，如"坚守学术良知，反对学术不端"等。社会伦理类，如"不得损害国家利益、社会公共利益，或违背社会公序良俗"等。这种分类主要是依据教师的角色冲突矛盾而进行选择的伦理要求来划分规范，明确教师在自然角色与社会角色冲突时、众多社会角色冲突时的伦理选择的职业规范。

按照教师职业道德规范应处理好的关系，可分为四种类型：一是关于教师与国家、民族之间关系的道德要求，即对待教育事业的伦理职责；二是关于教师与同事之间关系的道德要求，即对待从事教育工作群体的伦理职责；三是关于教师与学生之间关系的道德要求，即对待教育工作对象的伦理职责；四是关于教师与家长和其他社会教育工作者之间关系的道德要求，即对影响教育对象的社会群体的伦理职责。[1]

按照教师职业道德规范的应用性，可分为两种类型：问题型教师职业道德规范和内容型教师职业道德规范。问题型教师职业道德规范主要是从事物发展的主次方面来考虑问题，根据历史发展的新背景，人民群众日益增长的对更好教育的需要，知识获取方式与传授方式的变化、教与学关系的变化，同教师队伍现有能力和水平呈现的教育效果之间的矛盾，而呈现出的教师的不同表现、存在的问题，进而对显现的主要问题和突出问题进行规范要求。内容型教师职业道德规范主要是从教师职业道德行为涉及的因素方面来考虑问题，是从事物发生发展的相关性入手，凡是涉及教师职业道德的行为要素、成因等皆要考虑列入其中，求其全而突其要，是全面性与重点性的统一。

---

[1] 傅维利.教师职业道德教育指南[M].北京：高等教育出版社，2002：78.

按照教师职业道德规范的作用对象,可分为三种类型:高校教师职业道德规范、中小学教师职业道德规范和幼儿园教师职业道德规范。此种分类是根据高校、中小学校、幼儿园教师队伍的不同特点、教师育人对象差别等而进行的划分。此种分类针对不同层次教师的显著特征,在一些方面进行了重点强调,提出了更高要求。这是统一性与差异性相统一的充分体现。如2018年的"十项准则"中,高校教师职业道德规范在"学术规范"方面,幼儿园教师职业道德规范在"遵循幼教规律"方面,中小学教师职业道德规范在"言行雅正"方面都有特定要求。中小学教师职业道德规范在"潜心教书育人"方面与幼儿园教师职业道德规范在"潜心培幼育人"方面的具体要求也有明显差异。

3. 教师职业道德规范的层次

教师职业道德规范的层次可以从两种视角来看,一种是规范要求达到的程度由高到低,即高层次的鼓励要求和最低层次的底线要求。教师职业道德理想、职业道德原则、职业道德准则作为教师职业道德规范的基本成分,其层次关系表现为:教师职业道德准则是对教师专业行为的具体要求,教师职业道德原则是对各种准则的一般概括,教师职业道德理想体现各项原则的基本价值。教师职业道德准则所反映的是对一个称职教师最基本的要求,与教师职业道德理想相比,教师职业道德规范更明确、更具体。在具体情境中,当两条或两条以上的教师职业道德准则发生冲突时,教师需要诉诸更高层次的教师职业道德原则,通过其整合来化解冲突。当两条或两条以上的教师职业道德原则发生冲突时,教师需要诉诸更高层次的教师职业道德理想,以解决或消除矛盾。另一种是针对不同层次的教师群体,而明确相应教师职业道德规范的具体要求。如2018年的"十项准则"就是按照高校教师、中小学教师、幼儿园教师分类的基本规范。其中准则在"坚定政治方向、自觉爱国守法、传播优秀文化"等方面提出了共性要求,在"爱岗敬业、关爱学生、诚实守信、廉洁自律"等方面,结合高校、中小学、幼儿园教师的不同表现、存在的问题及不同阶段教师队伍的差异性,则提出了不同要求。

4. 教师职业道德规范的基本框架

结构相对完整合理的教师职业道德规范的基本框架,一般由序言和主干内容两部分构成。序言主要阐述规范的指导思想、目的意义、基本执行程序。主干部分主要阐明教师职业道德的基本伦理道德和基本行为规范的原则、标准及责任义务。

(二)教师职业道德规范的功能

教师职业道德规范在促进教师的专业成长、推动教育工作的有效开展、协调教师职业活动的人际关系等方面都发挥着重要的功能。具体而言,教师职业道德规范具有引导、教育、协调、评价的功能。

1. 引导功能

教师职业道德规范的引导功能,主要指引导教师站在职业承担的重要使命和责任的位置上,从国家、社会事业全局的角度规范处理个人利益和国家、社会利益的关系,个人理想和民族梦想的关系。

(1)引导教师志存高远,不碰"红线"。教师职业道德规范可以更加明确地规范引导教师超越日常职业生活的现实性与功利性,追求更为崇高的道德境界,以德立身、以德立学、以德施教、以德育德。引导教师不越国家明令禁止的"红线",不做违法违规违德之事,结合教书育人实践,增强行动自觉,时刻自重、自省、自警、自励。

(2)引导教师集体的健康发展。教师职业道德规范提倡教师集体主义观念的培养,注重群体人际关系和谐发展,倡导教师与教师之间的合作、分享、诚信、友爱,这无疑有助于教师集体的凝聚力的增长,促进教师集体的整体发展。

(3)引导影响整个社会精神文明建设。师德是社会道德的重要组成部分,除了其自身的高低直接影响一部分社会道德水平高低外,它还可以以身示范,成为"社会的良心",带动社会道德水平的提升。一个品德高尚、无私奉献的教师必然会被社会赞扬和称颂,成为整个社会的道德榜样,这样的教师可以引导整个社会道德风尚的形成,真正做到了"行为世范"。因而我们可以看到,"教师职业道德规范"引导教师"高线追求",划定"底线要求",必定会降低有损师德行为的发生率,促进师德整体水平提升,进而引导形成良好的社会道德风尚,进一步促进整个社会精神文明生态链的良性循环。

2. 教育功能

隐性课程,美国教育学家杰克逊(P. W. Jackson)在1968年出版的《班级生活》(*life in classroom*)一书中首先提出此概念,主要指学生在学习环境中无意识地、非预期或非计划地获得知识、经验、价值观、规范和态度等意识形态内容和文化影响,也可以说是学校情境中以间接的内隐的方式呈现的课程,如学校组织方式、人际关系、教师文化、学校传统等。教师的职业道德和人格修养就是能对学生产生隐性影响的道德课程内容之一。隐性课程的内涵告诉我们,教师日常教育教学活动中表现出的个性品质和道德人格,比如他(她)是否公正对待学

生、是否有仁爱之心、是否有文雅的举止、是否具备专业知识、是否热爱教育工作等,都将对学生产生巨大影响。教师职业道德规范是教师职业行为和道德品质的基本规范,注定要成为影响学生成长的教育内容。

3. 协调功能

教师职业道德规范的协调功能,主要指教师职业道德通过教育、评价、沟通等方式或途径,保持教师的人际关系群体平衡,协调教师与他人、群体、社会、国家间的关系,指导和纠正教师行为,解决各种矛盾,激发教师的积极性和创造性,发挥教师的职责优势,保证教育教学活动的顺利实施。其特点是带有综合性和整体性,贯穿于整个教育教学活动的始终。其功能发挥要注意的问题是:一要明确职责,使教师对职业道德目标应承担的义务和相应建立的关系都有明确的了解;二要主次分明,抓住关键要求目标和主要行为规范内容;三要方向明确,不偏离国家和社会倡导的指导思想和方向;四要掌握外部环境变化,使教师职业道德及时适应变化。其类型有广义和狭义之分。广义包括内部协调和外部协调。外部协调指教师职业道德与社会环境间的协调。狭义指内部协调,分为纵向协调和横向协调,前者指教师同学生、学校、上级教育主管部门、社会等的协调;后者指教师自我各个社会角色间,以及其同其他教师、家长等的协调。

4. 评价功能

教师职业道德规范的评价功能,主要指按照教师职业道德目标和伦理道德标准对教师职业行为发生情况进行监督、检查和评价总结,发现偏差,采取纠正措施,保证实际教师行为同职业道德目标要求一致,或者适当调节过程目标要求,以达到预期职业道德规范目标的管理活动。其基本过程为:一是确立标准;二是根据标准衡量执行情况,即时获得发生偏差的信息;三是采取措施纠正实际执行情况偏离标准与预期的误差,这是一个连续不断的循环。

三、教师职业道德规范的主要内容

2018年为深入贯彻习近平新时代中国特色社会主义思想和党的十九大精神,深入贯彻落实全国教育大会精神,扎实推进《中共中央 国务院关于全面深化新时代教师队伍建设改革的意见》的实施,进一步加强师德师风建设,教育部研究制定了《新时代高校教师职业行为十项准则》《新时代中小学教师职业行为十项准则》《新时代幼儿园教师职业行为十项准则》(以下简称"十项准则")。我们接下来探讨的教师职业道德规范主要围绕此"十项准则"的内容。

(一) 坚定政治方向

坚定的政治方向即是指坚持以习近平新时代中国特色社会主义思想为指导，拥护中国共产党的领导，贯彻党的教育方针；不得在教育教学活动中及其他场合有损害党中央权威、违背党的路线方针政策的言行。

教育是民族振兴、社会进步的重要基石，是功在当代、利在千秋的德政工程。在教师职业道德规范中明确教师职业道德的政治方向具有重要的指导性意义。一是为了保证教育正确的发展方向；二是为了提高教师队伍的政治意识，提升教师自身的政治站位，使其职位与职责相匹配；三是为了让教师把握职业行为的基本定位，增强底线意识。如2018年的"十项准则"中的禁行性规定，既是教师职业行为的底线，明确从事教师职业的最低要求，也是大中小幼职特各级各类学校教师必须共同遵守的、不可触碰的红线。

在2018年全国教育大会上，习近平总书记发表重要讲话，站在新时代坚持和发展中国特色社会主义的战略高度，深刻回顾了党的十八大以来我国教育事业发展取得的显著成就，系统总结了推进我国教育改革发展的"九个坚持"。"九个坚持"即坚持党对教育事业的全面领导，坚持把立德树人作为根本任务，坚持优先发展教育事业，坚持社会主义办学方向，坚持扎根中国大地办教育，坚持以人民为中心发展教育，坚持深化教育改革创新，坚持把服务中华民族伟大复兴作为教育的重要使命，坚持把教师队伍建设作为基础工作。这"九个坚持"深刻回答了培养什么人、怎样培养人、为谁培养人这一根本问题，思想深刻、内涵丰富，是我们党对我国教育事业规律性认识的深化，是我们党在实践基础上的理论创新成果，是习近平新时代中国特色社会主义思想的重要组成部分，为当前和今后一个时期加快推进教育现代化、建设教育强国、办好人民满意的教育提供了根本遵循，也是未来指引教师职业道德规范发展的指导方针和政治方向。

(二) 自觉爱国守法

自觉爱国守法即是指忠于祖国、忠于人民，恪守宪法原则，遵守法律法规，依法履行教师职责；不得损害国家利益、社会公共利益，或违背社会公序良俗。

苏霍姆林斯基曾说："热爱祖国，这是一种最纯洁、最高尚、最强烈、最温柔、最无情、最温存、最严酷的感情。"陶行知也曾说："国家是大家的，爱国是每个人的本分……我觉得凡是脚踩中国土地，嘴吃中国五谷，身穿中国衣服的，无论男女老少，都应当爱中国。不过个人所处地位不同，爱国的方法也不尽相同，小孩

们用心读书,用力锻炼身体,学做好人,就是爱国。今天多做一分学问、多养一分元气,将来就能为国家多做一份事业,多尽一份责任。"

热爱祖国是中华民族的优良传统和崇高品德,是社会主义核心价值观的重要内容。对教师而言,其承担着为国家和社会培养建设者和接班人的重任,而热爱祖国是教师献身教育事业的思想基础,是调节个人与祖国之间关系的道德要求、政治原则和法律规范,也是民族精神的核心,充分反映着教师对故土家园、民族和文化的归属感、认同感、尊严感与荣誉感的统一。因此,教师要树立祖国利益高于一切的思想,要继承和发扬爱国主义传统;要具有坚定的政治信念,用正确的世界观、人生观、价值观去培养学生崇高的共产主义理想;要将为教育事业贡献终身的理想作为一生的职业追求。

《管子·任法》曾提到:"故曰:有生法,有守法,有法於法。生法者,君也;守法者,臣也;法於法者,民也。"守法,是指一切国家机关及其工作人员、政党、社会团体、企事业单位和全体公民,自觉遵守法律的规定,将法律的要求转化为自己的行为,从而使法律得以实现的活动。守法是法实现的最基本的形式,遵守法律是每个公民的基本行为准则,也是我国实施全面"依法治国"战略方针的必然要求。《习近平关于全面依法治国论述摘编》中曾指出:"全面推进依法治国,必须坚持全民守法。全民守法,就是任何组织或者个人都必须在宪法和法律范围内活动,任何公民、社会组织和国家机关都要以宪法和法律为行为准则,依照宪法和法律行使权利或权力、履行义务或职责。"教师的守法不仅是法律层面对教师的要求,也是教师职业道德的基本要求。教师要做到守法,首先要知法懂法,特别是要知晓有关教育的各项法律法规,如《中华人民共和国教育法》《中华人民共和国教师法》《中华人民共和国义务教育法》等。

(三)传播优秀文化

传播优秀文化即是指带头践行社会主义核心价值观,弘扬真善美,传递正能量;不得通过课堂、论坛、讲座、信息网络及其他渠道发表、转发错误观点,或编造散布虚假信息、不良信息。

中华文化源远流长、博大精深,凝聚着五千年来中华民族的智慧结晶和精神风貌,是中华民族的精神命脉,是涵养社会主义核心价值观的重要源泉,在漫长的岁月长河里生生不息、代代传承,是世界上唯一不曾中断和湮灭的文化。究其原因,除了中华文化包容性的特质之外,教育在其中也起着十分重要的作用。通过前人对后人的言传身教,把祖先创造和积累的各种知识和技能一代代薪火相传,不断地继承和发扬,推动着中华文明的不断进步。

中华文明绵延不绝,历久弥新,固然有着环境因素,但更重要的是深植于遗传基因里的大气包容的胸怀和"天行健君子自强不息"的精神。习近平曾指出:"中华优秀传统文化已经成为中华民族的基因,植根在中国人内心,潜移默化影响着中国人的思想方式和行为方式。今天,我们提倡和弘扬社会主义核心价值观,必须从中汲取丰富营养,否则就不会有生命力和影响力。"习近平还说:"一种价值观要真正发挥作用,必须融入社会生活,让人们在实践中感知它、领悟它。"

教师作为文明的传递者、文化的传播者、历史发展和社会实践的推动者,应以中华优秀传统文化为滋养,带头践行社会主义核心价值观,弘扬真善美,传递正能量,在日常生活中坚持知行合一,行胜于言,利用新媒体、新技术等多渠道,围绕立德树人的根本任务,将中华优秀传统文化全方位融入教育教学之中,引导青少年学生更加全面准确地认识中华民族的历史传统、文化积淀。

(四)潜心教书育人

潜心教书育人即是指落实立德树人根本任务,遵循教育规律和学生成长规律,因材施教,教学相长;不得违反教学纪律,敷衍教学,或擅自从事影响教育教学本职工作的兼职兼薪行为。

《礼记·文王世子》中提到:"师也者,教之以事而喻诸德者也。"教书育人是教师职业的根本任务,主要指教师在向学生传授知识的同时,还要通过多种途径和方法,直接或间接地培养学生的思想情操和道德品质。即所谓"教书是途径,育人是根本"。育人为本是教育的生命和灵魂,是教育的本质要求和价值诉求。在现今社会,教书育人的本质就是教师要按照党和国家的教育方针政策,本着"育人为本、德育为先"的主导思想实施教育,把立德树人作为教育工作的根本任务。在加强品德修养上下功夫,教育引导学生培育和践行社会主义核心价值观,踏踏实实修好品德,成为有大爱、大德、大情怀的人;在增长知识见识上下功夫,教育引导学生珍惜学习时光,心无旁骛求知问学,增长见识,丰富学识,沿着求真理、悟道理、明事理的方向前进,从而促进教师在教学过程中真正做到以文化人、以德育人,不断提高学生思想水平、政治觉悟、道德品质和文化素养。

(五)关心爱护学生

关心爱护学生即是指严慈相济,诲人不倦,真心关爱学生,严格要求学生,做学生良师益友;不得歧视、侮辱学生,严禁虐待、伤害学生。

人力资源是我国经济社会发展的第一资源,教育是开发人力资源的主要途径。《国家中长期教育改革和发展规划纲要(2010—2020年)》中提到:把育人为本作为教育工作的根本要求。提出要以学生为主体,以教师为主导,充分发挥学生的主动性,把促进学生健康成长作为学校一切工作的出发点和落脚点。关心每个学生,促进每个学生主动地、生动活泼地发展,尊重教育规律和学生身心发展规律,为每个学生提供适合的教育。

赞科夫在《和教师的谈话》中写道:"当教师必不可少的,甚至几乎是最主要的品质,就是要热爱儿童。""没有教师对儿童的爱的阳光,学生就会混成模糊不清的一团。"夏丏尊还说:"教育上的水是什么?就是情,就是爱。教师没有了情爱,就成了无水的池,任你四方形也罢,圆形也罢,总逃不了一个空虚。"因此,我们要像苏霍姆林斯基说的那样"要像对待荷叶上的露珠一样小心翼翼地保护学生幼小的心灵",毫无保留地贡献出自己的精力、才能和知识,以平等友善的态度对待学生、尊重学生、引导学生,激励学生发展,营造一种使学生能平等交流、主动参与、自由探索、大胆创新的民主氛围;尊重每个学生的兴趣、爱好、个性和人格;以平等、宽容、博爱、友善和引导的心态对待学生,做学生的良师益友。

(六)加强安全防范

加强安全防范即指增强安全意识,加强安全教育,保护学生安全,防范事故风险;不得在教育教学活动中遇突发事件、面临危险时,不顾学生安危,擅离职守,自行逃离。

安全工作是办好人民满意教育的基础。安全教育是生命教育,是一切教育的前提,保护学生安全是教师应尽的义务。生命是美好的,也是宝贵的,而要拥有这一切的前提是安全。教师在传授学生专业知识的同时,必须要时刻不忘尊重生命、爱护生命,牢记"预防为主,教育为先"的根本原则,树立"珍爱生命,安全第一"的思想意识,努力营造人人关心校园安全的浓厚氛围,人人讲安全、事事讲安全、时时讲安全、处处讲安全。尤其是班主任教师,更要重视各类安全细节,充分利用安全教育平台,向学生传授各类安全知识,使学生形象直观地认识到安全知识的重要性,从而增强安全防范技能。

此外,当学生在学校期间遇到突发事件、面临危险时,教师一定要最先以学生为重,全力保护学生的安全。教师要清醒地认识到,中小学生作为整个国家和民族的未来,基本上都是未成年人,缺乏必要的自我保护能力,属于社会中的弱势群体,应该受到特别的关爱与呵护。而且教师是学生特定利害关系人,具有法定责任。家长将孩子送到学校,就意味着把学生安全监护权委托给了学校及教师。因此,教师"最先、为重"保护学生安全,维护学生合法权益是教师无可争辩的职业操守。

(七) 坚持言行雅正

坚持言行雅正即指为人师表,以身作则、举止文明、作风正派、自重自爱;不得与学生发生任何不正当关系,严禁任何形式的猥亵、性骚扰行为。

孔子的"其身正,不令而行;其身不正,虽令不从",韩愈的"以一身文教,而为师于百千万年间,其身亡则其教存",都强调了为人师表之于教师职业的重要性和其影响的深远性。为人师表是教师职业道德的优良传统,历来受到人们的重视,着重强调教师应该在各个方面以身作则,成为学生效法的表率。最根本的要求是言行一致、表里如一、严于律己、以身作则。

言行雅正,是教师为人师表、以身作则的外在表现。首先,言行雅正是由教师劳动的示范性特点所决定的。教师在教育劳动中所表现出来的劳动态度、精神风貌、工作作风、学识才干、思维方式、道德品质都会对学生产生潜移默化的影响,起重要的示范作用。其次,言与行作为教师品性的外在表现,是由身教的育人规律所决定的,反映了教育规律的要求。要求被教育者做到的,教育者自己必须在言行上首先做到,让被教育者信服,成为学生学习和效仿的楷模和表率,即做到"学为人师,行为世范"。再次,言行雅正充分体现出教师为人师表的职业特殊性,是树立和维护教师威信的需要。最后,言行雅正也是全社会对教师提出的基本要求,教师要处理好与学生、与他人、与社会的多重关系,做到作风正派。

因此,教师只有言行雅正,处处为榜样,才能不愧"人之师"的称谓。为人师表就要做到坚守高尚情操、知荣明耻、严于律己、作风正派、以身作则;衣着得体、语言规范、举止文明、自尊自爱;关心集体、团结协作、尊重同事、尊重家长。

(八) 秉持公平诚信

秉持公平诚信即是指坚持原则,处事公道、光明磊落、为人正直;不得在招生、考试、推优、保送及绩效考核、岗位聘用、职称评聘、评优评奖等工作中徇私舞弊、弄虚作假。

公平与诚信,既指教师对学生,也指教师对待自己、同事、学生家长等。教师公平的核心是对学生的公平公正。教师对自己的公平诚信,表现在教师对自尊、荣誉以及合理的经济利益等合法权益的要求和维护。处事公道、光明磊落,既不自惭形秽、弄虚作假,也不目中无人、徇私舞弊。教师对上级的公平诚信,表现在教师对自己的领导应做到公正对待,人格上互相理解、彼此尊重,工作上服从分工、相互配合、诚实守信、言出必行,不俯首帖耳、唯命是从或恃才傲物、目空一切。教师对同事的公平公正,包括相互配合,正确评价自己与他人的工作,言而有信,互助互爱。教师对家长的公平公正,则与对学生的如出一辙,应抛弃一切外在经济社会、亲疏好恶等因素,平等对待,讲诚信,友善尊重。教师对学生的公平诚信,表现在教育活动中对学生秉持民主与尊重的态度,对不同性别、年龄、出身、智力、个性、相貌以及关系密切程度不同的学生能够做到一视同仁、同等对待,不以个人的私利和好恶为标准。

苏霍姆林斯基曾说:"教育的任务就是要在每个人的身上发现那独一无二的创造性源泉,帮助每个人打开眼界看到自己身上人类自豪感的火花,从而成为一个精神上坚强的人,每天抬起头,挺起胸膛走路的人。"教育公平是社会公平的重要基础,而公正诚信是学生信任教师的基础。因此,教师在教育教学活动中应做到:一是坚持教育公益性原则,把教育公平作为基本教育原则;二是做到处事公正,爱无差等,对全体学生一视同仁;三是实事求是,赏罚分明;四是长善救失,因材施教;五是面向全体,点面结合。

(九)坚守廉洁自律

坚守廉洁自律即是指严于律己,清廉从教;不得索要、收受学生及家长财物或参加由学生及家长付费的宴请、旅游、娱乐休闲等活动,不得向学生推销图书报刊、教辅材料、社会保险或利用家长资源谋取私利。

《诫子书》中曾提到:"静以修身,俭以养德"。为师立教,是看教师能否被教育岗位所接纳并胜任,简明地说,就是看教师是否够格。为人要廉,人格要洁。廉洁是师道所立的根本前提,所谓师道从根本看就是做人之道,为真为善为美之道,"道者,教之本也"。廉洁所持,道之所存;道之所存,师教则立。如果教师不廉洁,那么连做合格人的根本都无法以立,还何谈教人之责、师道尊严。因此,教师要有不坠青云之志,在物欲面前清廉自守,严于律己,廉洁从教。

(十)规范从教行为

规范从教行为即是指勤勉敬业,乐于奉献,自觉抵制不良风气;不得组织、参与有偿补课,或为校外培训机构和他人介绍生源、提供相关信息。

规范教师从教行为,说到底就是规范教育行风的问题。行业风气是行业中工作态度、职业信誉、工作作风、人际关系、精神风貌等方面的综合体现。它不仅潜在影响行业活动的效率、质量、精神状态及自身社会声誉,还具有一定的社会感染性,影响社会风气。教师从教的行风,涵盖教育职业文明的价值指向和理性教化,包含对良好教育行风养成的多种因素,对社会精神文明建设起着重要作用。改革开放后,我国经济、科技等方面发生巨大变化,教育也得到前所未有的发展,其中教师的社会地位得到极大的提升。但是受一些社会不良风气的影响,一些教师的人生观、价值观和道德观被扭曲,行风问题频现。从根本上说,纠正行业不正之风,还在于使教师良好职业道德品行得以复归,这就需要不断强化教师职业道德,规范教师从教行为。教师职业道德是教师事业心、责任感生发、培育、强化、升华的重要因素。教师从教,就应心怀事业之心、责任之心、勤勉敬业;工作上"不因事小而不做","不因分外之事而不理","不可追利而贪之";加强事业心、责任感的理性认识,扫除遮蔽的尘埃,自觉抵制不良风气,秉持做人之本、职业操守。

第三节 教师职业道德范畴

教师职业道德范畴呈现了教师的普遍内心信念,以及对教师职业行为产生重要影响的基本道德概念,反映了教师职业道德意识和道德实践的本质特征。从教师职业伦理维度出发,我们归纳出教师职业理想、教师职业义务、教师职业良心、教师职业公正、教师职业幸福五个基本范畴。

一、教师职业道德范畴的含义及其特点

(一)教师职业道德范畴的含义

"范畴"是"反映事物本质属性和普遍联系的基本概念,是人类理性思维的逻辑形式"。道德范畴反映和概括的是道德现象中本质联系的基本概念,广义泛指反映和概括道德现象的特性、组成和关系的基本概念,既包括道德原则和规范方面的基本概念,又包括道德评价、道德教育和教育修养等方面的基本概念;狭义仅指反映人与人之间道德关系的基本概念。本节将从狭义的角度去探讨教师职业道德的范畴。

教师职业道德范畴是指概括教师职业道德意识和道德实践的本质特征,反映为教师的普遍内心信念,及对教师职业行为产生重要影响的基本道德概念。教师职业道德范畴主要涉及善与恶、正义与非正义、荣与辱、义务、良心、荣誉、幸福等内容。它既反映教师认识道德现象的成果,又是帮助教师认识教师职业道德现象的工具。

教师职业道德范畴主要包括教师职业理想、教师职业义务、教师职业良心、教师职业公正和教师职业幸福。

(二)教师职业道德范畴的特点

教师职业道德范畴具有伦理性、专业性、主观性和内化性的特点。

1. 伦理性

教师职业道德范畴体现和反映教师职业道德的本质特征。教师职业道德反映职业伦理关系,内含关系和谐、行为向善的价值取向,本质上反映教师在职业秩序和谐与自我发展实现中的一种需要。这些需求反映在教师从教行为和结果上,都体现了向善为教的伦理自觉。此外,教师职业道德范畴包含的教师职业道德内容要求教师的职业行为必须合乎时代要求,反映社会发展潮流和方向,遵循一定的社会道德标准,体现一定的社会道德风貌。当教师按职业道德的要求行动时,便表现出他合乎道德、情理、规律的品格境界,而这些融入社会整体道德环境中,即成为社会道德环境的有机组成部分,也必然充实了社会伦理的内容。

2. 专业性

教师职业道德范畴明确了教师职业道德原则、规范,以及教师个体道德品质的最基本概念内容。这些内容为教师的职业道德提供了"应该做什么"和"怎么做"的标准。这种标准区别于其他职业的,是教师作为专业、专门人员的特殊要求。在内容、层次、对象、形式和要求上都有着教师职业鲜明的色彩,也因此具有鲜明的专业性表征。

3. 主观性

道德是客观见之于主观的法,是内化于个体的修养,通过个人的言行来影响他人和社会,更多的用于人,更含主观、个体的意味,更多地适用于个人修养实践范畴。教师职业道德范畴强调教师内心的普遍信念,反映了教师行为发生影响的基本道德概念,如教师职业义务、教师职业幸福、教师职业良心等,这些都是教师基于一定的教育活动而形成的影响职业活动的各种具有善恶价值的认识,以及在此基础上产生的思想观念、信念、信仰等,反映教师的思想、心理和精神等方面的内在状况,因此带有极大的主观性特点。

4. 内化性

道德内化是指通过一定的道德理论、道德规范或道德观念等作用于人们,使人们产生身心的某种影响和需要,使人们不仅真诚地信服、接纳和遵守社会的道德原则和规范,而且自觉地将社会要求的思想观念和行为规范纳入自身品德结构中,变为自己的观点和信念,成为支配、控制自己思想、情感和行为的内在力量的过程。其内化的过程沿着理解—认同—信奉的发展规律,强调了主观的认识层面。从教师职业道德范畴的内容看,教师职业信念、教师职业良心、教师职业公正等,无不体现了教师职业道德规范内化于教师角色的认识、情感和行为,是教师职业道德发展到一定水平的表现,是一种由外在的他约向内在的自我约束的转变过程。

二、教师职业道德范畴主要内容

教师职业道德范畴主要包括教师职业理想、教师职业义务、教师职业良心、教师职业公正和教师职业幸福五方面内容。

(一)教师职业理想

1. 教师职业理想的含义

理想是指对未来事物的想象或希望。理想是人心中的目标,是前进的方向。人生发展的过程就是通过理想来确立目标,并通过努力去实现的过程。

教师职业理想是指教师个体对教师职业的向往和追求。既包括对从事的教师职业的追求,也包括对做一个什么样理想教师的追求。职业理想是职业素质的重要组成部分,有了崇高的职业理想才能激发良好的职业行为。我国《教师法》第三条规定:"教师是履行教育教学职责的专业人员,承担教书育人、培养社会主义事业建设者和接班人、提高国民素质的使命。教师应当忠诚于人民的教育事业。"这不仅对教师职业性质做出了明确规定,也对教师的职业理想做出了原则上的规定。

2. 教师职业理想的特点

教师职业理想具有时代性和实践性的特点。

(1)时代性。不同的历史时期,社会政治、经济、文化的发展决定了教师职业理想的差别。如孟子的"得天下英才而教育之",北宋大儒张载的"为天地立心,为生民立命,为往圣继绝学,为万世开太平",清代朱舜水的"敬教劝学,建国之大本;兴贤育才,为政之先务",建国初期的"又红又专",以及陶行知的"捧着一颗心来,不带半根草去"。习近平也曾说:"实现中华民族伟大复兴,就是中华民族近代以来最伟大的梦想。"历史告诉我们,每个人的前途命运都与国家和民族的前途命运紧密相联。教师作为中华民族的一分子,也应将"中华民族的伟大复兴"作为奋斗的理想,这充分体现教师职业理想的时代性。

(2)实践性。托尔斯泰曾说:"理想是指路的明灯,没有理想就没有坚定的方向。"教师的职业理想是其献身于教育事业的根本动力,教师崇高的职业理想来源于坚定的信念,那就是为人民服务、为中国特色社会主义服务、为改革开放和社会主义现代化建设服务。党和人民需要社会主义事业的建设者和接班人,教师应以这一需要为基准,始终同党和人民站在一起,自觉做中国特色社会主义坚定的信仰者和忠实的实践者,忠诚于党和人民的教育事业,自觉把党的教育方针贯彻到教学管理工作全过程,严肃认真地对待自己的职责。教师还要注重加强中国特色社会主义理论体系的学习,加深对中国特色社会主义的思想认同、理论认同、情感认同,不断增强道路自信、理论自信、制度自信,积极引导学生热爱祖国、热爱人民、热爱中国共产党;做中国特色社会主义共同理想和中华民族伟大复兴中国梦的积极传播者,帮助学生筑梦、追梦、圆梦,让一代又一代年轻人都成为实现我们民族梦想的正能量。因此,将对学生的培养作为教师职业理想的落脚点,让教师为之奉献终身,充分体现了教师职业理想的实践性特征。

(二)教师职业义务

1. 教师职业义务的含义

义务是指对他人或社会做自己应当做的,与自己的职责、使命、任务相宜的事情。

教师职业义务就是教师在教育工作中应该承担的职责、使命和任务。教师职业义务通常有两方面的含义:一方面是社会在教师履行职业义务时提出的道德总要求;另一方面是指教师在教育职业劳动过程中,自觉意识到各种道德要求的合理性,并把自觉遵循教师职业道德原则、规范及要求看作是对社会应尽的责任。教师职业义务不仅包含教师对社会的最高义务,也包含教师对自己的最高义务。教师只有具有强烈而坚定的自觉责任感,才会产生一种迫使自己忠实履行教育义务的要求。

2. 教师职业义务的特点

教师职业义务具有精神性、自觉性和意志性的特点。[①]

(1)精神性。教师职业义务具有典型的道德义务的特征,即教师出于义务的行为并非由于功利后果的获得,亦非如法律义务的履行总伴随着权利相应地享有,教师职业义务具有典型道义论和德性论意蕴,其动机的纯粹和精神性的自足使得其高于其他的职业义务。

---

① 檀传宝.教师伦理学专题:教育伦理范畴研究[M].北京:北京师范大学出版社,2003:115-118.

(2)自觉性。虽然教师职业义务在本质上是一种社会化的道德规范要求,但其具有极其典型的道德自觉性,即教师个体一定要将外在社会他律转化为内在自律,能够自我认识并内化为自觉的规范。

(3)意志性。教师对社会规范的认同和践行首先需要自我自由意志的体认,在动机冲突过程中需要有意志的抉择,在行为活动中需要有意志对自我爱好、欲望的控制及对外在不良环境的抗御。没有坚强的道德意志品质,道德义务就永远只会成为他律的命令,无法成为主体的实践精神。

(三)教师职业良心

1. 教师职业良心的含义

良心是指人们对自己行为的是非、善恶的自我反思和认同道德责任的自觉意识、心理机制。一定的道德认识、道德情感和道德意志在个人意识中的统一。[①]

教师职业良心是指教师的教育良心,是教师在教育实践中通过对自身所承担义务的正确认识和深刻体验而形成的一种通过自觉意识转化而成的内心信念,是教师道德自律的最高表现形式。

教师职业良心是一种道德责任感,是教师对学生、集体和社会义务感的强烈表现,是把外在的道德律令转化为主体的内在律令,是教师个体在教育实践中把社会道德要求升华为自身的自觉意识。教师职业良心既是积极履行教育职责的强烈的道德责任感,又是一种高度自觉的对自己教育行为进行道德控制和评价的能力。

2. 教师职业良心的特点

教师的职业良心具有内隐性、综合性、示范性、稳定性和崇高性的特点。

(1)内隐性。教师职业良心是隐藏在个体内心深处的一种真挚情感,是一种高度自觉的精神力量,虽目不能及,却在教育活动中具有导向性作用。教师的职业良心往往内蕴在教师的思想深处,它与教师的自我职业认同、教育义务、教育责任感及自我日常生活凝结在一起,表现为教师内在的精神气度,是教师职业的认知、情感、意志、信念及行动的统一。

(2)综合性。教师职业良心是教师在职业活动中各种心理因素相互作用的结果。教师职业良心的内容包含理性的意志,也包含非理性的直觉、情感等,其构成要素和表现形式体现出综合性。此外,教师的知识及其结构水平,以往的

---

① 夏征农,陈至立.辞海[M].上海:上海辞书出版社,2010:1143.

生活经历、生活方式、生活环境及自我修养程度决定了其良心的水平与层次。教师职业良心在时间和方式上也体现出不同的作用,其对教师的调节也表现在教师道德行为前、行为进行过程中、行为结果后等阶段。从这些都可以看出教师职业良心的综合性特点。

(3)示范性。教师职业良心是教师职业道德内化而形成的一种理性精神。教师的言行直接受到教师职业良心的指导和控制,并且这种良心也对教育对象有着潜移默化的影响和感召作用,对于出于教育良心的思想和行为给予鼓励和鞭策,对于违背教育良心的念头和行为给予禁止和否定。这使得教师在行为抉择时,遵循一种善良的教育动机,趋于有利于教育对象健康发展的方向,肯定合乎教育德性要求的行为选择,否定悖于教育德性要求的行为和动机。由此,教师职业良心发挥着积极引导的示范性作用。

(4)稳定性。教师职业良心是以道德信念为基础的,不会变化不定或转瞬即逝,一旦形成就会成为一种稳定的品质,能够持久深入地影响教师行为。教师职业良心较之一般社会群体的良心具有更高程度的主体自觉水平,一旦形成,便会成为职业道德习惯,正如康德所言,成为"自我意志的立法",便会以本能的、直觉的、稳定的方式在工作中显现。

(5)崇高性。教师的教育活动是神圣和崇高的,教师对其职业道德要求具有高度的自觉,教师的言谈举止必须要反映较高的文化和道德修养,这决定了教师良心在层次上、境界上要高于一般的职业良心,在职业良心所自觉的义务范围上也要达到较高的水平。

(四)教师职业公正

1. 教师职业公正的含义

公正是指人们根据一定的道德原则和道德规范办事,坚持真理,公平正直,合乎情理,不存私心。在伦理学中公正是人们最基本的道德原则和道德规范,是最为可贵的道德品质。

教师职业公正,是指在教育教学活动中,教师能够按照社会或阶级公认的职业道德准则,公平、正义、合理地处理好与学生、同事、领导、家长及社会之间的关系,其中教师对学生公正是教师职业公正的最本质体现。

2. 教师职业公正的特点

教师职业公正具有教育性、自觉性、平等性、实质性的特点。

(1)教育性。教师职业公正是教师在教育教学活动中逐渐体现出来的,这是由教师职业的特殊性所决定的。这种特殊主要表现在两点:一是教师职业公正所关系的行为本身具有教育示范性的特征;二是教师职业公正主要用于处理人际关系,而这种关系主要是指师生关系或以师生关系为基础的其他社会关系,由此也就具有了教育性的特质。在教育活动中,教师劳动的特点之一就是教育主体与教育手段的同一性。① 所以,教师能否公正地处事,能否建立起公正的人际关系,特别是师生关系,往往对学生起到示范性和教育性的作用。正如卢梭总结的那样,"诸位教师,你们别那么虚伪了,你们为人要公正和善良,要把你们的榜样刻画在你们的学生的记忆力,使它们深入到他们的心"②。

(2)自觉性。教师职业公正的自觉性通过社会对教师的职业期待、需求和教育活动自身的价值属性两方面体现。现代社会的教师都是经过职业的专门培养和训练的,这种培养既包括专业知识、专业能力的,也包括专业理念和道德情操的,这些都不断地促进了教师职业的专业自觉和修养习惯的培养。教师这种专业培养的自觉,也决定了教师职业公正的自觉,既是社会对教师职业的专业期待和要求使然,也是教师职业区别于其他工作的特殊性决定的。此外,教师职业公正的自觉还表现在教育活动自身的正向价值属性,因为教育最终是要教人向真、向善、向美。教师实行公正的行为,不是出于功利的考量,也不是仅仅出于社会的要求,更不是仅仅出于对不良后果的担心与恐惧,而是出于对职业责任和良心的自觉,出于对公正意识和规则的高度认同。

(3)平等性。亚里士多德认为:"所谓'公正',它的真实意义,主要在于平等。"③平等是公正的核心问题,也是教师公正的根本体现。平等体现不偏不倚、公平对待。正义的原则就是"一视同仁",这种平等地"同视"既包括人之间的公平对待,也包括事物的;既体现在分配公正和矫正公正,也体现在公平与效率的协调。教师职业公正的平等,就是要求教师要平等地对待每一位学生,平等地维护学生的合法权益,不以世俗的经济、阶层、能力、关系亲疏、成绩优劣等来评判,而能做到博爱,公平地对待每一个学生,从促进学生健康发展的角度看待平等与效率的公正。平等是公正的价值判断,只有在平等的前提下才能谈公正,也才有公正可言。因此,平等地对待全体学生是教师职业公正的首要前提,进而兼顾公平与效率。

(4)实质性。亦可理解为教师职业的灵活性,是指教师职业公正着眼于实际或实质上的公正而不完全拘泥于形式上的公正。按照伦理学来说,就是善优

---

① 黄正平,刘守旗.教师职业道德新编[M].南京:南京大学出版社,2010:85.
② [法]卢梭.爱弥儿[M].李平沤,译.北京:商务印书馆,1978:113.
③ [古希腊]亚里士多德.政治学[M].吴寿彭,译.北京:商务印书馆,1965:153.

先于公正,实质公正优先于程序公正。教师职业公正的实质性来源于学生的个体差异,最终指向每位学生的发展与进步。比如老师给了两个看似有差异的学生都是 A,对于一个经过努力已经进步接近 A 水平的同学来说,虽然他实际上还没有做到像另一个同学一贯以来那样好,给他 A 似乎不公正;但正因为这样的 A 使他看到了学习的进步和希望,实质上教师在这里并非对他实行了不公正的偏爱,而是通过鼓励让他更好。又比如对于同一种错误的批评,有时候教师对优等生的批评甚至比对后进生的批评还要严厉。这是因为在一定条件下,后进生更需要对其自尊的爱护和策略的批判,而优秀生则更需要使之梦醒的棒喝。这里的形式上的不公平,实质上却是公正的,这种灵活性更有利于教师实施公正。① 看似表面对于两类学生是不公平的,但是从学生发展的实质来说,这种不公却是教师爱的体现。

(五)教师职业幸福

1. 教师职业幸福的含义

幸福是指人们由于感受到目标和理想的实现而得到的精神上的满足,是在一定社会生活条件下人们情感和思想中的感知反映。幸福是一种感觉,是人们对人生某个阶段美好的感受和评价。

教师职业幸福,是指教师通过教育目标和教育理想的达成而获得的稳定的、和谐的、自由的精神上的满足和愉悦状态。教师职业幸福是教师职业道德的出发点和归宿,也是教师人生的主题。

2. 教师职业幸福的特点

教师职业幸福具有精神性、关系性、集体性、无限性的特点。

(1)精神性。教师职业体现了教师"谋生"的基本手段的物质性追求,从"马斯洛需求层次理论"中可以看出,只有当人从生理、生存需要的低层次需求的控制下解放出来时,即得到满足时,才可能出现高层次的需要,如对爱、归属感、自我实现等的需要。因此,这是职业体现的劳动作为人类谋生手段的"共性"。但仅仅物质欲望的满足,绝不是教师职业"幸福"的真谛,否则"牛找到草料吃的时候就是幸福的"②。教师及其劳动的崇高性地位决定了教师职业幸福的精神性特征,正如"天地君亲师""国将兴,必尊师而重傅",都充分体现了教

---

① 檀传宝,张宁娟,吕卫华等. 教师专业伦理基础与实践[M]. 上海:华东师范大学出版社,2016:78.

② 北京大学哲学系外国哲学史教研室编译. 古希腊罗马哲学[M]. 北京:商务印书馆,1982:328.

师崇高的社会地位和精神象征。我国古代思想家孟子曾说"君子有三乐",其中"得天下英才而教育之"为一乐。作为教师,桃李满天下,看到学生的成长,得到学生的尊敬和认可,就是教师最大的幸福,这是教师职业赋予教师特别的幸福真谛,体现出教师职业幸福的精神性特征。

(2)关系性。教师职业幸福虽然是个体的主观感受状态,却也是一种关系性的存在,教师职业道德的主要内容即是处理教师与他人、集体及社会的关系,因此决定了教师职业幸福也是以一定的人际关系为基础。教师职业的幸福来源于和谐的师生关系、同事关系,愉悦的工作环境,有品位的校园文化,教师自身的崇高追求,家长的理解与支持等等,在这些幸福的外因与内因的关系作用下,教师职业幸福得以彰显和实现。

(3)集体性。教师职业幸福不仅是教师个人的幸福体验,还是教师集体和学生集体劳动成果的集中体现。因此,教师的职业幸福具有个体性和集体性的双重特征。这种集体性,隐含着教师幸福的共享性和合作性,以及超越性的本质。共享体现在"幸福"是教师个人的体验,也可以是集体共享的体验,这种体验可以来源于自己的成果,也可以是合作性的成果。超越性是基于教师劳动的集体性特点,体现了教师职业鼓励积极合作的共事关系目标。

(4)无限性。教师职业幸福在效果上体现了无限性,这种无限体现在时间和空间两个维度上。时间和空间性的无限特质是由教师劳动的外延性特点决定的。空间上,教师不仅在课堂内,还在课堂外,以及家庭和社会上都对学生产生影响。时间上,不仅包括学生在校时间,还包括学生在假期,以及学生毕业以后的时间,都对学生有着无限的影响。即使一位教师退休了,或者停止了作为教师的职业生涯,丝毫不妨碍学生对他的想念和永远的尊敬,也不影响他对所从事过的这一事业及其劳动成果的美好回忆。因此,教师职业劳动而带来的职业幸福也具有了无限性的特质。

参考文献

1. 赵宏义,于秀华. 新时期教师职业道德修养[M]. 长春:东北师范大学出版社,2005.
2. 刘亭亭. 教师职业道德[M]. 北京:北京大学出版社,2017.
3. 黄蓉生. 教师职业道德新论[M]. 北京:人民教育出版社,2014.
4. 檀传宝. 教师职业道德[M]. 北京:北京师范大学出版社,2015.
5. 王淑芹. 教师职业道德新编[M]. 北京:高等教育出版社,2016.
6. 黄正平,刘守旗. 教师职业道德新编[M]. 南京:南京大学出版社,2010.
7. 毋丹丹. 传统教师德性的现代诠释[M]. 上海:同济大学出版社,2017.

8. 钱焕琦.教师职业道德[M].上海:华东师范大学出版社,2008.

9. 张忠华.承传与超越:当代德育理论发展研究[M].北京:光明日报出版社,2015.

10. 老子注释[M].张玉春,金国泰,译注.成都:巴蜀书社,1991.

11. 人民日报评论部.习近平用典(第二辑)[M].北京:人民日报出版社,2018.

12. 韩桥生.道德价值共识论[M].北京:人民出版社,2015.

13. 檀传宝,张宁娟,吕卫华等.教师专业伦理基础与实践[M].上海:华东师范大学出版社,2016.

14. 徐廷福.教师职业道德修养[M].北京:北京师范大学出版社,2015.

15. [法]卢梭.爱弥儿(上卷)[M].李平沤,译.北京:商务印书馆,1978.

16. [古希腊]亚里士多德.政治学[M].吴寿彭,译.北京:商务印书馆,1965.

17. 马克思,恩格斯.马克思恩格斯全集[M].北京:人民出版社,2002.

第六章 教师职业道德培养

本章主要阐述教师职业道德教育以及教师职业道德修养的基本含义,对教师职业道德教育与教师职业道德修养的特点和原则进行分析探讨,同时立足实践,讨论教师职业道德教育与教师职业道德修养的策略和方法。

第一节 教师职业道德教育

一、教师职业道德教育的概念及其特征

(一)教师职业道德教育的内涵

所谓职业道德,就是同人们的职业活动紧密联系的,符合职业特点所要求的道德准则、道德情操与道德品质的总和。在此基础上产生的职业道德教育,包括广义和狭义两方面内涵。广义的职业道德教育通常意义上泛指从业人员通过接受一定形式的影响与干预,正确理解其与相关服务对象之间、职业与从业之间的内在联系,从而明确在职业活动中应该遵循的行为准则的过程。狭义的职业道德教育指向某职业的相关从业人员,是指相关机构有计划、有组织、有目的地引导和要求某一职业的从业人员在相关职业活动中如何遵循、体现职业特征,遵守职业行为准则和规范的过程。

教师职业道德就是教师在一系列职业活动中,不断内化社会职业期望,强化职业角色意识,在职业行为中表现出来的比较稳定的品德特征与倾向。教师职业道德教育,就是通过依靠社会舆论、传统习惯、教育和人的信念的力量去调整人与人、个人与社会之间关系,从而形成一种特殊行为规范的过程。教师职业道德教育主要包括形成忠于职守、乐于奉献的职业道德认知;养成实事求是、不弄虚作假的职业习惯;坚持依法行事、求真务实的职业操守;建立奉献自己、服务社会的职业理想等方面。

(二)教师职业道德教育的基本特征

职业道德教育是与本行业和本岗位的社会地位、功能、权利和义务相一致的,并要求每个从业者遵守奉行道德准则和行为规范。不同的职业有不同的社会职能,也有其相应的权利和义务及道德规范。职业道德教育就是在规范人们的职业活动、明确职业关系、端正职业态度、转变职业作风以及追求社会效果的过程中表现出来的。

教师职业道德教育较之其他社会职业道德教育,具有以下一些特点:

1. 教师职业道德教育强调内容的社会性

其一,社会对教师职业的期望总是体现出时代的特色,反映当下社会的需求,师德教育脱离社会发展状况是不可能的,特定社会与阶级的道德规范和伦理体系要求,总会在教师的品德上留下印记。其二,师德教育内容的社会性也体现在它的历史特点上。任何一个社会的师德都是对以往社会师德要求的继承与完善,因而师德教育的内容中必然包含不同社会、不同阶段师德的一些共同特征。

2. 教师职业道德教育注重表现的统一性

师德教育是要求通过影响,让教师在其职业活动过程中表现出来系统、重要、稳定的心理特征和行为特征。那么师德教育一方面要求教师个体要形成内在师德动机与外部师德行为的统一,另一方面使教师的品德特征不仅体现在教师的职业活动中,还体现在教师的整个社会实践活动中;不仅体现在教师的某一活动领域、某一时期或活动阶段的行为上,还体现在教师一生中的全部行为上。

3. 教师职业道德教育引导抉择的自觉性

师德教育要引导教师自觉地对照社会期望,依照职业规范与准则抉择自己的行为。首先,抉择的自觉来自教师的师德认识与师德信念的形成,教师只有在师德认识的基础上,愿意以师德规范与准则作为自己行动的指南,形成坚信不移的师德信念,才能自觉、自愿地产生社会预期的师德行为。其次,师德的形成与发展的最高水平是师德行为的习惯化。这种习惯化的师德行为一旦养成,就呈现出自动化模式,表现为自然的师德行为。

4. 教师职业道德教育突出功能的调节性

师德教育通过调节自身的行为从而完善其社会关系、人际关系和自身修养。师德教育的这种调节性具有自觉调节的特点。师德教育对教师行为的调节不能够单纯依靠行政手段和奖惩机制来进行,主要取决于教师的自觉性。师德教育的调节功能涉及的范围包括公之于众的职业行为,也包括无人监督控制的自身行为。师德教育的这种调节性,使得教师能够跟随时代的发展、观念的变化来不断调整自己的言谈举止,使之合乎教师这一社会职业应有的要求,从而也具备了发展性的特点。

(三)教师职业道德教育的本质属性

教师职业道德教育是伴随教师专业发展过程的渐进地运动变化的过程,具有其自身的本质属性。

1. 从时间维度来看,教师职业道德教育具有终身性

按照费斯勒、休伯曼等研究者提出的教师专业发展阶段论,教师的专业成长可以被视为一个动态发展的过程。作为教师专业发展体系中的专业道德发展更是如此。遵循教师生命的整体性、自主性、独特性、超越性是教师职业教育的前提性要求。道德的成长从来不能一蹴而就。个体发展的未完成性决定了教师职业道德的发展是一个需要持续完善的长期过程,同时也决定了教师职业道德教育的终身性。因此,教师各发展阶段职业道德的教育虽然相对独立,但同时也是不可分割的有机整体。持续不断的专业道德教育,是教师有效应对实践中多方面的挑战,锻炼高度的专业判断能力,指导决策和行为的资源。

2. 从空间维度来看,教师职业道德教育具有统整性

在现代教师教育体系下,封闭、单一、定向的教师培养模式已经不能完全满足教师专业发展的需要。教师职业道德的成长作为一个终身性的过程,无法仅仅依赖于在某一阶段接受某一机构或部门的培养。教师职业道德教育的终身发展是在高师院校、教师进修学校、中小学以及教育管理机构等部门的共同作用下完成的。虽然各机构之间的职能定位有所差异,但是各培养机构在现代教师教育中不再是作为可以分解的部分组合,而是作为一种教师教育共同体而存在。"学校若要变革和进步,就需要有更好的教师。大学若想培养出更好的教师,就必须将模范中小学作为实践的场所……学校和教师培训院校就必须建立一种共生的关系,并结为平等的伙伴。"[①]教育部一再强调,教育学院、教师进修学校和职业教育师资培训基地等教师培训机构要积极承担教师职业道德教育任务。由此可以看出,在现代教师教育中,教师不再是单一地接受某一机构或部门的专业道德的培养,各机构在"目标一致、资源共享、教培一体"的理念下共

---

① 全国比较教育研究会.国际教育纵横——中国比较教育文选[M].北京:人民教育出版社,1994:342.

同协作完成教师职业道德教育的任务。

3. 从培养内容上看,教师职业道德教育具有整体性

个体的道德发展包括了认知、情感、意志以及行为四个方面,因而职业道德教育也是"知、情、意、行"的统一体。虽然职前教师职业道德教育能培养师范生对教育工作的理性认识和一般的工作情感,但是教师职业道德成长在于职场的锤炼,在教育教学的生动、丰富而复杂的情景中。这充分说明了在教师职业道德教育中,"知、情、意、行"是一个无法分割的整体。如果我们仅仅关注了教师职前阶段"道德认知"的培养,而忽略了教师职后阶段的"知、情、意、行"的一体化,则无法对教师专业道德成长产生全面影响,很难让教师在职后阶段发生道德行为,最终导致教师"知、行"的断裂。

二、教师职业道德教育的意义

从教师职业道德教育的内涵来看,教师职业道德教育是教师职后培训的重要组成部分。它既是社会对教师行为规范要求在教师个人身上的体现,同时也是教师个体接受道德修炼、内化外部经验指导自己道德行为的重要形式。所以,教师职业道德教育对教师个人、学校乃至整个社会都具有非常重要的意义。

(一)教师职业道德教育对教师个人发展的意义

教师的根本职责是教书育人。教书是指教师以传授多方面科学文化知识和技能为主要形式所进行的教育工作,即韩愈所谓"授业、解惑";育人是指教师通过教书这种形式来开发青少年一代的智能,培养他们高尚的思想品德,形成他们健康的个性品质和体魄,即韩愈所谓"传道"。这就要求教师要有较高的科学文化素质、能力素质以及教育理论、思想素质,这是教师履行教书育人职责必须具备的条件。然而,社会对人才质量的要求在不断提高。这又需要教师在教育实践中不断进取,勤奋学习,刻苦钻研,勇于创新,精益求精,继续提高。否则,如果教师满足于现状,不思进取,在时代不断发展的条件下,就会逐渐被社会淘汰。

一名教师是否能爱岗敬业,取决于他是否能尽职尽责地教书育人,是否能脚踏实地,不断进取,是否能刻苦钻研,科学施教……这些都直接影响着教师的教育能力和水平的提高。在教育过程中,当教师的行为符合教师职业道德规范,并产生良好效果时,他们就赢得社会赞誉、人民的爱戴和学生的尊敬。这种来自舆论褒奖所产生的激励作用,会极大地强化教师的事业心和责任感。反之,如果教师的行为违反了教师职业道德,背离了社会的要求,不利于学生的成

长,那么,他们将受到社会舆论的谴责和批评。这种舆论的否定评价,会对教师形成一种巨大的精神压力,促使他们改变违反职业道德的行为方式,使自己的职业行为步入正确的、符合道德要求的轨道,从而按社会要求履行自己的职责和义务。而教师应当具备的素质不是先天就有的,教师的事业心和责任感也不是当上了教师就自然而然会出现并存在的,它是在教师职业道德规范的约束下,在长期的教育实践中逐渐形成的。积极开展教师职业道德教育,能够不断启迪和帮助教师明确在教育实践中应该做什么、应该怎样做、为什么这样做。教师也只有不断深入理解、明确这些行为规范,才能体会到自己所从事的事业的伟大和所承担责任的重要,从而以正确的态度对待自己所从事的教书育人事业,增强事业心和责任感。

(二)教师职业道德教育对教师队伍建设的意义

教师作为一种职业,在人类社会发展中起着桥梁和纽带作用。由于教师劳动的对象是能动的、千差万别的人,从而决定了这种劳动具有创造性、示范性、长期性、复杂性。教育作为一种社会实践活动,要求承担教育实践活动任务的主体肩负重要的社会职责,如传播人类文化科学、塑造年轻一代、促进社会文明进步和发展等。每一名教师在履行这些社会职责过程中,都必须遵循社会对教师职业行为提出的道德要求。这些道德要求便是教师职业道德规范和原则。当教师职业道德规范和原则内化为每一名教师个体品质后便成为一种社会力量,促使教师自觉地以满腔热忱投入教育工作中,用辛勤的劳动培养社会所需要的人才,全面履行自己的职责。与此同时,他们还会以教师职业道德为准则,正确处理个体需要与社会要求、局部利益与整体利益之间的冲突,克服一切困难和障碍,坚定不移地履行教书育人的责任和承担应尽的义务。因此,强化教师职业道德有利于强化教师队伍整体的事业心和责任感。一方面,教师职业道德作为教师素质的重要组成部分,其水平高低,直接决定着教师整体素质的高低。另一方面,教师职业道德素质如何,也是其他因素能否发挥作用和不断提高的重要条件。从这一角度我们可以看到,教师职业道德建设是提高教师整体素质的中心内容和关键环节。

(三)教师职业道德教育对学校文化构建的意义

教师职业道德教育的迫切性还有一部分原因是由学校文化建设的需要决定的。当前中国社会正处于飞速发展的阶段,更多关于教育的新观念正在慢慢确立。大众文化风起云涌,精英文化偏安一隅,经典被疯狂解构,传统信念渐被颠覆,道德观念逐渐淡薄。当前的社会背景对教师个体的人生观、价值观和自我认识已经产生深远影响。教师职业道德教育既是素质教育的重要组成部分,也是学校通过文化构建达成素质教育目标的重要手段。教师通过学校文化的氛围和环境,充分理解和记忆职业道德规范,拓展学习的空间和内容,进一步提升认知能力;在学校教育教学管理工作中实践职业道德,通过学校文化的侵染影响,在工作中正确为人处世,学会做人和生存;通过学校文化来进行职业中的创新。教师职业道德教育是根据当前的基础教育阶段教师道德素质的综合表现做出的针对性反应,针对当前中小学教师队伍中普遍存在职业倦怠、职业焦虑、职业道德理解的单向化等现象,进行基于学校文化的理念确定、体系明确、模式创新,以及文化表现等要素的构建。解决目前基础教育中普遍存在的重知识轻素质、重分数轻能力的现象,对学生的人格教育不甚关心,以致造成高分数、低素质的怪现象。因此,教师职业道德教育是学校发展过程中文化构建的必然要求。

(四)教师职业道德教育对社会环境影响的意义

近年来,各级政府进一步认识到教育在社会文明、经济发展中的重要作用,对教育高看一等,厚爱一层,确定了教育优先发展的战略地位。随着经济的高速发展和物质生活水平的不断提高,广大群众也开始以前所未有的热情关注教育、重视教育,对教育提出了更高的目标、更严的要求,这无疑有利于教育的蓬勃发展。

但是,在教育受到尊重的同时,一些不正常的现象也逐渐渗入学校生活当中,影响着人才的培养、教育目的的实现、教育改革的进行以及教育行业的形象。如"应试教育的强劲东风吹得学生晕头转向""教育乱收费现象使得群众怨声载道"等等。这些现象的出现,尽管有客观方面的原因,但主观方面的原因同样不能小视。因此,我们必须强化教师职业道德建设,唯动社会精神文明建设,唯有如此,我们才能实现宏伟的教育目标。

(五)教师职业道德教育对教育事业发展的意义

随着教育逐渐与市场接轨,能否适应市场需要为经济建设服务已经成为评价教育成功与否的重要标准。在经济大潮中,更多教育相关部门已向教育系统培养的人才提出了新的、更严格的要求。基础教育行政部门以及学校针对用人的标准方面,除了要求扎实的基础和专业知识,足够的创造力、工作热情、团队精神外,尤其看重人才的职业道德。绝大多数教育系统用人单位在招聘时都将职业道德素质作为衡量人才的一个重要标准,如何选出具备优良道德品质的人才,充实到教师队伍中,对于教育事业的发展起到至关重要的作用。同时也是教育事业发展的最大的难题。教育事业更注重教师对待工作以及对待学生的态度和责任心等职业道德问题,事实表明,单纯的教育学、心理学知识以及学科专业知识的内容离教育事业发展的实际需求和教师教育教学的实践经验往往有很大的差距,学校作为教育教学的基本单位,在招聘教师时看重的往往并不是教师资格的成绩,而是教师学习经验和融入团队的速度,这种速度很大程度上与教师态度和学习品质有关。因此,教师受到职业道德方面的教育和培训,可以适应人才市场对教师提出的要求,适应人才市场向教育提出的挑战。

三、教师职业道德教育的过程、原则和方法

(一)教师职业道德教育的过程

我国教师职业道德教育经过三十余年的发展,不断走向专业化和实践领域,真实的教育职场越来越成为教师职业道德成长的重要场所,教师职业道德教育方面零散的经验也逐步被更为系统规范、更具操作性的制度所代替。

1. 教师职业道德教育从"职业"走向"专业"

教师职业道德从传统的职业道德向专业道德转化是教师队伍专业化的内在构成和重要标志。在我国,教师职业道德教育在很长一段时间内,往往是一般道德规范在教育行业里的简单演绎与应用,而没有从专业特点出发讨论教师职业道德规范的建立,导致教师职业道德教育经常停留在口头上,没有得到真正的贯彻和实施。"专业性"实质上是指某一行业行为主体和主体行为的"不可替代性"。[1] 教师职业道德向专业道德的转换首先意味着教师应当被当作特殊的专业人才来对待,要有其特定的行业道德。其次,我们应当从专业生活的角度理解教师职业道德教育,将教师职业道德教育理解为专业生活的必需。当然,教师职业道德向专业道德或专业伦理的转换不是一蹴而就的。但是教师职业道德教育从"职业"走向"专业"是我国教师职业道德建设已经呈现出来的必然趋势,是教师职业道德教育发展过程的第一环节。

2. 教师职业道德教育从课本走向实践

多年来,我国教师职业道德教育主要是在职前培训的课堂上完成的,主要教育方式是对教师职业道德规范以及相关的师德知识进行集中说教和灌输。

---

[1] 黎琼峰. 从规约到自律:教师专业道德的构建[J]. 教育发展研究,2007(1).

道德教育具有的实践性是与知识教育的本质区别,关注教育实践是重塑师德教育的必然选择。教师职业道德教育从课本走向实践,首先,是因为教师的职业道德是在教育教学工作中提升与养成的。在教育教学实践中,教师产生职业道德需要,并逐渐地转化为道德观念,外化为道德行为。其次,教师职业道德教育从课本走向实践意味着教师要勇于接受新的理念,通过教育实践反思自己的教育行为,形成"实践+反思"的教师职业道德成长模式。再次,教师最重要的道德实践表现为与学生的交往。教师作为大众预期的道德楷模,对学生的道德成长有深远的影响。要培养良好的师德品质,教师与学生交往的过程是最好的道德实践。因此,教师职业道德教育的实践发展趋势是一般过程中的关键环节。

3. 教师职业道德教育从经验走向制度

"经验型教师向专业型教师的转变是人类教育生活历史性进步的一个重要表征。"[①]同样,将零散的教师职业道德教育经验上升为制度,是克服教师职业道德缺失的有效途径,也是今后教师职业道德教育要努力达成的目标之一。合乎伦理的教师职业道德教育制度是加强道德他律的重要措施。教师职业道德规范的确立为教师职业道德教育从经验走向制度迈出了重要的一步,但仍有不少制度亟须建立。从美国等西方国家教师伦理建设的经验来看,我国在教师职业道德教育体系的建设方面,操作性强的制裁和惩罚制度一直比较缺失,一些教师职业道德规范,由于缺少奖惩制度的保障,在实践中难以落到实处。因此,教师职业道德教育从经验走向制度是今后发展的必然趋势。

(二)教师职业道德教育的原则和方法

1. 教师职业道德教育的原则

20世纪80年代以来,在后现代主义思想的影响下,教师职业道德教育从"培训范式"转向"交往范式",教师职业道德教育"交往范式"背后的假设是,"教师是教师伦理精神的主动学习者和反思的行动者,而不是被动的,需要改变的对象"[②]。这种范式的转变,从价值目标上看,是从社会本位为主转向社会需要与生命意义兼顾;从教师职业道德教育过程中对生命的处置方式来看,是从规训与抑制生命转向对生命的尊重和激发;从教师职业道德教育的方法上来看,是从独白转向对话。以"交往范式"的基本理念为指导,可遵循以下的原则解决目前教师职业道德教育的诸多问题。

---

① 刘亭亭. 教师职业道德[M]. 北京:北京大学出版社,2017:156-157.
② 蒋文昭. 基于价值思维的师德教育范式的转变[J]. 江苏高教,2009(6).

(1)"必需性"原则。这是借鉴我国职业教育课程"必需、够用"原则而提出的。从词义上看,"必需"的核心是"需"。教师职业道德教育内容选择的"必需性"原则有两层含义。一是那些教师必须遵循的师德规范,是教师职业道德教育的培训体系所"必需"的,并且要严格地进行考核。二是指那些"必需"内容的教育要在教师需要的时候进行。不要在所有培训中都加上规范解读,过分的重复应予以剔除,以使师德教育的主题更加简明、集中。

(2)"适用性"原则。所谓"适用性"原则,就是必须从学以致用的角度来选择教师职业道德教育的内容。淡化理论,适用为度,突出实践。教师职业道德教育的目的不是把受训教师培养成道德教育家,主要目的是提高教师的德性修为。内容的选择要紧密联系受训教师的道德生活实际,针对其道德行为过程中表现出的问题进行讲解、讨论和反思。

(3)"激发性"原则。激发性原则就是要保持教师职业道德教育内容的新鲜度,给受训教师以强烈刺激,形成他们教师职业道德修行中的"遭遇",从而使他们的师德修行转入新方向,拓展他们师德的修行域,升华其师德境界。为此,承担教师职业道德教育任务的机构应当对师德教育的内容进行全方位、多层次的深入研究,开拓教师职业道德培训内容的新领域。

(4)"发展性"原则。所谓"发展性"原则,是指当下的教育培训活动要能够帮助受训教师在未来继续进行师德修炼。从一定意义上讲,师德的修炼就是自我修炼。教师职业道德教育要教会受训教师自我修炼的方法,特别是那些融德性升华、专业发展、人格提升、修身养性于一体的方法,引导教师把师德修炼与自我专业发展、人生幸福融为一体,全面提升自己的教学境界。

2. 教师职业道德教育的方法

目前,我国教师职业道德教育采取的方法大体上有两种,一个是职前教师职业道德教育,主要由师范类院校教育部门根据社会对教师职业道德的要求,有目的、有计划地将教师职业道德规范转化为师范生自身职业道德品质的教育活动。另一个是职后教师职业道德培训,这种形式是教师职业道德教育的重要组成部分。目前,我国的教师职业道德培训仍然处在职业技能训练范式之内,呈现出培训目标空泛化、培训内容"伪圣化"、培训方式灌输化和培训效果虚无化等弊端。为了解决这些问题,争取最大化的教育培训效果,就需要系统研究开展教师职业道德教育的有效方法。

当前,在教师职业道德教育方面,采取的办法主要有道德戒律宣讲法和道德榜样感召法。道德戒律宣讲法着力于教师师德知识的掌握,道德榜样感召法着力于教师师德态度的培养。这两种师德教育的方式方法在社会价值一元化的背景下曾为我国的教师职业道德教育作出过重要贡献,并且将来也会继续作出贡献。但是面对已经价值取向多元化的教师群体,道德戒律宣讲和道德榜样感召的师德教育模式已经不能满足教师职业道德教育的需求,创新教师职业道德教育方法模式已经是时代所需。面对新的教师主体,可以借鉴商业培训的经验,把案例教学和工作坊模式引入师德教育培训中,形成案例式师德教育培训模式和体验式师德培训模式。

（1）案例教学法

案例式教师职业道德教育的方法,是指在对师德案例进行充分研究的基础上,根据培训的目标和受训教师的需求,选择典型案例作为基本素材,在特定的教学情境中,通过对典型案例的引入、分析讨论、交流总结,强化教师的道德情感,提升教师的师德能力的一种方法。案例教学法着力于教师师德能力的培养。之所以这种方法能够达到培养能力的目标,是由案例教学的性质决定的。案例教学的基本素材是案例,"案例是包含有问题或者说疑难情境在内的真实发生的典型性事件。一个案例就是一个实际情境的描述,在这个情境中,包含一个或多个疑难问题,同时也可能包含有解决这些问题的方法"[①]。理论具有抽象性和内隐性,实践具有形象性和外显性,案例兼有两者的特点,是理论与实践的综合体现。案例式师德教育是一种"做中学"的师德教育方法。在培训者的引导下,受训教师分析、讨论、分享、交流,运用已有的师德理论来认识案例,或从案例中总结理论,或理论到实践、实践到理论双向进行。在案例的分析过程中,既获得了师德知识,又提高了分析师德行为的能力；既进行过往师德行为的反思,又找到未来行动的方向。案例式教育法虽然不能像道德戒律宣讲法那样迅速地向教师传授师德知识,也不能像道德榜样感召法那样令人感动,同时存在案例写作成本较高、对主讲教师要求较高、教学过程较长的问题,但是这种方法对于教师师德能力的提升却是实实在在的,它的运用可以克服师德教育"过境不过心"的现象,使教育效果更深入、更长效。

（2）体验教学法

体验式教学法起源于1941年建立的海上训练学校。体验式教育以应用为目的,以学员为中心,以具体活动为背景,以学员亲身体验为手段,强调回顾与反思。培训的具体过程为:"学习者通过参与真实或模拟环境中的具体活动,获得亲身体验和感受,并通过与团队成员之间的充分交流和相互启发来实现信息的共享,然后通过反思,总结提升为理论或成果,最后提高知识、技能,改变态度

---

① 郑金洲.案例教学：教师专业发展的新途径[J].教育理论与实践,2002(7).

和行为。"①

体验式师德教育法就是根据一定的师德培训目标,创设相应的情境,设置相应的活动,在培训者的引导下,进入情境,参与活动,产生情感体验,通过分享和交流,掌握实践性道德知识,提升道德境界。为什么要使用体验式师德教育法?它的机制和原理是什么呢?那是因为,道德是"人们为了自身的生存和社会发展而形成的和谐身心的生活准则和协调人际关系的社会规范。它的基础是人类生存发展的需要;目标追求是社会安定和生活幸福;其内容是对己是调节身心和谐的准则,对自然和社会是规范"②。从知识学的角度看,道德知识可以分为三种,即理性道德知识、规范性道德知识和实践性道德知识。体验式教育法对实践性道德知识的形成,即道德能力的形成比较有利。这种方法使用的基本流程就是把教师职业道德教育的内容分解为一个一个的体验主题即教学单元,每个单元基本由创设情境、参与体验、分享交流、总结升华四个阶段构成。其中创设情境和参与体验是这种方法的独有阶段,也是最能体现体验式师德教育独特功能的阶段。情境的主要作用是感染情绪,参与体验的作用主要是体验感悟产生情感体验,而这些情感体验对心灵已经逐渐"变硬"的在职教师的师德形成巨大作用。因为"道德的知识原本就不是靠道德推理获取和证成,而是靠人们的道德生活体验和体认,也就是通过亲切可心的情感和心灵感应来传递和生成"③。

第二节 教师职业道德修养

一、教师职业道德修养的含义及其意义

(一)教师职业道德修养的含义

"修"是修身的意思,指凭借自己的意志力去支配自己的整个身心,不因自己的各种欲念而心烦意乱,以心为主,去确定自己身体动作和志向,井然有序地前进;"养"是养心之意,人如果没有善的引领,就容易迷失方向,就容易被恶所诱惑或影响。"修养"一词本身的意义包括反省自新、修身养性、涵养道德、陶冶

---

① 姜子习.体验式培训的内涵分析[J].青年记者,2007(12).
② 朱小蔓,梅仲荪.道德情感教育初论[J].思想理论教育,2001(10).
③ 万俊人.重叙美德的故事[J].读书,2001(6).

性情。从广义上来说,是指人在道德、学术、政治和艺术等方面的涵养和学习行为,以及经过长期的锻炼和丰富的阅历而达到的一种思想境界、能力水平。

教师职业道德修养,是指教师依据社会主义道德原则和教师职业道德原则和规范所进行的自我锻炼、自我教育、自我陶冶等形式所形成的教师道德品质和所达到的精神境界。

从内涵上来看,教师职业道德修养包括两个方面:一是教师在仪表、谈吐、礼仪、气质等方面的学习、体验和反省等心理活动和实践活动,这是外在意义上的修养;二是教师经过长期努力之后,在思想、品德、情操、知识、技能等方面所达到的教师职业道德水平和教师职业道德境界,这是内在意义上的修养。

(二)教师职业道德修养的意义

1. 教师职业道德修养对个体心理的意义

教师职业道德修养影响教师自我意识,教师职业道德修养影响教师角色意识,教师职业道德修养影响教师职业情感和体验。

教师职业道德修养的形成对于教师个体具有重要影响。教师对自己现实生命质量的意义、对自己生命发展和生命力展现的价值、对自己的智慧与人格的挑战等的看法都会影响教师形成特定的自我意识。通过认识自己、评价自己,教师形成自我认知、自我期待和自我调节。教师具有的较高文化知识素养使得教师有较高的认识与评价能力,自我情感体验深刻、自我期待明确,善于自我调节。因此,当别人的意见合乎实际、合情合理、出于良好动机时,即使与自己的认识不符,教师也能够接受,对自己的认识、判断进行调整,从而进一步完善自己的师德水平。这种教师自我意识随着教师职业工作的不断开展,会逐渐过渡为教师的角色意识,如果说自我意识是教师"为人"所产生的意识,那么角色意识就是教师"为师"所产生的意识。它属于教师职业道德修养的重要组成部分。角色意识是个体对社会行为规范的主观反映。在社会生活中,当某个成员在特定的职业岗位上工作时,便充当着特定的职业角色。社会对处于某一位置的角色都有一定的要求,为他们规定了行为规范和准则,也就是角色期待。教师通过角色认知逐步了解教师职业角色所承担的社会责任,通过不断修炼改进自己,将教师职业角色与其他职业角色区别开来,认同并接受教师角色所承担的社会职责,并用角色规范来控制和衡量自己的行为。当职业角色信念形成,促使教师在教育劳动中产生主动性、积极性和创造性,那么也就在一定程度上决定了他投身于教育事业的方向性、原则性和坚定性,从而形成职业理想,达到教师职业修养的更高层次。

2.教师职业道德修养对群体行为的意义

(1)教师职业道德修养影响群体管理方式

教师职业道德修养通过微观环境对每名教师产生影响。微观环境包括学校的管理类型、气氛,学校的人际关系、群体观念、群体目标等,这是对教师产生具体的、直接的影响的环境。校内环境与教师个人的相互作用,对师德的形成和影响是更为直接、具体的。林崇德教授专门研究了工作群体与教师工作积极性之间的关系,结果发现学校的客观条件、学校气氛和人际关系等与教师工作的积极性有显著的正相关。这表明,学校的客观条件越好、风气越正,人际关系越融洽,对教师师德形成的作用也就越大、越直接。

(2)教师的职业道德修养影响群体的人际关系与群体观念

教师的职业道德修养不断提高,能够形成高效率、更科学的管理模式。例如民主型管理模式,能够尊重教师的聪明才智及其要求参与管理的愿望,整个教师群体形成一种团结向上、积极进取的心理氛围,整个学校中,教师群体的观念对教师品德的形成在认识上产生重要的影响。如教师群体里的教育质量观,就有以应试为导向的片面质量观和以素质为导向的全面的质量观之别。这些不同的群体观念很大程度上取决于教师个体的观念认识、他人对教师个体产生的影响、每个人的不同的职业体验以及产生的不同的师德情感。

(3)教师的职业道德修养影响群体目标的设立

教师的职业道德修养水平通过以上各方面,影响群体目标的设立与达成,成为群体动力的重要来源之一。它影响并决定了群体选择符合群体实际情况的切实可行的目标,指引群体成员前进的方向,同时对群体成员素质的发展具有导向作用和激励功能,既约束教师职业道德修养发展的方向,也对师德水平的提高给予推动。

3.教师职业道德修养对社会影响的意义

(1)教师的职业道德修养影响教师的社会期望

教育作为一种社会活动,必然体现一定的社会要求。而教师作为这一活动的具体承担者,要有较高的政治觉悟和社会责任感来接受社会阶级、社会观念及社会制度等各方面提出的社会期望。这些期望往往成为人们判断教师师德水平的重要依据与标准。

(2)教师职业道德修养影响教师的职业声望

教师职业作为社会职业体系中不可忽视的一环,对社会的政治、经济以及文化发展具有非常重要的意义。教师作为社会个体所具有的社会性,需要教师通过社会上一般人对教育、教师的态度,教师的社会地位和物质生活待遇等进

行纵向和横向的比较、衡量,从而调整工作积极性或职业体验,促进师德进一步发展。

(3)教师的职业道德修养影响教师的现实地位

现实生活中,教师的实际地位与社会期望之间存在差距,有的教师因此离开了教师岗位。为了提高教师的社会地位,党和政府做了大量工作,也收到了显著成效,但是与赋予教师职业的社会重任相比还不是很相称。另外,主导舆论更多歌颂的是教师为他人成长、为社会发展做出无私奉献的高尚精神,忽略了教师职业劳动对教师本人的意义。教师职业道德修养能够使教师正确调整职业情感,使教师在日常工作中感受到对自己人格和智慧的挑战、自己生命发展和生命力展现的价值,通过职业修养的进一步深化,感受到因从事教师这一职业而带来的尊严与快乐、满足。所以,教师职业道德修养在一定程度上体现了社会各阶层对专业人员的职业尊重,这种状况必然对教师的职业选择产生影响,进而影响到教师的社会地位。

二、教师职业道德修养的主要内容

(一)提高教师职业道德认知

各种职业道德价值的认识,包括对各行各业在国家社会中的地位、性质、作用、服务对象、服务手段等方面的认识。从业人员的职业道德培养,应当首先从明确认识开始,这是培养职业道德情感、意志、信念等问题的基础。

在道德的内涵中,道德认知是最基本的成分,认知水平在很大程度上影响着其他要素的发展,是建立美好道德的基石。教师的职业道德认知既是教师职业道德品质的重要组成部分,又是教师职业道德成长的基础。教师的职业道德认知包括对教师道德的重要社会作用的认识,对教师道德原则、规范和范畴的认识,以及对教师道德行为善恶、美丑、荣辱、是非的鉴别和评价。教师职业道德认知的发展贯穿于师德品质形成的各个方面,影响和支配着教师的道德行为。教师对道德认知内容的理解和把握,是教师提升道德认知水平、促进道德成长的前提。但这种理解不能仅限于对文本知识的识记,教师要立足于具体的教育教学活动,在具体、生动的教育教学情境中去体会、去感知。

(二)端正教师职业道德情感

18世纪的一些哲学家就指出,情感是道德的基础,越来越多的学者强调了情感在道德内化中的作用。在心理学中,较早强调道德情感的是精神分析学派的代表人物弗洛伊德。他把情感看作人格发展的核心,在从"本我"向"超我"的转变、道德标准内化于己的过程中,内疚、羞愧、良心等情感起着非常重要的作用。还有一些研究者认为,普通人的道德水平、道德状况、道德习得更重要的是受情感而不是受理性的支配。[①] 这里所说的"情感"亦称"感情",是指人的喜、怒、哀、乐等心理表现。所谓职业道德情感,就是指人们在处理自己和职业的关系及评价职业行为过程中形成的荣辱、好恶等情绪和态度,主要包括对所从事职业的荣誉情感、责任感,对服务对象的"亲如一家"情感,热爱本职工作、敬业乐业等。职业道德情感一经形成,就会成为一种稳定而强大的力量,积极影响人们职业道德行为的形成和发展。教师职业道德情感一般包括五个方面:职业正义感、职业义务感、职业良心感、职业荣誉感、职业幸福感。教师职业道德修养要从这样几个层次去梳理自己的道德情感主线,循序渐进地培养。

(三)锻炼教师职业道德意志

所谓"意志"是指人确定目的并选择手段以克服困难,达到预定目的的心理过程。其外部表现是语言和行动。职业道德意志就是指人们在履行职业义务的过程中所表现出来的自觉地克服一切困难和障碍,做出抉择的力量和坚持精神。这种坚毅果敢的职业道德意志,是衡量每个从业人员道德素质高低的重要标志。

从事任何职业都不是轻而易举的事,免不了遇到困难和挫折。在困难和挫折面前,只有意志坚强的人,才能经得住考验和锻炼,保证职业活动的正常进行。缺乏意志力,常常经不住困难的考验,很难完成自己的职业使命。因此,每位职业生涯选择者,应该学会锻炼自己的意志,有意识地训练自己的意志品质。

职业道德意志是人们在履行职业道德义务的过程中所表现出来的自觉克服一切困难和障碍的力量和精神。职业意志和职业道德行为联系密切,体现在职业道德行为之中,是支配和调节职业道德行为的一种巨大的精神力量。

教师职业道德意志,是教师按照职业道德原则和要求进行道德抉择时调节行为、克服困难的能力,是在履行道德义务过程中所表现出来的决心和毅力。它主要表现为教师职业道德行为中的坚定性和坚持精神,是为实现一定的道德理想和信念做出的自觉而顽强的努力。没有教师职业道德意志,就没有教师职业道德行为。然而,职业道德意志并非人天生所具有的,它是在职业道德实践活动中长期磨炼而成的。教师职业道德意志是一种内在的精神力量,它的基本

---

① 朱敏.简析道德内化过程中的几个概念[J].当代教育论坛,2008(1).

功能是直接支配和调节教师的职业道德行为,为教师职业道德信念向职业道德实践方面的转化提供动力。教师职业道德意志是形成良好职业道德品质的重要因素。良好的职业道德品质是自觉意志的凝结。

(四)夯实教师职业道德信念

所谓"信念"是指人对未来美好事物的向往和追求,也是对于自己生活所应遵循的原则和理想的信仰。信念通常跟情感和意志融合在一起,表现为人的生活立场,支配着人的行动。

所谓教师职业道德信念,是指人们对所从事的教师职业应具备的道德观念、道德准则和道德理想发自内心的真诚信仰和强烈责任感。它是深刻的教师职业道德认识、炽烈的职业道德情感和顽强的职业道德意志的有机统一。从业人员一旦牢固地确定了职业道德信念,就能自觉地坚定不移地履行自己的职业义务,并能据此来鉴别自己或他人的行为。培养和确立终身不渝的职业道德信念,是每个教师职业道德修养的中心环节。

三、培养教师职业道德修养的基本方法

(一)坚持修德之念

职业道德修养是一个人做不完的功课。职业道德修养贯穿于一个从业者的从业全过程。职业道德是一般社会道德的特殊形式。因此,个人品德也是职业道德的基础。每一个职业者都代表其所属行业的形象,其个人品德的好坏,直接影响社会对其职业道德的评价。所以,职业者要常修从业之德,坚定职业道德修养。要坚定信念修德,以平常心态修炼,保持"不以物喜,不以己悲"的平常心态,以踏实干事、尽忠职责的态度奉献职业,良好的职业道德才会彰显,个人的人格魅力才会提升。

(二)坚持知行合一

知行合一,即言行一致,强调所做的与所认知的保持一致,始终表里如一。表里如一是一个人的道德德行的根本体现。在某一方面、某一时间内做到知行合一,尚不是难事,难得的是始终如一。所以立德也不是一时一刻的事情,而是每个人一生的追求。

(三)坚持读书学习

良好的职业道德要靠充实的理论知识树立。加强业务学习,多读书,读好书,通过读书,提高文化品位,增强学识修养。读史使人明智,读诗使人聪慧,让知识丰富个人思想内涵,用内涵提升职业精度。自觉奉献,以职业为神圣,以知识为基础、为依托,做好职业分内工作。讲信念、讲道德,常修从业之德,不为浮云所动,踏踏实实,始终保持昂扬向上、开拓进取的精神状态。

(四)坚持点滴养成

职业道德修养不仅体现在大是大非上,更多体现在点滴小事上。莫以善小而不为,莫以恶小而为之。工作中不放过细微过错。对服务对象应细致入微。与同事相处,大事讲原则,小事讲风格,惟贤惟德,能服于人。

(五)坚持内省和慎独

内省、慎独,也是职业道德修养的重要方法。内省即指自觉地进行思想约束,内心时时反省检查自己的言行。内省是靠自觉性来约束的,不自觉或自觉性不高就难以真正进行内在的自我反省。

慎独既是一种崇高的道德境界,又是一种培养道德修养的重要方法。指的是在别人看不见、听不到的时候,在闲居独处的情况下,更要小心谨慎,严格要求自己,使自己的言论和行为符合道德要求。教师的工作特点富有极强的自主性和独立性,没有"慎独"的修养,那就很难做好本职工作。

参考文献

1. 张凌洋,易连云.教师专业道德的一体化培养:价值与路径[J].教育研究,2017(8).

2. 杨启亮.教师道德发展的几个境界[J].教育发展研究,2009(6).

3. 杜海平,石学斌.论生命哲学视野下教师教育价值取向[J].教育研究与实验,2011(4).

4. 苏智欣.国际教育纵横——中国比较教育文选[M].北京:人民教育出版社,1994.

5. 朱小蔓.教育职场:教师的道德成长[M].北京:人民教育出版社,1994.

6. 黎琼峰.从规约到自律:教师专业道德的构建[J].教育发展研究,2007(1).

7. 刘亭亭.教师职业道德[M].北京:北京大学出版社,2017.

8. 朱敏.简析道德内化过程中的几个概念[J].当代教育论坛,2008(1).

9. 杨春茂.师德考核评价理论与实践——师德修养与师德考核评价[M].北京:首都师范大学出版社,2014.

10. 钱焕琦.教师职业道德[M].上海:华东师范大学出版社,2008.

11. 万俊人.重叙美德的故事[J].读书,2001(6).

12. 朱小蔓,梅仲荪.道德情感教育初论[J].思想理论教育,2001(10).

13. 姜子习.体验式培训的内涵分析[J].青年记者,2007(12).

第七章 教师职业道德评价

教师职业道德评价是教师道德实践活动的重要内容和形式之一,是教师职业道德原则和规范转化为教师道德品质和道德行为的重要推动力量,在师德规范体系中占有重要地位。充分认识教师职业道德评价的作用,正确掌握教师职业道德评价标准,恰当运用教师职业道德评价方式,对于提高教师的师德境界,形成良好的师德风尚有着极其重要的理论意义和实践意义。

第一节 教师职业道德评价的作用和原则

一、教师职业道德评价的含义

道德评价是指在道德活动中,人们依据一定社会或阶级的善恶道德标准,凭借社会舆论、传统习俗和内心信念等方式,对他人或自身的道德行为和道德品质做出的价值判断。道德评价由评价主体、评价客体及评价依据构成,道德评价的运作就是这三种要素的有机联系和作用过程。

教师职业道德评价是指教师自己或他人、社会,按照社会行为评价标准和教师职业道德的评价标准,运用校内外舆论、教育传统习俗和教师内心信念等形式,对教师的职业行为所做的善恶褒贬的道德评判。

教师职业道德评价是社会道德评价体系中的重要组成部分,是教师职业道德教育和职业道德修养的重要形式,科学开展教师职业道德评价活动,能够推动教师职业道德建设,提高教师职业道德水平,促进教师的自我发展。

二、教师职业道德评价的作用

道德评价是道德他律机制的核心。人们总是借助于道德评价干预个人行为和社会现象,从而调节人际利益关系,实现社会价值导向。教师职业道德评价是一定的社会意识形态在教育这个环境中的具体表现,它作为一种无形的精神力量,包含着一定的社会价值和道德取向,对教师的思想意识、价值观念和行

为方式产生最直接的影响,对教师的道德修养起着极为重要的调节作用。所以,教师职业道德评价对师德建设具有非常重要的意义。

(一)教师职业道德评价对教师职业道德理想、规范的形成起到保障、维护作用

教师职业道德规范的有效性和权威性是依靠它对教师个体思想行为的实际约束力量来得以实现的。而这种约束力量很大程度上表现为职业道德评价。职业道德评价通过学校制度、社会舆论、传统习俗和内心信念等方式对教师个体实行普遍的道德监督,使他们明辨善与恶、义与不义,从而广泛、强有力地伸张正义、祛邪扶正。教师职业道德评价不断向职业道德行为主体传递关于他们行为的道德价值的信息,从而使教师能接受职业道德规范和准则的约束,而不是破坏它。师德规范是教师职业道德评价的直接的、具体的标准,它们只有在教师职业道德评价活动中,通过对教师职业行为善恶价值的肯定或否定的裁决,才能使教师职业行为按照既定的要求进行扬善除恶。可以说,教师职业道德评价的能力与教师职业道德评价活动开展的深度与广度,制约着师德规范发挥作用的程度。

(二)教师职业道德评价是使教师职业道德理想、规范转化为职业道德行为的一个重要机制

教师职业道德原则和规范只是向教师提供了行为的客观依据和准则,要使这些原则和规范转化为教师的内心信念和职业行动,实行知与行的统一,必须依靠职业道德评价这个中间环节。因为教师的职业道德素质和职业道德行为不是天生就有的,要在长期的道德教育和道德修养中反复学习和磨炼才能逐渐形成。而教师职业道德评价中所包含的社会评价和自我评价两种方式,既是教师职业道德教育和道德修养的重要组成部分,又是培养教师职业道德和道德修养的重要手段。社会评价是社会对教师的教育行为的道德判断,它构成教师的道德素质的外在要求;自我评价则是教师个人对自身行为的道德价值反思,它是教师的道德素质形成和发展的内在环节。教师职业道德评价活动,不仅可以对教师职业行为的善恶、是非、荣辱、好坏进行评判和裁决,提高教师的道德认知,使教师确立行为的职业道德价值,而且可以深入教师的精神世界,作用于感情和职业良心,激发教师的职业责任感和道德荣誉感。不道德者会在舆论谴责中引起内心的不安、羞愧和痛苦;有道德的人会在褒奖和舆论支持下感到内心的安慰、喜悦和鼓舞,从而有效地唤起教师践行师德原则和规范的主动性、积极

性,在实践中校正自己的言行,实现从知到行的统一。可见,教师职业道德评价作为教师职业道德认知向职业道德行为转化的中间媒介,推动了教师职业道德活动的不断深化。

(三)教师职业道德评价对教师个体思想、行为的道德价值起评判作用

法律是由国家制定的,是靠国家的专政机构来保证贯彻执行的。道德虽然没有专门的机构来保证其贯彻执行,但它却有在长期的社会实践中形成的、普遍设立于社会各个角落和当事人心中的"道德法庭"。存在于现实生活某些角落里的形形色色的不道德行为,可以躲过法律的追究,但却逃不过道德的"审判"。"教师职业道德法庭"依据一定的教师职业道德标准,对教师职业道德行为的善恶、正邪、荣辱等进行评判,以分清职业道德行为善恶、好坏的性质,确立行为的职业道德价值,激发教师的职业道德责任心和荣誉感,促进教师职业道德觉悟的提高。

(四)教师职业道德评价是调解教育人际关系的杠杆

在教育活动中,教师面临着众多的人际关系,如师生关系、同事关系、与学生家长的关系、与领导的关系等。同时,教育本身还是一个开放系统,在教育活动之外,教师作为一个社会主体,还要处理好家庭关系、亲友关系、与社会其他成员的关系。在处理这一系列复杂的人际关系过程中,道德评价发挥着重大影响。特别是在社会主义市场经济条件下,随着改革开放的深化和社会竞争的加剧,教育领域的社会关系和利益关系日趋复杂,迫切需要道德规范和道德调节。在这种情况下,通过教师职业道德评价可以褒扬善行、斥责恶行,唤醒教师内心良好的职业道德信念,超越琐碎的人事纠纷,处理好从教过程中的各种人际矛盾,实现教师职业道德的升华。同时,教师职业道德评价的作用具有一定的辐射性,广大教师在社会生活中良好的道德修养和文明举止,不仅可以优化教育环境,提高人才培养的质量,而且可以影响到社会其他行业的人们,净化社会风气,促进社会道德的全面进步。

(五)教师职业道德评价是改善教师职业道德氛围的有力武器

教师职业道德评价要通过扬善抑恶、趋善避恶、取善弃恶的功能作用于教师群体,为教师群体树立教师职业道德典范和榜样,促使教师群体对良好的职业道德行为产生向心力,对不良的职业道德行为发自内心地进行批判,从而净化学校风气,纯化教师职业道德环境,提高教师群体的职业道德水平,对整个社

会的道德环境产生良好的影响。

总之,教师职业道德的作用靠教师职业道德评价来实现,没有教师职业道德评价,就没有教师职业道德的全面提升。

三、教师职业道德评价的原则

教师职业道德评价的原则是在进行教师职业道德评价的过程中必须遵循的基本要求。它集中体现了教师职业道德评价的指导思想和基本要求,是教师职业道德评价规律的反映,是人们在教师职业道德评价实践中升华的理性认识,体现了主观与客观的统一。只有在教师职业道德评价过程中严格遵守评价的客观性、科学性、教育性原则,才能将教师职业道德评价引上正轨,发挥评价的积极作用。教师职业道德评价的原则主要有教育性原则、民主性原则、方向性原则、客观性原则、科学性原则、发展性原则。

（一）教育性原则

教师职业道德评价的教育性原则是指教师职业道德评价要符合教育的要求,充分发挥评价的教育作用,充分体现"教育是评价的基础,评价过程是教育过程"这一宗旨,通过评价使广大教师在评价中发扬优点,改正缺点,不断地提升自身的职业道德修养。贯彻评价的教育性原则,首先,要求评价指标的设立具有教育性;其次,要充分尊重和信任广大教师,保证教师职业道德评价的顺利进行;最后,要恰当地处理评价结果。

（二）民主性原则

教师职业道德评价的民主性原则是指教师职业道德评价要坚持走群众路线,要相信、尊重、依靠教育行政部门、学校领导、教职员工和社会各界,调动各方面的积极性,充分发扬民主精神,共同做好教师职业道德评价工作。发扬民主,走群众路线是党的优良传统和作风,也是进行教师职业道德评价必须坚持的根本路线,因为开展教师职业道德评价工作主要是由群众参与。贯彻评价的民主性原则,首先,要求在制定评价方案与指标时广泛征求广大教师的意见,通过反复酝酿讨论,充分发扬民主精神;其次,在评价过程中,评价者要具有民主思想和民主作风,要本着与广大教师合作共事的态度,充分尊重他们的意见和人格;再次,要调动广大教师进行自我职业道德评价的积极性;最后,要充分重视社会各界对教师职业道德评价的意见。

(三) 方向性原则

教师职业道德评价的方向性原则是指教师职业道德评价要体现社会主义的性质,坚持社会主义方向,要与先进文化的发展方向保持一致,要有利于学校实现教育目标,要有明确的办学方向,要有利于广大教师提高社会主义的思想觉悟和道德水平,有利于树立正确的教育质量观和人生观。社会主义方向性是开展教师职业道德评价的最根本的指导思想和工作原则。在教师职业道德评价中,贯彻方向性原则应注意做到以下几点:首先,必须坚持社会主义的办学方向;其次,要体现社会主义的教育价值取向;最后,要坚持评价过程中的社会主义方向。在教师职业道德评价的整个过程中,始终都应坚持社会主义方向。如果方向不明确,偏离党的教育方针,偏离教育教学改革的客观要求和教育发展规律,背离学生健康成长的需要,教师职业道德评价就会走上歧途,失去存在的价值和意义。因此,在对教师进行职业道德评价时,只有对教师的思想品德、工作态度、业务水平、教书育人、教学能力和工作效率等做出公正、准确而又全面的评价判断,才能充分发挥评价应有的导向作用。

(四) 客观性原则

教师职业道德评价的客观性原则是指在进行教师职业道德评价的过程中,必须采取实事求是的态度,真实、客观地反映教师职业道德的实际情况。尊重客观事实,实事求是地反映事物的本来面目是做好一切工作的基础。贯彻评价的客观性原则,首先要求评价者对评价对象进行广泛调查、全面收集资料,并严肃、认真地整理资料,按照客观、统一的标准进行评价;其次要求评价者注意评价对象的个体差异性,从实际出发;最后评价者在评价时要做到公正、客观。

(五) 科学性原则

教师职业道德评价的科学性原则是指在教师职业道德评价的过程中,评价者要以客观事实为基础,严格遵守评价科学和教育科学的客观规律,恰当运用现代科学技术手段设计评价标准、评价方法、处理评价结果。只有遵循科学的评价原则,才能得出科学的评价结果,这样的结果才有意义和价值。贯彻评价的科学性原则,首先,就是要建立一个科学合理的评价指标体系;其次,要遵照评价的科学程序,科学的评价是有程序的,教师职业道德评价亦是如此,所以,评价的过程中要严格按照计划、组织、考察、评定、总结五个环节进行;最后,要运用科学的评价方法和手段。

(六)发展性原则

教师职业道德评价的发展性原则是指以评价对象的成长和发展为根本价值导向,在评价过程中兼顾评价对象的现状与将来,并针对评价结果,确定评价对象未来的发展趋势,实现评价与指导、培训、自我教育活动的有机结合。教师职业道德评价既要看到评价对象的道德水平在同类对象中的地位,又要了解其自身发展变化的情况。发展性评价的核心是强调过程性评价,杜绝"以点概面、以偏概全",用静止的观点看问题的错误倾向。传统的学校管理往往过于强调评价的终结性结论,强调终结性结论中"优秀""良好"各等次的比例,并以此作为教师解聘、降级、晋级、加薪和发放奖金的依据,这不仅会让教师对评价产生畏惧和不信任感,而且也容易导致教师职业道德评价流于形式。

第二节 教师职业道德评价的标准和依据

一、教师职业道德评价的标准

所谓道德评价标准就是道德评价主体用来衡量道德价值的尺度,道德评价标准本质上反映了评价主体的一定利益和需要,它具体表现为一定的道德原则和规范。道德评价标准虽然因评价对象和评价主体的不同而有差异,但作为道德评价的尺度,有一些共同的性质特征。

第一,道德评价标准是客观性与主观性的统一。评价标准总是依据一定的评价对象确立的,对象的性质决定了标准的性质,道德评价对象不同,评价标准也就不同。道德评价标准是客观存在的,具有客观性。而道德评价中人们采用什么样的标准,取决于评价主体的世界观、人生观和道德观以及评价能力,人们往往用不同的标准评价同一种对象,使道德评价标准具有主观性。道德评价标准的内容是客观的,形式是主观的,是主观与客观的统一。

第二,道德评价标准是功利性与理想性的统一。用一种标准作为尺度去衡量某种评价对象,是因为这种标准表达着评价主体的利益和愿望,能够得到有利于评价主体的结论和效果,因而评价标准体现着功利性的目的。同时,道德评价标准作为一种尺度,往往体现着评价主体对价值目标的追求,因此道德评价标准隐含着评价主体的道德理想和期望,形成了道德评价标准的理想性特征。评价标准的功利性是理想性的基础,理想性蕴含着长远的功利性。

第三,道德评价标准具有动态变化性。道德价值的丰富和完善是一个不断运动发展的过程,道德评价标准或价值尺度也必然具有动态变化性。每一时代总是根据自己特定的客观条件和主观条件确定自己的道德评价标准。

第四,道德评价标准具有层次性。道德评价标准之间并不是平行排列的,而是有主次之别分层次排列的,道德评价标准可以分为直接标准、基本标准和根本标准。评价标准的层次性决定了道德评价的广度和深度。道德评价标准的这种层次性是客观存在的,评价主体出于不同的评价目的和需要,对各种评价标准的运用会有所偏重。另外,根据评价对象的不同和特殊的评价目的,进行道德评价还会使用一些特殊的标准。

制定教师职业道德评价的标准,在内容上必须考虑教师职业的性质和教育发展的需要,要体现教师道德的特定内涵和时代要求。这样才能使评价标准成为内容合理、形式完善的可操作性指标体系,使道德评价依据确实可信的标准进行,增强可信度和说服力,减少随意性和盲目性。

(一)教育发展利益是教师职业道德评价的根本标准

从社会发展角度来说,社会利益应当是道德评价的根本标准,其他标准应该服从这一标准。社会利益标准,就是把是否有利于社会发展作为道德评价的标准。一种社会道德如果对人类历史的发展起促进作用,就是进步道德;反之,就是落后道德。无论哪一种职业道德都有其产生和形成的客观依据,都是一定社会关系的产物,凡是有利于社会利益的行为或品质就是善的,应予肯定和赞扬;凡是有损于社会利益的行为和品质就是恶的,应予否定和抵制。教育发展是社会发展的需要,教育发展的利益体现了社会发展的利益。因此,教师职业道德必须反映教育发展的需要,把是否有利于教育发展作为教师职业道德评价的根本性标准。凡是符合教育规律和学生身心发展规律,有利于实现培养目标、促进学生健康成长的教育行为就是道德的行为;反之,就是不道德的行为。

为了应对新世纪的挑战,培养符合时代发展需要的创新人才,我国正在进行基础教育的课程改革。新课程强调改变传统课程过于注重知识传授的倾向,使学生形成积极主动的学习态度,在获得基础知识与基本技能的同时,培养社会责任感、创新精神、实践能力,以及科学素养、人文素养和环境意识,使学生获得健全的人格。从而使学生得到全面发展的教育理念成为新课程教育理念的核心。与此相适应,这一理念也应该成为教师职业道德评价的出发点和归宿。这就是说,凡是能促进学生全面发展的教育行为就是善行;反之,凡是不利于学生全面发展的教育行为就是恶行。教师要促进学生的全面发展,就要改变陈旧的教育观念,树立富有时代精神的现代教育观,包括现代教师观、现代教学观、

现代学生观、全面发展的质量观、现代教育的价值观、全方位发展的知识观以及为人师表的行为举止观。

(二) 学校发展利益是教师职业道德评价的基本标准

教育的发展要通过学校的发展来实现，学生和教师的成长也需要以学校为依托。因此，学校发展利益是教师职业道德评价的基本标准。教师职业道德必须反映学校发展的需要，把教师的教育行为是否有利于学校发展、是否完成应当承担的教学任务和教育职责作为教师职业道德评价的具体标准。作为教师也要在学校中行使职责、发挥作用。凡是完成了承担的教育职责，有利于实现学校发展利益和需要的行为，就是道德的教育行为，应给予肯定、鼓励和宣传；反之，则是不道德的教育行为，应给予否定、抵制和反对。当然，这里的学校发展利益和整个社会的教育发展利益是一致的，不是指违背教育方针的片面、狭隘的学校小团体利益。

(三) 教师职业道德规范是教师职业道德评价的直接标准

教师职业道德规范集中反映了社会和学校对教师的职业要求，具有较强的指导性和操作性。因此，教师职业道德规范作为评价教师职业道德的直接标准，包括了对教师的思想、素质、作风、学识、行为、仪表等多方面的具体要求。凡是符合教师职业道德规范的行为和品质就是善的，获得肯定性的评价；反之则是恶的，得到否定性的评价。从这个意义上说，标准的制定过程就是教师职业道德规范的制定过程。当然，制定出的道德规范总具有一定的局限性，要根据社会和教育发展的需要不断完善教师职业道德规范体系。

二、教师职业道德评价的依据

要顺利进行教师职业道德评价，还必须明确评价的依据。道德评价的依据就是评价对象所具有的反映道德价值的要素。一般来说，教师的职业行为都具有道德意义，都可以成为道德评价的对象。把教师职业行为作为实际根据，才能保证教师职业道德评价的系统性和公正性。

行为由动机、目的、手段和效果等几个因素构成。动机产生于人们的社会生活需要，常以兴趣、愿望、理想和目的等形式表现出来，是人们发动和维持行为的思想动力。目的是行为所要实现的一定目标。如果说动机是意识到了的愿望，目的则是明确了的目标，它包含着对行为结果的愿望和期待，目的是人所特有的自主性、能动性的表现，是人们较为持久的行为动力。所谓手段就是人们实现目的的方式和方法,是实现目的达到一定效果的中间环节和桥梁。手段在动机和目的支配下进行,是动机和目的的展现过程,直接由目的来指导和控制。人们行为所产生的后果和效应即效果。当效果和动机、目的一致时,即一定的动机和目的得以实现,是好的效果;而结果违背了主观愿望和目的时,这种结果则是坏的效果。动机、目的、手段和效果间的关系在实际的行为过程中是复杂的,对行为进行道德评价要以对它们之间关系的具体分析为依据。

(一)坚持用动机与效果相统一的观点来评价教师的道德行为

在评价道德行为善恶的依据问题上,一直存在着动机论和效果论两种对立的观点。动机论者以动机作为衡量行为道德性质及其价值大小的主要依据。例如,德国哲学家康德就认为,世界上除了一个"善良意志"外,再没有什么东西可称得上是道德的了。以英国功能主义伦理学家边沁和密尔为代表的效果论者则认为,动机本身无所谓善恶,其善恶是由效果所决定的,只要行为效果好,这个行为即可认为是道德的,至于动机的好坏无关紧要。动机论和效果论各执一端,均有其片面性,其共同点是割裂了动机和效果的统一性。马克思主义伦理学认为,动机与效果是对立统一的关系。一方面,动机与效果是统一的,两者相互依存、相互联结,在一定条件下互相转化。另一方面,动机与效果又是相互区别的,动机为主观因素,发动、维持人的行为;效果属于客观事实,记录、证实人的行为。动机与效果的辩证联系通过复杂的方式表现出来,好的动机常常引出好的结果,坏的动机常常引出坏的结果;但是,由于社会生活的复杂性,动机和效果有时也会出现背离的现象。好的动机也会产生坏的结果,即"好心办坏事",有时坏的动机也会产生好的结果,即"歪打正着"。因此,在评价人们的行为时,要反对单纯的动机论或效果论,把动机与效果统一起来,具体分析两者之间的关系。在实际评价中,对于动机与效果一致的情况,容易做出评价,即动机好,效果也好的行为当然是善行,动机不好,效果也不好的行为当然是恶行。但是,在动机与效果不一致的情况下,就要首先看动机。因为动机存在于行为者的内心,反映着人的行为的整个精神趋向和最初意图,最能体现行为者的精神境界和行为本质。同时,还要具体问题具体分析,不能片面强调动机,或片面强调效果,而应通过实践来评价。对动机好效果不好的现象要找出原因,是事先对客观事物认识不全面、考虑不周到,还是因为客观事物在发展中途发生了始料不及的变化,找出教训,进一步修正下一步的意图和方法,使动机与效果统一起来。实践能够不断地检验和完善动机,在实践中逐渐使良好的愿望与良好的效果达到一致。但是,动机属于观念形态的东西,并非显而易见。那么,怎样才能判断动机的好坏呢?这就需要看效果和一贯的行为。如果即使效果不好,但能从其一贯的行为中证明动机是好的,也应当判定行为具有善的道德价值,这样既体现了动机在行为中的重要意义,也体现了道德行为评价不同于其他评价的特殊性。

在教师职业道德评价过程中,常常有只看后果不问动机,只看学生考试分数不看教师教书育人的全过程的现象。教师职业劳动的特殊性使得教师的劳动效果受多种因素的影响,教师的劳动付出与实际成效并非时时成正比。"十年树木,百年树人"就是这个道理。因此,仅以学生的当下表现和考试分数作为判断与评价教师劳动成效的依据,具有较大的片面性,会挫伤一些教师的积极性。因为教育成果具有滞后性,分数也不是学生成长的唯一标准,学生的品德、智力潜能开发得怎样,创新精神是否得到培养,动手能力是否得到提高,等等,都是教师教书育人的结果。特别是在教育改革日益深入的新世纪,教师的职业责任不仅是知识的传授,还是学生潜能的挖掘、心灵的启迪和人格的铸造。教师要完成肩负的使命,需要不断地进行探索和创造。而对于探索者来说,既可能成功,也可能失败。所以社会既要肯定成功者,又不能挫伤那些一时未见显著效果的探索者。教师只有把人的培养作为终生奋斗的目标,而不是仅把知识的传递看作终极目标,他的生命和才智才能在为事业的奉献中不断获得更高的发展。因此,在对教师的职业道德进行评价时,应遵循动机与效果相统一的原则,联系动机看效果,透过效果看动机,坚持运用全面的判断与评价依据,对教师的职业道德做出恰当的评价。

(二)坚持用目的与手段相统一的观点来评价教师的道德行为

目的与手段是统一的。一方面,道德目的决定道德手段,道德目的的性质决定道德手段的性质;另一方面,道德手段也影响道德目的,道德手段的性质也影响道德目的的性质。因此,在评价行为的道德价值时,要坚持目的与手段相结合,反对单纯的目的论或手段论。在进行道德评价时,应当具体分析目的与手段的联系情况,做出正确的评价。任何行为都无外乎有好的或坏的目的两种可能,而无论什么目的都可能采取正当或不正当的手段。当目的与手段一致时,是容易评价的,即目的是好的,手段是正当的行为就是善行;相反,目的是坏的,手段是不正当的行为就是恶行。但是,如果目的是卑劣的,即使采取正当手段的行为也不能说是善行,应给予否定的评价。如果目的是好的,采取的手段是不正当的,则必须深入分析行为的背景才能做出恰当的评价。当行为人有条件使用正当手段而没有使用时,这种行为应予以否定。如果行为人别无选择,只能以不正当手段达到良好目的时,一般应当肯定行为的道德价值。但是,如果不正当手段造成的负价值大于良性目的的价值时,必须予以否定。也就是说,为了良好的目的而采取的不正当手段产生的负价值必须小于良性目的的正价值。比如,一位教师为了让学生考出好成绩,用加大作业量的方式帮助学生进行强化训练。如果这位教师留的作业量超出了学生的承受极限,导致学生大面积病倒或产生强烈的厌学情绪,影响了正常的学习秩序,造成学习成绩的下降,那么,这位老师的行为就是不道德的,应予以批评。

(三)坚持用理想与现实相统一的观点来评价教师的道德行为

教师职业道德的评价标准作为一种尺度,往往体现着评价主体对教师价值目标的追求,因此教师职业道德的评价标准蕴含着社会的道德理想和期望,具有明显的理想性特征。以至于人们在对教师的职业道德进行评价时,往往自觉不自觉地从"非此即彼"的思维模式出发,以为教师的思想行为不是善就是恶,不是高尚就是卑劣,不是利他的就是利己的。然而,教师的社会生活是丰富多彩的,思想行为也是复杂多样的,仅用道德与不道德这两种维度来判定师德行为是不够的。在教师的教育实践中,存在着大量的虽然出自自身利益的考虑,但不会损害学生和其他同事和学校集体利益,更不会损害社会的行为,这种行为是一种非道德性的思想行为。教师职业道德倡导的是教师行为"应当"怎样做才是"善",谴责的是教师行为"失当"的"恶",而在这两个维度中间还存在着教师行为"正当合理"这一维度。特别是在改革开放的新形势下,物质利益原则得到贯彻,教师的正当利益受到保障,这就更不能将教师所有的行为都包含在"应当"与"失当"两项维度之中。比如教师业余时间通过诚实劳动获取报酬,满足个人物质需要和精神需要的行为,属于今天政策允许的"正当行为"。如果教师不顾其他主客观条件,一味追求个人利益,使学生利益、学校利益和社会利益受到损害,这种行为就是"失当行为"。可见,拿"应当""失当"两项维度来判断与评价教师职业道德,显然存在脱离实际的缺陷。"应当"维度是教师职业行为的努力方向,实践中并非每个教师都能完全彻底地做到。因此,仅以二维维度来判断与评价教师的教育行为,过分拔高道德判断标准的做法,会使一些教师缺乏自觉践履师德要求的动力,师德规范或多或少地流于形式,对教师行为缺乏实际应有的约束力。所以,在教师职业道德评价过程中,应坚持理想与现实的统一,使不同层次的教师学有方向、赶有目标,通过道德评价起到对行为的推动和约束作用。

总之,进行教师职业道德评价,只有以教师的行为实际为根据,坚持动机与

效果相统一、目的与手段相结合,联系一时行为和一贯作为,才能对教师的道德品质做出全面公正的评价。

第三节 教师职业道德评价的形式和方法

一、教师职业道德评价的形式

教师职业道德评价主要是通过社会舆论、教育传统习惯和教育行为者的内心信念等形式进行的。社会舆论和教育传统习惯是从客观方面对人的教育行为进行道德评价,内心信念则是教育行为者从主观方面对自己的行为进行道德评价。

（一）社会舆论

社会舆论是教师职业道德评价中运用得比较广泛的一种形式。教师职业道德评价的社会舆论是指人们用语言或文字对教育活动中的人或行为事件所发表的某种倾向性、具有约束力的较为一致的意见。社会舆论具有以下两种显著特点：一是广泛性。凡有人群的地方,无论何人都会程度不同地受到社会舆论的制约。事实上,教师职业道德评价的广泛性就是通过社会舆论的广泛性表现出来的。二是外在强制性。人们通常所说的"舆论压力"就是这个意思。19世纪英国思想家赫胥黎曾经说过,在许多情况下,人们之所以这样做而不那样做,并非出于对法律的畏惧,而是出于对社会舆论的畏惧。在我国,也有"人言可畏""众口所毁,虽金石犹可销也"之类的说法。这些说明了社会舆论对人的行为的巨大约束力量。由于社会舆论具有上述特点,因此它成为影响人们意识的强大力量,是教师职业道德评价的重要手段。当某种教育道德原则和规范为大多数人所接受和信奉而形成了社会舆论时,这种舆论就会通过对人们行为的肯定、赞扬或否定、谴责,深刻地影响整个社会的教育道德风尚。长期的舆论影响,能有力地促使人们按一定的教育道德原则和规范来支配自己的行为,调整自己同他人或社会的关系。因此,社会舆论既是教育劳动中人与人之间的道德关系的反映,又是对教育行为者的行为进行评价的外在形式。

社会舆论可分为校内舆论和校外舆论两种。校内舆论就是学校内部成员对教师、学生、教师集体、管理人员、教辅人员等与教育过程相关人员的行为的评价和态度;校外舆论就是学生家长及其他社会成员、社会组织和团体、新闻单位、国家机关等对作为个体或团体的教育行为者行为的评价。

现实社会中的校内外舆论并非一致,人们出于不同的利益和对利益的不同程度的认识,对同一教育行为、事件会表现出不同的看法。其中,既有正确的与错误的校内外舆论的对立,又有进步的与落后的校内外舆论的不同。对落后、错误的舆论,要采取疏导的方针,用批评、说服教育的方法去解决;对于群众自发形成的正确的校内外舆论,应扶植和引导,使它成为正式的更大范围内的舆论。应当看到,随着社会的发展和科技的进步,现代传媒手段,如电视、广播、报纸、电脑网络等,在形成对教育行为进行评价的社会舆论方面,起着非常重要的作用。现代传媒对教育行为者的影响是前所未有的。对于教育行为者来说,既要注意广泛听取各种舆论对自己行为的反映,又要保持清醒的头脑,对校内外舆论进行冷静的分析,区别对待,做到顺应正确的舆论,抵制落后、错误的舆论。

(二)教育传统习惯

教育传统习惯是在长期的教育实践中逐渐形成和积累起来的,已被人们普遍承认和熟悉的道德经验和教育行为方式。比如,启发诱导、因材施教、尊师爱生、教书育人、身教重于言教等都应是教育的传统习惯。教育传统习惯的稳定性使它在教师职业道德评价中具有特殊的作用,它使人们以一种特有的传统心理和眼光去看待事物,去评价人们行为的善恶。是否符合教育传统习惯,成为评价教育行为善恶价值的最初的、最起码的、最简易的标准,而评价者也对用传统习惯进行评价感到习以为常、心安理得,因为这样的评价大家认可,历来如此。

教育传统习惯由于自身的特点,其内容和结构较为复杂,同一社会和时代的教育传统习惯中存在着新旧两种对立的状态。旧的教育传统习惯中,有的不适合甚至严重阻碍新社会的发展,有的能够继续适合或有益于新社会的需要。因此,在运用教育传统习惯进行道德评价时,要充分认识新旧教育传统习惯之间斗争的复杂性,要在具体剖析其性质的基础上区别对待。今天,在开展社会主义教育道德建设的过程中,应当重视扬弃旧的教育传统习惯,树立和形成社会主义教育的新风尚、新习惯。

(三)内心信念

内心信念是道德评价借以调整人们行为的内存驱动力和需求形式,它在教师职业道德评价中占有十分重要的地位。这里所讲的内心信念,指的是教育行为者发自内心的对某种道德义务的真诚信服和强烈的责任感,它是人们在教育实践中形成的深刻的道德认识、强烈的道德情感和顽强的道德意志以及在此基

础上产生的心理驱动力和需求。

内心信念是在实践中产生的,是以理性为前提的。同时,它又是人们道德活动的理论基础。教育行为者正是对某些道德行为合理性、必然性有了正确的认识,才能自觉地去履行某种道德准则。因此,它在教师职业道德评价中有着重要的作用。内心信念在教师职业道德评价中主要是作为教育良心发挥其作用的。

首先,内心信念是实现教师职业道德评价成果的首要因素和环节。教育行为者评价的成果,只有转化为教育行为者个人的内心信念,才能形成教育行为者良好的职业行为习惯,进而形成良好的教育道德风尚。其次,作为一种强烈的责任感,内心信念是驱使教育行为者对自己的职业行为善恶进行自我评判的直接的内在动力。再次,它作为埋藏在教育行为者心灵深处、具有较高层次的道德意识和道德原则,是道德评价中的直接准绳。教育行为者在评价自己或他人的职业行为善恶时,就常常以是否违背教育良心为标准。最后,它是行为当事人一种内在的控制力。它能使行为当事人按照自己的善恶观去支配自己的行为,避免违背自己善恶观的不道德行为的产生。教育行为者内心信念的作用是很大的,在某种意义上可以说,它是教育行为者评价借以调整教育行为者职业道德行为的内在基础。

在教师职业道德评价中,社会舆论、教育传统习惯和内心信念这三种形式是相互联系、相互补充、相互作用的。第一,它们都是在一定的社会条件下形成的,离开了这一点,它们绝不能成为一种力量,发挥其扬善抑恶的功能。第二,它们在道德评价中是相互凭借的。人们根据内心信念做出的善恶判断,常常要通过社会舆论的传播和强制,而逐步被行为当事人所接受,并按照这种判断形成个人的行为习惯,进而扩展为社会的道德风尚,人们又经过这种风尚习俗的影响、陶冶,进而形成更高的内心信念。第三,它们在道德评价中是相互促进的。一方面,社会舆论、传统习惯是人们内心信念形成和巩固的重要条件;另一方面,内心信念是社会舆论、传统习惯对行为当事人施展其功能的基础。因此,只有综合运用社会舆论、传统习惯和内心信念诸种形式,才能使教师职业道德评价充分发挥其作用。

二、教师职业道德评价的方法

教师职业道德评价的方法是评价主体为了认识评价客体的价值,以教师在教育活动过程中的道德行为和品质的全部或其中某一要素为对象进行价值判断所采取的活动方式、程序、手段的总称。因此,必须根据评价对象所涉及的客观事物的各种联系和发展规律,根据评价主体的活动需求,给出实施评价的途径和手段,这正是进行教师职业道德评价的方法与技能的重点所在。

(一)教师职业道德外部评价的具体方法

1. 相对评价

所谓相对评价,是指以评价对象内部的中等或一般师德水平为参照标准,对每个评价对象在群体中的相对价值或位置做出判断。例如,先选定一个有中等师德水平的教师,然后把某一教师团体中的每一位教师的师德水平及表现都与他做比较。比这位教师更好的,再划定上、下两级水平,属上级水平的为及格,属下级水平的为差。而对那些与这位教师师德水平接近的教师,可评为中。相对评价的特点是:第一,对评价对象的评定结论有赖于群体的状态水平,它不注重评价的目标,只看个体在群体中的相对位置。第二,评价的阶梯比率是预先设立的,无论被评水平多么高,总有差等出现,总可评价。第三,内部可比性强,具有激励促进作用。第四,不同教师团体的等级不能相互比较。

2. 绝对评价

所谓绝对评价,是指根据评价对象集合之外的一定目标和准则确定评价标准,解释测评结果,做出评价结论的方法。实施绝对评价的关键是科学合理地确定合格标准,界定质的临界点,要建立具体的目标群,规定达到目标的程度。绝对评价的特点是:第一,评价标准明确客观。第二,评价结论是将评价对象的实际水平与客观标准直接比较而得到的,不依赖于被评者所在群体的状态水平。第三,对于被评价结果不必要求分出等级,而是希望达标者越多越好。第四,评价结果难以反映测评对象的内部差异。

3. 定性方法

由于教师职业道德的特殊性,作为评价依据的行为动机、行为效果、行为目的、行为手段等都很难进行事前预设。此外,道德品质中的各项指标作为个性心理现象,以量化的方式进行评价也会有诸多不当之处。因此,在面对具体教师的职业行为表现、选择教师职业道德评价方法时,应注意运用定性的分析方法。这种定性的分析方法主要操作程序是:第一,以具体职业行为进行统计调查,分析其行为动机、行为效果、行为目的、行为手段的正确性,以确定其职业行为正确与否,如存在问题,应指出错误所在与危害,找出矫正行为的具体方案,即有针对性地做出改进的意见与建议。第二,根据教师职业行为中存在的问题在其职业道德品质中所占的地位、重要性,就该行为对其职业道德品质的影响程度做定性评估。第三,综合教师的其他职业行为评估结果,对该教师的总体

职业道德品质确定一定的等次,如优秀、良好、合格等。应当说明的是,确定其职业道德水平所达到的具体等级并不总是必要的,如果不是为了评比或奖惩准备依据,可以略去这一环节。对教师职业道德进行定性分析,其具体方法包括活动观察法、典型行为分析法、座谈(访谈)法、开放式问卷调查法、听课考察法、情景测验法、意见征询法以及非正式交流等。应该注意的是,在运用定性分析法对教师职业行为进行评价时,要多方面了解教师的信息,要统一考虑职业行为的效果与动机、目的与手段,同时,应该尊重教师的个人隐私。

4. 定量方法

对教师职业行为和职业道德品质不仅需要进行定性的分析和评价,也需要在定性评价的基础上,再进一步给予定量的分析和判断,仔细分析其行为中所包含的"善行"和"恶德"孰大孰小、孰主孰次、孰重孰轻;仔细地分析在道德品质的各要素中哪些方面更需要加强。一般地,量化的过程只要较具客观性、科学性,往往比定性评价更具有说服力和教育意义。运用定量方法的关键在于考核指标体系的确立与指标的细化、各项指标所占权重的分配应当尽可能合理。尽管教师职业道德评价应当遵循全面性原则,但这并不意味着要把各评价要素不分主次、不区分重点与非重点地简单相加,因此,给哪些指标以更高的权重是必须谨慎对待的。另外,参考指标的数据采集也应当尽可能做到恰当、合理。

(二)教师职业道德自我评价的具体方法

1. 参照法

参照法是以别人对自己的评价为参照进行的自我评价。它强调通过别人的评价看到自己的形象,从而进行自我分析和评价。如果教师自身的行为符合教师职业道德要求,他便常会受到同事、领导、学生及其家长的肯定和赞誉。根据赞誉的来源、广度、连续性和重要性,便可以得知他人对自己的评价是比较好或很好的;相反,如果一个教师听不到赞誉之声,或者听到的大多是别人的批评或不满,则可推知别人对自己的评价是一般、较差的素质打分。

2. 量表自评法

量表自评法即根据学校或相关测评项目表格,为自己的各项职业道德打分,从而评定自己的职业道德水平。

3. 横向比较法

横向比较法指将自己与学校里其他与自己的条件、职责相同或相似的教师进行比较,认识他人对自己的评价与对类比对象的评价之间的关系和差异。横向比较法主要利用了类比产生激励的心理学原理,应当特别注意,由比较产生的应当是好胜心、进取心,而绝不能是嫉妒心或安于现状的心态,否则就会严重背离评价的目的。

4. 期望值比较法

教师职业道德的自我评价最终取决于其内心信念,积极的道德信念是指对自己的行为、品质具有高期望值,只有对自己的职业行为、师德品质具有较高的期望值,才会有较高的自我评价的动力。另一方面,教师既然有对职业行为与职业道德品质进行自我评价的愿望,他也会自然将自己的期望值与当前所达到的水平进行比较,在比较中发现不足、找出差距,以利于不断改进和提高。因此,期望值比较法也是教师进行职业道德自我评价的行之有效的方法。

参考文献

1. 罗国杰,马博宣,余进. 伦理学教程[M]. 北京:中国人民大学出版社,1985.
2. 王正平. 教育伦理研究(第四辑)[C]. 上海:华东师范大学出版社,2017.
3. 杨芷英. 教师职业道德[M]. 北京:高等教育出版社,2007.
4. 钱焕琦. 教师职业道德[M]. 上海:华东师范大学出版社,2016.

第八章 我国中小学教师职业道德的主要问题与解决对策

教师是"以灵魂铸造灵魂、以生命感知生命、以人格完善人格"的伟大职业，是关系到儿童健康成长乃至民族强大、国家兴旺的重大事业，教师的职业道德是教师职业的根本和核心，是教师职业价值的最高体现，更是教师的发展之魂。长期以来，作为基础教育工作"引路人"的广大中小学教师为我国教育事业的发展做出了卓越的贡献，得到了全社会的普遍尊重和广泛赞誉，同时也涌现出很多业务水平精湛、师德师风高尚的优秀楷模。但是，随着全球经济的飞速发展，我国社会进入飞快的转型期，市场经济带来了诸多负面影响，多元文化价值观带来了许多冲击，加之一些不良社会现象的诱导，部分教师在职业道德方面显现出了一些问题，违反职业道德的行为屡有发生，成为教育领域不可回避的重要问题，损害了教师应有的职业道德形象。针对这些问题，我们需要找到能够真正解决问题的对策，从源头上预防"师德失范"行为，提升教师职业道德素养，促进教师更好地"以德治教""以德育人"。

第一节 中小学教师职业道德面临的主要问题及成因分析

一、中小学教师职业道德面临的主要问题

（一）思想观念扭曲，政治言论失当

1. 个别教师受市场经济的消极影响，世界观、人生观和价值观产生了扭曲，理想信念模糊、政治信仰缺失、政治观念淡薄，不重视对党的基本路线、政策和教育方针的学习，甚至在教学实施过程中或其他场合言辞不当，传播流言蜚语、小道消息，损害国家和党的形象及权威。例如：2001年，某市中学政治教师在课堂上大谈其个人宗教信仰，在谈论当前党的政策时言辞中出现不恰当词语，在

◆ 第八章 我国中小学教师职业道德的主要问题与解决对策 ◆

学生中产生了极坏的影响。教育主管部门针对此事对涉事教师进行了严肃批评,对教师采取严重警告并停职察看的处理意见。

2.个别教师未能深入学习实践社会主义核心价值观并以之为标准来规范自身言行,未能传播中华民族优秀文化的正能量,反而是在课堂上、网络上或是讲座过程中宣扬错误的文化观点和不良信息,将消极的、不健康的言论带进课堂,对学生产生负面影响。例如:2015年,某市小学教师徐某在微信朋友圈上转发了一篇文章,文章中几次提及国家的某项教育政策是错误的言论,并造谣说该政策将于某年某月取消等,该微信在一定范围内被大量转发,造成了恶劣的后果,当地教育主管部门勒令徐某立即删除该条信息,并做出深刻检查。

(二)道德行为失控,触及法律底线

法律是公民必须遵守的行为底线,是最低限度的道德命令。作为学生"引路人"的教师,一定要在提高自身道德水平的基础上重视法律、学习法律,绝不能有违反法律的行为。近年来,有个别教师法律意识、法制观念淡薄,在日常生活中甚至在教育教学活动中出现漠视国家法律法规、未依法履行教师的职责,甚至触犯法律等违法行为。

1.个别教师的行为损害了公共利益和国家利益,违反了法律和社会公序良俗,造成了严重的后果,带来了极坏的社会影响。例如:2018年1月,合肥市某小学教导处副主任、语文教师罗某在合肥开往广州的高铁列车上,为等候迟到的家人,在火车已到发车时间之际,用身体强行阻挡车门关闭,并态度蛮横地要求列车员通知检票员放行其家人,列车员和乘警多次劝阻无效,造成该列车晚点。此行为极坏、影响极其恶劣。根据法律规定,该教师因非法拦截列车、阻断铁路运输从而违反了《铁路安全管理条例》和《治安管理处罚法》。当地教体局立即责成该教师停职检查,并勒令教师所在学校做出深刻检讨,并在当地教育系统中广泛开展学法守法及师德师风警示教育,严厉杜绝此类现象再度发生。

2.个别教师漠视国家法律法规,滥用所拥有的教化权力,对学生做出一些恶劣违法事件,比如虐待学生和性犯罪两个方面。

(1)教师虐待学生现象。个别教师仅仅因为学生的一点点过失,甚至因为自己心情不佳就对学生采取侮辱性的暴力手段,强迫学生互打耳光、罚吃苍蝇、拧学生耳朵、火钳烫伤学生等等。例如:2017年10月,南昌一所百年国学书院被曝以殴打、绑架、非法拘禁、强迫劳动等手段剥削虐待学生,差点导致学生自杀身亡。事件中被虐待学生称:"该校老师经常用戒尺、'龙鞭'(一种钢筋做的鞭子,有小拇指那么粗)抽打、虐待学生,只要违背老师意愿就挨打,晚上考试的

时候故意出难题答不上来或者队列动一下等无论大事小情都要暴力伺候。"事件曝光后,经有关部门调查,书院确有此行为。该书院相关负责人和教师已被处罚、追责,书院停办。

(2)教师的性犯罪现象。教师队伍中的个别败类将罪恶的黑手伸向了幼小的孩子,教师强奸猥亵学生的现象时有发生,令人发指。根据2002年7月《法制日报》报道,仅仅就一个县来说,1999—2002年,法院就受理了教师对学生实施性犯罪案件6件,其中奸淫幼女案3件、猥亵儿童案3件。2013年5月8—27日,仅仅20天内全国就有8起校园猥亵侵犯幼女案被曝光,这些令人毛骨悚然的数据引起了全社会对教师性犯罪现象的拷问,产生了极其恶劣的社会影响。例如:2014—2017年,福建莆田一所小学的校长在教学过程中,以讲授、照顾指导为名故意亲近女学生,在课间或课后猥亵多名女学生,被同校老师发现并曝光。报警后警察在调查取证过程中发现:该校长在任职校长及教授电脑课的3年期间,共对该小学16名女学生实施了猥亵行为。法院经审理认为,被告人严重侵害被害人的人身权利,社会危害性大、主观恶性大,应对其从重处罚,判决该校长犯猥亵罪,判处有期徒刑十年;被告人自刑罚执行完毕之日起五年内禁止从事教育相关职业。

3.个别教师在教育教学实践过程中侵害了学生的权利,有违法行为存在。

(1)侵害了学生的受教育权。《中华人民共和国宪法》第四十六条规定:"中华人民共和国公民都有受教育的权利和义务。"说明每一个学生都有权参加学校所组织的各种教育活动,无正当理由或因学生违纪从而对学生采取停课、开除等剥夺学生受教育权的行为就是违法的。个别学校和教师在学生出现问题时,不对有问题的学生做好思想转化工作,而是以停课、停学作为处罚手段,比如因学生未完成作业或家长未在作业上签名而不许学生上课;学生因违反纪律被赶出教室;随意占用学生上课时间参加一些与教学无关的活动等,都是侵害了学生的受教育权。例如:1998年,北京某学校学生因成绩差而被老师要求留级或休学,该教师曾要求学生父母去医院开具"中度智力低下"的证明。此前,教师曾在课堂上当众说该学生是"弱智",并多次将该学生赶出教室,后该学生被诊断患上抑郁症。学生家长将该教师行为上告到当地教育主管部门,该老师被停职查办。

(2)侵害了学生的人身权。侵害学生人身权的两个方面分别是侵害学生的人身自由和人格尊严。《未成年人保护法》第十五条和第四十八条都严格规定了学校和教师不得对未成年学生和儿童实施体罚、变相体罚或者其他侮辱人格尊严的行为。

第八章 我国中小学教师职业道德的主要问题与解决对策

一是侵害学生人身自由的情况屡有发生。个别教师法律意识缺乏或淡薄，教育方式简单粗暴，信奉"棍棒下出孝子""不打不成材"的观念，出现体罚的情况，诸如打手心、抽耳光、揪耳朵、贴胶布、踢屁股、长时间罚站、罚跑步、罚跪等侵犯学生人身自由的行为，给学生带来了极大的痛苦和伤害。例如：2013年3月，广州某小学的语文课堂上，老师当着全班学生的面让班干部手持木棍，杖责未完成作业的某学生50下，把孩子的屁股打得淤青。事后学校向家长赔礼道歉，并说涉事老师是刚毕业的新教师，由于当时课堂纪律较差，老师一时冲动做出了该指令，学校已对老师做出停职的处分。虽然双方就赔偿达成了一致意见，但孩子心理受到严重创伤，无论家长怎样劝说都不肯回到学校上课，只能暂时休学。

二是侵害学生人格尊严的现象时常出现。个别教师认为只有体罚才会触犯法律，就利用其他手段"变相体罚"学生，出现了诸如对学生态度冷淡，侮辱谩骂、讽刺挖苦学生，孤立学生，给学生取带有歧视性和侮辱性的绰号等行为，这些"冷暴力"使学生在心理上饱受折磨，严重侵害了学生的人格尊严。例如：2018年10月16日，一位家长在微博曝料，自己的孩子是一名一年级小学生，9月份刚入学，孩子午睡时和前桌同学因为一些小事起了争执，班主任单方面批评了孩子并认为孩子小题大做，孩子回家跟家长叙述情况，家长跟班主任沟通过程中班主任态度极其恶劣。事后，班主任在班级孤立该学生，并多次在公开场合侮辱孩子及孩子父母，当着全班的面问孩子："你妈和你蠢不蠢？"该学生妈妈向其他家长求证，发现确有此事。在孩子爸爸去接孩子时班主任公然羞辱他，说："你什么学历？你有没有脑子的？"该学生妈妈把孩子遭遇发到网上，立刻引起网友的普遍关注。17日下午，校长带着班主任登门道歉，承认该学生妈妈说的情况属实，学校已经对班主任严肃批评并进行了相应的处分。

（3）侵害学生的隐私权。隐私权属于人格权的一部分，儿童也同样享有。由于中国传统观念的因循积淀，加之法律界限模糊，个别教师有意无意地侵犯了学生的隐私权，出现了诸如未经学生同意公开学生的生理缺陷、家庭背景情况、个人隐私，私拆学生信件，偷看并曝光学生日记等行为。例如：小余是重庆市某县实验中学的体育尖子，某天放学后，16岁的小余和同班同学一起打篮球，同班女生王某看见他脸上有汗，于是用纸巾为他擦汗。这一行为被班主任汪老师看见了，她认为两个学生早恋了。汪老师当即将王某喊至办公室，将一张纸递给了王某。这张纸是汪老师私自从小余放在课桌内的笔记本上撕下的日记，上面记载着小余对另一名女生的好感。汪老师劝诫王某：小余很花心，你不要上当。第二天，汪老师又将小余的日记拿给班级其他同学看，告诫其他人小余很坏,不要和他交朋友,并不准小余上课。小余当天就离家出走了,第二天才被找回。小余和家长将汪老师起诉至法院,法院终审判决教师侵害了学生的名誉权,须公开向学生赔礼道歉,同时赔偿精神损失费2000元。

(三)教育歧视、教育不公现象屡有发生

1. 个别教师对"育人为本、德育为先"的认识不足,在教育教学实施过程中违反教育教学规律和学生成长规律,只教书不育人,甚至片面追求升学率,不仅没有做到"因材施教",反而以"分数"来衡量学生的优劣,存在"教育歧视"现象。例如:2011年10月,某中学经研究决定,按照学生考试成绩的高低将学生分档,所使用的作业本也分成三个颜色。绿色作业本为成绩好的学生专用,黄色作业本为成绩中等学生使用,而学习差的学生只能使用红色作业本。校长说,分层次作业是为了因材施教,因为每个学生基础存在差别,分层次布置难易程度不同的作业,是为了培养各类学生的学习兴趣。部分学生家长对此事持有不同意见,反映至教育部门后,教育部门责令该中学统一收回三色作业本,统一改成没有标记的黄色作业本。此案例中虽然学校声称是对不同层次的学生分层次布置作业,但是在区分颜色后却缺乏有针对性的指导和补偿性教学,颜色的区分并不具有足够的必要性,说是"因材施教",实则是"教育歧视"。

2. 个别教师未能做到教育公平,不能公平公正地对待每一位学生,偏爱优等生或是家境良好的学生,忽视差生或家境一般的学生,对家境贫困、留守学生等需要帮助的特殊学生漠不关心。例如:小赵是一名高二学生,座位在班级的最后一排,因为视力不好,他请求班主任老师为他调换一下前面的位置,却被老师拒绝了,理由就是:座位是根据期末考试成绩定下的,成绩好的坐前排,成绩差的坐后排,不能随意改动。而小赵作为成绩最差的学生只能坐到最后一排。

(四)敬业意识淡薄,治学精神松懈

1. 爱岗敬业责任意识淡薄,工作敷衍塞责。个别教师把教育教学工作仅仅看成是一种谋生手段,对待工作消极应付。个别教师迟到早退,在课堂上牢骚满腹,教学中缺乏耐心、心浮气躁,教学过程敷衍了事;个别教师金钱至上,只能勉强完成一般性教学工作,而把主要精力放在能带来经济效益的兼职工作上。例如:2013年,一位出版社的编辑反映,一段时间内,编辑部总是收到一位初中教师的电子稿件,通常是压缩文件,解压文件后每次都是10~15篇左右的文章,每一篇文章的字数都在3000字左右,因此,编辑有了疑问:作为一线教师,在繁忙的教学工作之余怎么会有如此多的写作时间?获悉此事的一位教育专

◆ 第八章 我国中小学教师职业道德的主要问题与解决对策 ◆

家偶然有机会去那位教师所在学校调研得知,虽然这位教师科研分数很高,但他从不专注教学,教学效果在学校基本垫底,学生普遍反映这位教师上课只读教材,经常不批改作业,学生都不爱上他的课。

2. 治学精神松懈,与时俱进意识缺乏,不坚持终身学习。个别教师在教学过程中满足现状,缺少危机意识和竞争意识,创新意识不足。忘记了"教给学生一碗水,自身需要一桶水"的道理,教学方式方法陈旧,不注重知识的更新,缺乏先进思想观念,教学效果差,学生听课乏味。例如:李老师从事初中语文教学已有25年,与新教师相比,他称得上是教学老手。在起初从教时,他也会仔细钻研、认真备课,但上过一遍后他就很少改变了,总是按部就班地重复授课。平时,他也从不阅读教学书籍,很少看网络和电视上有关教育的内容,所有教学内容都是几十年如一日,从不创新。在这种"吃老本"的教学过程中,偶尔学生提出新名词、新问题时他无法解答,教学效果也差强人意。

(五)师生关系淡薄,对学生关爱不当

1. 个别教师未能做到严慈相济,做不到真正关爱学生,甚至"严过当",对学生进行语言侮辱或是采取其他严重的惩戒方式。例如:一位小学教师在她的文章中叙述了一个真实的故事,在她接手一个五年级的班级时,发现班级里一名女生经常闷闷不乐,非常不合群,每天情绪都十分低落。于是她主动与女生聊天,并进行家访,从而得知女生的前任班主任有一次批评她时,曾当着全班同学的面讽刺她,说她的脸像烙饼,前任班主任的言语深深地刺伤了女生的自尊心,让她的性格开始封闭起来。这位教师了解情况后,用各种方法鼓励女生,让她走出了自卑的阴影,重新找回了自信。

2. 个别教师在关爱学生过程中不注重方式方法,造成"师爱过当"。所谓"师爱过当"就是在热爱学生的动机驱使下,使用不恰当的方式方法从而造成不良的后果。例如:某学校一位学生家境贫困,班主任老师获悉后在班会上向全班同学讲述这位同学的家庭状况,要求班级其他同学多关心照顾这位学生。本来这是一项善举,但此后,每次在提及"关爱学生""帮助他人"等话题时,必然会提到此事,在该学生缴纳班费和献爱心的费用时,班主任老师都以该学生家境贫困为理由拒收,久而久之,这种"爱"导致该学生自卑,使他产生了反感。

(六)安全意识不足,危险防范不到位

个别教师在教育教学活动中不注重对学生的安全教育,不培养学生的安全意识,在教学过程中因未做好安全措施、玩忽职守、未履行管理职责及擅离职守

等原因导致学生受到伤害,有的甚至在突发事件来临时,置学生生命安全于不顾,自行逃离。例如:2006年11月18日晚8时30分,某中学发生了踩踏伤亡事件。初一学生在晚自习下楼时,因避雨而有较多学生涌向其中一个可以遮雨的楼梯,而一名学生突然跌倒,引发了踩踏事故,造成8人死亡,26人受伤。事件的发生就是由于学校疏于管理,每一层的楼道都只有一盏昏暗的灯,楼梯没有防滑设施,未安装警示标志。当时50多个班3600名学生同时下课,大量学生涌到面积只有3~5平方米的回形楼梯,于是悲剧发生了。而事件发生时,没有老师在场,所有带班老师都集中在办公室批改期中考试卷子。事后,该教育局局长被免职,中学校长和学校纪律干事被行政拘留。

(七)行为失范、诚信失当情况时有出现

1.个别教师职业行为失范,言行不检,难以做到以身作则、为人师表。诸如上课时仪表不整、语言粗俗、接听手机、抽烟饮酒、随地吐痰、赌博娱乐、打架斗殴等现象时有发生。例如:2008年7月,某市一中和三中的20多名教师在宣传点招生时,因为在宣传各自学校时有"损害"对方的言语,双方一言不合、大打出手,20多人在数百名初中毕业生和家长面前"混战",看得学生和家长目瞪口呆、连连摇头。有人报警后,警察带走了打架的20多名教师,当天下午,该市教育局严肃处理了涉事的两所学校和教师,下令做出检查并整改。

2.个别教师是非不分、诚信失当,在职称评审、教学科研、评优评奖中弄虚作假;个别教师利用教师权力在招生、推优、保送时营私舞弊。例如:2013年,合肥市政府服务直通车收到多封举报信,举报某中学校长在2013年高级教师职务推荐申报工作中提交资料造假。后经调查证实,该校长确实存在此问题。另外,该中学在推荐申报中,由7人组成的职称工作评定领导小组对该校长材料审核不严,该校长提供的工作量、教学课表、教学设计等材料不真实,评审材料也未按要求在学校内进行公示。市教育局随即取消了该校长中学高级教师职务资格,并对该中学职称评定领导小组及该校长本人在此期间的弄虚作假行为提出严厉批评,责成几人做出深刻检查。

(八)从教不廉现象偶有发生

个别教师不注重廉洁自律,以教谋私。利用各种机会变相索要、收受学生和家长的礼金、礼品,乐于接受学生和家长付费的宴请、旅游和娱乐活动,让学生购买自己推销的教辅资料和学习用品,利用家长的资源为自己在社会上办事提供便利。例如:2011年9月6日,某市中学几乎所有家长都收到了一张盖有

学校公章的请柬,邀请家长7日去某酒店参加庆祝教师节活动。9月7日,在酒店二楼出现了在婚宴上才会有的热闹景象:一张礼桌旁围绕着一群"自愿"缴纳"慰问金"的家长,两位记账的女士忙得不亦乐乎。据在场人士透露,家长们的"慰问金"从500元到5000元不等,几乎所有参加酒宴的家长都缴纳了"慰问金"。9月8日,一位记者报道了此事,引起了社会广泛关注后,市政府有关部门责令该中学立即全部退还家长的"慰问金"并公开道歉,免除该中学校长职务。

(九)有偿补课屡禁不止

个别教师奉献精神缺失,沾染不良风气,金钱至上、唯利是图,在经济利益的驱使下把大量时间、精力投入有偿补课中,对于学校教学工作敷衍塞责,个别教师有偿向培训机构提供学生信息或介绍生源的现象也时有发生。例如:2012年,武汉市严查教师有偿补课,经举报查实后有四名教师因有偿补课被严肃查处,四名教师中1名被辞退、3人受行政警告处分。一名校长因本校教师参与培训机构补课而负有管理责任被通报批评。为进一步加大对"有偿补课"的查处力度,武汉市出台文件明确要求各级各类教师不得从事有偿补课,要求各中小学校将"不得从事有偿补课、不得暗示或强制学生接受有偿补课"列为聘用教师的基本条件,明确违反的处理条款。对在职教师有偿补课等问题有诉必查、查实必究,依法严肃处理。

二、中小学教师职业道德面临问题的主要原因

(一)教师自身主观原因

1. 思想观念和教育理念偏差

(1)缺乏职业认同感和职业理想。少数教师缺少对教师职业的认同感,把教师职业仅仅当成谋生的手段而非终生追求的事业。部分教师在教学工作中缺乏远大的职业理想,失去自我、甘于平庸,致使教师出现治学精神松懈、对待工作敷衍、对待学生冷漠等行为。

(2)功利心膨胀、价值观偏斜。随着全球经济飞速发展以及市场经济带来的种种变革,"主体意识、利益至上"的趋利性观念也侵入了教育领域,少数教师过分追求荣誉和名利,追求"骨干教师""学科带头人"的头衔和称号,追求物质、金钱至上,教书育人的职业意识下降,不安心教学而专心追求名利。

(3)敬业意识不到位。随着社会的不断进步,多元化价值取向使少数教师个人主义、自由主义思想蔓延,奉献精神淡化,敬业精神弱化。教师责任心缺失

必然导致教师不安心工作、不关爱学生,出现师德问题。

(4)法制观念缺失。少数教师法制意识不强、法律精神匮乏、缺乏法律知识,因此在教育教学过程中出现违法行为也不自知,出现侵害学生合法权益的现象。

(5)固守传统教育理念。在应试教育的制约下,传统教育中以"分"唯重的理念在少数教师心中根深蒂固,致使教师抛却分数以外的所有因素,造成"只关心分数,不关心学生",偏爱学业成绩好的学生,不关注学业成绩差的学生的行为;少数教师"师道尊严"思想根深蒂固,要求学生无论对错坚决服从,一旦学生违背就采取强制手段,出现体罚和变相体罚等行为。

2.教师自身素质和修养不高

(1)文化素质、业务知识和技能不高。少数教师不思进取,安于现状。在专业素养上不注重更新与提高,获得信息的覆盖面少,甚至不如学生。而随着信息技术与教育教学领域的深度融合,"慕课、翻转课堂、spoc(私播课)"等在线课堂在教学领域的广泛应用,许多学生通过现代信息技术和网络拓宽了知识渠道,有时会比教师获得的新知识、新观点还要多。当教师遭到学生质疑或提出与之不同观点时,少数教师就会觉得有损尊严而大发雷霆,惩罚学生。

(2)缺乏健康的心理素质。少数教师缺乏健康的心理素质,心理承受力差,情绪起伏大,对工作的热情和学生的关爱随自身情绪而变化。少数教师受种种因素,诸如家庭不如意、工作负担较重等影响,致使工作过程中产生心理压力,带来了许多负面情绪,例如焦虑抑郁、恐惧愤怒、冷漠麻木等,反应在行为上就会引起教师"师德"失范现象,出现对学生讽刺挖苦、冷漠无情、攻击打骂,对教学工作言语抱怨、麻木敷衍等行为。

(3)德育修养不高。少数教师自身德育专业化程度低,德育专业训练少,专业功底薄弱导致道德免疫力低。个人德育修养不高必然致使教师出现失德行为。个别教师甚至在人格上存有缺陷,道德和价值沦丧,出现了性犯罪现象。

(二)其他客观因素

1.学校教育管理方面的因素

(1)重视程度不够。部分学校不重视教师职业道德问题,有时将科研、行政、迎检工作凌驾于教学工作之上,将教学摆在师德之前,忽视师德教育,忽视师德问题。

(2)管理制度和价值导向偏差。随着市场经济的深入推进,部分学校在德育工作、教学管理、学术成绩方面功利倾向严重,把教师的职称头衔作为其待遇

◆ 第八章 我国中小学教师职业道德的主要问题与解决对策 ◆

提高的根本标准,有意无意诱导了教师"争名逐利",诱导教师追求荣誉和头衔,忽视实际教学工作和成果,出现对教学敷衍塞责、不思进取等行为。

(3)师德建设流于形式。一是部分学校在师德建设上往往只顾完成上级任务,未根据实际情况制定适合本校的规章制度,而是照搬照抄国家文件,缺乏针对性、层次性和创新性;二是部分学校的师德建设主体只针对教师,未将学校管理、学生、家长全盘考虑并形成合力;三是部分学校的师德建设内容通常只是注重教育法规方面的内容,涵盖教师精神追求的内容以及具体的实践操作细节的内容往往很少。

(4)师德教育不到位。一是师德教育理论贫乏。目前,学校的师德教育培养中还没有准确把握师德教育和技能教育、知识教育的区别,没有把握师德教育和社会公德教育的差异,没有把握师德教育和其他职业道德教育的异同之处,因此,师德教育缺乏科学性和实效性,无法适应教师专业发展需要。二是师德教育内容不健全。目前,师德教育的内容缺乏与时俱进的时代感,围绕社会主义核心价值观、新课改和师德培训课程标准(GSD)等内容的培训较少,培训效果不尽如人意。

2. 政府和教育主管部门管理方面的因素

(1)师德规范制度建设不完善。目前出台的教师职业道德规范虽然紧跟形势,具有一定的实际操作性,但也出现了过于理想化、口号化,可操作性、指导性、效能性有待加强的问题。

(2)教育法律法规不健全。在《教育法》中,对教师的责任多为宏观性的规定,缺乏可操作性的指导细则,致使教师并不明确自身在教育活动中应做的恰当责任行为,例如并未明确"体罚与变相体罚"和"教育惩戒"之间的界定,导致教师或本着"多一事不如少一事"的思想对学生放任不管,或行为过当对学生实施体罚或变相体罚。

(3)师德考核评价制度存在问题。目前,我国虽大力推行素质教育,但在高考的指挥棒下,应试教育并未得到根本性改变,因此部分地方教育主管部门和学校片面追求升学率、优秀率、合格率,将考试成绩作为评价教师的最重要的指标,导致教师唯"分数论",忽视其他方面的问题,出现"只关心成绩""偏爱好学生"等行为。

(4)准入机制存在问题,教师招聘及岗前培训把关不严。目前,由于种种因素,我国的教师职业对社会优秀人才的吸引力不高,教师行业存在门槛低、好进入的现象,有些大学生即使是非师范类院校毕业,只要通过教师资格证考试即可当教师。而教师资格证考试仅仅设立了教育学、心理学等几门简单的考试内容,考试标准并不高,导致一些素质较低的人也进入了教师队伍。在教师招聘时,只重视教师的考核成绩,忽视教师的师德状况,致使个别道德思想有问题的人混进教师队伍之中。在岗前培训时重视知识技能的培训,忽视师德教育培训,对新教师的职业理想、责任意识、价值追求等方面的培训缺乏力度和举措。

(5)职业前景和待遇不乐观。市场经济主导下的教师的经济报酬与职业价值不适应,收入偏低。虽然政府部门一再提升教师的经济待遇,但是与其他高收入行业相比仍有差距,教师职业前景不乐观,教师的生存问题得不到保障,致使教师工作热情减少,对自身职业价值产生质疑,从而出现师德问题。

3. 社会方面的因素

(1)不良社会风气的负面影响。20世纪90年代,随着市场经济主导地位的确立,中华民族传统"重义"为主的价值观与市场经济中"重利"为主的价值观发生了激烈的碰撞,人们的思想道德价值观也处于不断的矛盾、分化、重组之中。市场经济带来的负面影响、不良社会风气和多元文化价值观的影响冲击了教师们的价值观,使教师们的职业道德出现了一些问题。

(2)社会对教师的期望值过高带来的重重压力。由于教师职业的特殊性,社会普遍对教师职业有着过高期望值,同时对教师的职业道德也提出了更高的要求,这些都为教师带来了更重的压力和心理负担,导致教师出现师德问题。

第二节 针对中小学教师职业道德问题的解决对策

一、加强中小学教师自身职业道德修养建设

(一)确立职业理想,增强职业认同感

职业理想是职业道德的重要组成部分。"教师的职业理想是指教师在对教育事业的伟大意义的深刻理解的基础上所产生的对未来职业目标的向往和追求,是教师渴望达到的职业境界,是教师献身教育的根本动力。"[①]教师职业理想的确立是塑造自身高尚师德的支撑,只有确立了崇高的职业理想,才能真正热爱并献身教育事业,才能真正树立起立志从教的责任感、使命感和积极性,才能真正做到爱岗敬业、严谨教学、关爱学生、甘于清贫,不断地自我完善。教师要树立崇高的职业理想,一是要确立明确的政治方向和长远的奋斗目标,明确要

---

① 周荣华. 社会主义核心价值观引领下的师德师风建设[M]. 北京:开明出版社,2015:5.

为实现中国特色社会主义培养人才的坚定信念。二是要从内心深刻认识到自身职业的神圣使命,即传授知识技能、培养完善人格、促进社会和谐、传承中华文明的任务,体会到真正的自我价值和幸福感。三是要有做学问家、教育家、道德家的理想,真正全身心投入教育事业,成为知识渊博的学者、社会成员的典范。

职业认同是指每个个体对于所从事的职业目标、职业价值以及其他因素的认可与肯定。"教师职业认同是指教师个体对于教师职业的目标、社会价值、职业理想、职业环境和教师职责等因素的认可,它是在教师从教的过程中逐渐形成和发展的。"[1]教师的职业认同感对于教师的职业发展和师德修养建设十分重要,职业认同感较强的教师常常能够有积极的职业心态、良好的职业态度,能抵挡外界带来的各种名利诱惑,能理性应对各种冲突和矛盾,能自我缓解各种不良情绪和问题,能感受到教育带来的乐趣与满足,较强的职业认同感是成就长久职业生涯的前提,是师德修养养成的关键。教师要增强职业认同感,就要做到:一是进行职业生涯规划,明确职业发展的目标和方向,提升职业境界;二是改变思维方式,完善自身修养,克服消极心理,树立健康积极的职业满意感,体会职业幸福。

(二)增强法制观念,依法执教

"爱国守法"是《新时代中小学教师职业行为十项准则》中的重要内容,依法治校、依法执教是依法治国的基本国策在教育中的根本体现。在教育教学过程中,教师若缺少法制观念、法律意识淡薄,就会出现道德失控及违法侵权行为。因此,依法执教不仅是教育自身得以更好发展的内在需求,更是教师职业道德修养建设的重要组成部分。要做到依法执教,一是教师要自觉增强法律意识,在头脑中绷紧法律这根弦;二是教师要自主学习法律知识,学有所悟、知行合一,规范自身言行;三是教师要守法、护法,宣传法律法规,自觉维护自身和学生的合法权益。

(三)更新教育理念,引领前行方向

"教育理念是人们在理性思考和亲身体验基础上形成的对于教育现象的理性认识、理想追求以及所持的思想观念或哲学观念。"[2]教育理念贯穿于教育教

---

[1] 申继亮.师德心语[M].北京:北京师范大学出版社,2006:5.
[2] 赵国柱,陈旭光.教育理念变革中的师德建设[M].天津:天津教育出版社,2012:4.

学活动行为的始终,教学行为是教育理念的外化和具体体现,因此,教育理念对体现在教学行为中的师德修养有着至关重要的影响。由于教育理念是对教育未来发展状态的一种预设和期待,因此,先进的、前瞻性的教育理念能够引领教育实践活动的方向,也能够引领师德建设前行的方向,提升师德水平。教师要提升师德水平,加强师德修养建设,必须与先进的教育理念接轨,最重要的是更新和确立以下几个教育理念:一是素质教育的理念;二是终身教育的理念;三是合作教育的理念;四是"以人为本"的教育理念。

(四)提升敬业精神,无私奉献

敬业精神是人们基于对本职工作的热爱而产生的忘我投入的精神境界,是以正确的世界观、人生观、价值观来指导和调控自身职业行为,从而做到恪尽职守、踏实工作。敬业精神是教师从事教育教学工作的内在动力,是教师抵御各种外界不良干扰仍默默奉献的力量源泉,是教师师德养成的先决条件。提升敬业精神要依靠教师自身的不懈努力,要做到:一是立志从教、矢志不移。教师需要有投身教育事业的坚定信念,增强立志从教的坚定性,面对各种诱惑和困难始终维持初心。二是甘为人梯,乐于奉献。教师需要专心致志将全部精力放在教学事业上,在工作中认真负责,用职业良心的天平衡量自身行为,做到爱业、勤业、乐业。

(五)终身学习,提高个人素质

在"知识大爆炸"的当今社会,教师只有不断学习、终身学习,才能真正适应学习型社会的到来,才能更新和完善自身知识结构体系,增强教育教学能力,提高个人素质,带动自身师德修养的养成。教师要进行以下几种学习:一是要加强政治理论学习,了解新时期党和国家的重要政策和教育方针,以此规范自身言行。二是要加强德育学习,不仅要认真学习德育规范,同时要学习政治学、伦理学、哲学、法学、社会学等与德育内容相关的专业学科知识,形成对德育内容和德育策略的深刻认识,提升德育专业能力。三是要加强知识技能学习,要学习管理学、教育学和心理学知识,刻苦钻研业务,不断创造教育教学和科研成果,不断更新完善知识结构,提升教育教学工作能力。

(六)自我调节,维护心理健康

教师的职业特点是"以灵魂铸造灵魂、以生命感知生命、以人格完善人格",因此,良好的心理健康状况是教师履行职业责任最基本的保证,是教师职业道德形成和发展的重要基础。心理健康的教师,能培养出心理健康的学生,能拥有良好的职业道德;反之,心理不健康的教师极容易产生系列师德问题。因此,维护教师的心理健康对于师德修养的养成至关重要,教师需要通过自我调节来维护自身心理健康。教师需要从以下两个方面进行自我心理调节:一是进行情绪的自我调节。良好稳定的情绪可以促进教师身心健康,消极负面的情绪会危及教师身心健康,出现不良情绪时教师要运用分心、娱乐等方法将注意力转移到一些愉快的活动上进行自我调节。二是缓解职业压力的自我调节。中小学教师的职业压力来源于各个方面,已经成为一个普遍存在的问题,长期过度的压力会给教师心理造成一定的危害,引发行为问题。出现职业压力时,教师要调整认知,即认识到压力在职业生涯中的客观性和普遍性,并进行积极的归因和合理的预期;要主动寻求外界支持,即主动向亲友倾诉并寻求帮助;要善于通过各种方式,例如娱乐活动、体育锻炼、聊天等方式来缓解压力。

(七)实践反思,筑牢师德根基

师德是体现在行动中的美德,只有不断实践、不断反思,才能自我锻炼和完善,才能提升师德修养。教师要做到:一是在认真学习师德修养理论的同时,要坚持理论联系实际,做到知行合一、身体力行,从细微之处入手,在日常教育教学工作过程中实践和完善自身师德修养。二是通过在实践中得出的经验进行反思,从中得到感悟、总结和升华,从而提升师德水平和效果。反思包含三个层次,首先是教学技能反思,是在教育实践中对自身运用的教育方法和教学技能进行有效反思;其次是实践反思,是对教学在实践中的效果进行反思;最后是批判性反思,是对教育实践道德和伦理方面规范性的进一步反思。

二、构建教师职业道德教育培训的有效机制

(一)明确教师职业道德教育培训目标

明确新时期教师职业道德教育培训的目标,通过目标的确定有的放矢地进行培训,解决教师职业道德方面的突出问题。以党的十九大精神为指导,以社会主义核心价值观为引领,将习近平总书记关于教育的重要论述内容贯穿于教师职业道德教育培训全过程,通过教师职业道德教育培训,真正达到提高教师思想政治素质、引导教师树立远大职业理想、规范教师职业纪律、端正教师职业作风、提升教师师德修养和学识修养的培训目标,建设师德水平高尚、业务能力精湛的中小学教师队伍。

(二)完善教师职业道德教育培训内容

教师职业道德教育培训是以培训内容作为载体来进行的,培训内容的优劣往往决定着整个培训的质量。随着时代进步和发展,要高质量完成教师职业道德教育培训,从而解决新时期中小学教师职业道德面临的主要问题,就要有针对性地设计并不断完善培训内容。在培训内容的选择上要做到以下几点:

1. 内容贴近实际,具有现实性和时代性

培训内容要从理论层面和现实层面进行选择,选择与实际教育教学活动相契合的、最新最热点的师德问题进行培训。可以围绕以下几个方面内容进行选择和设计,例如:师德建设问题与出路、传统文化及职业素养、新形势下师生关系探究、教师自主成长与职业倦怠、教师竞争压力与团队合作精神等。

2. 内容涵盖全面,具有包容性和特殊性

培训内容既要包含新时代教师职业行为规范的内容,也要涵盖思想政治教育、职业理想教育、道德情操教育、学术规范教育、法制教育、心理健康教育等各方面知识,同时要针对教师不同群体和个体特征设计有针对性的、特殊的培训内容。

(三)创新教师职业道德教育培训模式

当今教师职业道德面临的系列问题受到社会的广泛关注,尽管政府部门高度重视并出台系列措施进行整治,在培训方面也加大了力度,但效果却差强人意。从教师职业道德教育培训方面来说,培训效果的不尽如人意与教师职业道德教育培训模式陈旧有关,提升教师职业道德教育培训效果则必须创新培训模式。当前我国教师职业道德教育培训模式主要为道德戒律宣讲式和道德榜样感召式两种形式。这两种培训模式都曾为我国教师职业道德建设做出巨大的贡献,在未来也将继续完善并运用。但这两种培训模式是在当时社会价值取向一元化的背景下产生的,如今面对社会价值取向多元化的广大教师群体,仅靠这两种培训模式已经不能满足教师职业道德教育培训需求,面对新型教师主体,要把案例式教学和体验式工作坊引入教师职业道德教育培训中,形成案例式师德培训和体验式师德培训两种模式。

1. 案例式师德培训模式

"案例式师德培训模式是在对师德案例进行充分研究的基础上,根据培训目标和受训教师需求,选择典型案例为基本素材,在特定的教学情境中,通过对典型案例的引入、分析讨论、交流总结,强化教师的道德情感,提升教师的师德能力。"①案例式师德培训模式着力于教师师德能力的培养,能切实提升教师师德能力,并使培训效果更深入和持久。

2. 体验式师德培训模式

"体验式师德培训就是根据一定的师德培训目标,创设相应的情境,设置相应的活动,在培训者的引导下进入情境,参与活动,产生情感体验,通过分享和交流,掌握实践性道德知识,提升道德境界。"②体验式师德培训有助于道德实践性知识的形成和道德能力的形成。

三、加强教师职业道德建设中的评价、监督和激励措施

（一）构建科学的评价体系

"教师职业道德评价是指人们凭借校内外舆论、教育传统、习俗和教师内心信念等形式,根据一定的原则、标准和方法,对教师的职业行为所做的善恶褒贬的道德评价。"③教师职业道德评价是教师职业道德建设中的重要内容和手段,实施评价的目的在于发挥导向性作用,通过评价得到反馈,从而约束教师师德问题的出现,激励和促进教师改进工作方式,进一步提升教师的师德修养,同时促进教育主管部门和学校发现管理疏漏,解决管理问题。因此,构建科学有效的教师职业道德评价体系对解决现阶段师德问题和师德建设具有十分重大的意义。

1. 确立科学的评价原则

在教师职业道德评价中,确立科学的评价原则是进行有效评价的先决条件。

（1）确立并坚持公开、公平、公正性原则。在教师职业道德评价中,要坚持评价主体公正,评价者必须保持中立,不偏不倚;坚持评价程序公开,过程透明性;坚持评价结果公平,使每一位被评价者都得到公正的评价。

（2）确立并坚持多元性原则。首先要坚持评价者的多元化。除了教师自评和学生评价外,还要引入学校领导和同事、家长、社会各界等多种评价主体的广泛参与。其次要坚持评价途径和方法的多元化。建立以教研为基础、以学校为

---

① 于进,于源溟.从灌输到交往:师德培训问题的对策[J].当代教育科学,2014(10).
② 于进,于源溟.从灌输到交往:师德培训问题的对策[J].当代教育科学,2014(10).
③ 檀传宝.走向新师德——师德现状与教师专业道德建设研究[M].北京:北京师范大学出版社,2009.

根本的评价途径和方法,将定量评价与定性评价相结合,将形成性评价与总结性评价相结合。

(3)确立并坚持评价与指导相结合原则。评价的目的是为了促进教师职业道德的长足发展,而单纯的评价只能了解现状,并不能促进教师发展,只有在评价的基础上注重指导,形成评价—指导—新评价—新指导的良性循环,才能引领教师职业道德建设水平的不断提升。

(4)确立并坚持继承与创新相结合原则。新时期的教师职业道德建设既要继承传统的师德规范理论体系中的精华,汲取至今仍行之有效的方法,又要纳入新时期教师职业道德建设的新理念和新成果,在继承和创新的基础上引领教师职业道德建设不断发展。

2. 制定合理的评价内容

教师职业道德评价的核心是制定评价内容。教师职业道德评价内容的制定要以教师职业道德规范为核心标准,既要继承传统教师职业道德修养要求,又要适应新时代教师职业道德要求,与时俱进、更新完善,以期通过评价解决新时期教师职业道德面临的主要问题。评价内容包括以下六个方面:

(1)为人师表。教师要注重身教,要在思维方式、行为方式上为学生做出表率,禁止学生做的教师要杜绝,要求学生做到的教师要首先做到。

(2)廉洁从教。做到廉洁从教是师德底线,是全部教师都应遵守的行为准则。

(3)关爱学生。关爱全体学生,不偏爱、不溺爱;尊重学生人格,不体罚、不侮辱。

(4)严谨治学。潜心研究业务技能,追求教育教学水平的高效率和高质量。

(5)锐意创新。遵循教学规律,不断创新并改进教育教学手段方式,努力提升教学质量。

(6)终身学习。确立终身学习理念,不断学习学科知识理论、师德修养理论,增强自身素养。

3. 采取正确的评价方式

正确的教师职业道德评价方式是评价顺利进行的根本保证,是得出真实评价结果的重要基础。正确的评价方式包括:

(1)自我评价法。教师根据教师职业道德规范要求,针对自身现状进行客观分析并进行自我评判。自我评价是教师提升师德素养的重要环节,通过自我评价,教师可以对自身进行全面剖析,促进职业道德水平提升。

(2)学生评价法。学生根据对教师的了解,对教师职业道德进行评判的评价方式。学生和教师朝夕相处,对教师的职业道德具有相当大的发言权,因此,学生对教师的职业道德评价往往比较准确且具有重要参考价值。

(3)集体评价法。是指教师之间以学科、年级等为单位开展相互评价。集体评价法基于同校教师对彼此之间的了解程度来进行,有助于教师之间互相发现问题,寻找闪光点,从而解决问题,提升师德能力。

(4)组织评价法。由学校作为评价主体,抽调专门人员对教师职业道德进行评价。学校作为教师的一级组织部门,在日常教育教学过程中最了解教师,能够客观、公正地对教师的职业道德行为进行全面评价。

(5)社会评价法。通过教师以外的个人或组织对教师的职业道德做出客观评价的方法。通常是指向家长或社会其他团体征求意见,用召开座谈会等方式做出评价,或是指借助书籍、广播、电视、网络发放问卷等各种形式做出评价。

4. 有效运用评价结果

要高度重视并有效运用教师职业道德评价结果,将评价结果作为衡量教师教育教学质量高低的首要标准。

(1)在得出评价结果的基础上进行科学有效的分析,评出等级、撰写评语,评价结果进行公示并存入档案,师德评价不合格者年度考核评定为不合格。

(2)将评价结果与教师个人利益挂钩,与教师职务(职称)晋升、评优奖励、外出进修关联起来,出现师德问题即一票否决。

(3)对师德表现不佳的教师要及时劝诫,对经多次劝诫仍屡教不改的教师要进行严肃处理,对有严重失德行为、影响恶劣者一律撤销教师资格并开除出教师队伍。

(二)建立有效的监督机制

教师职业道德监督机制就是通过外在的各种方式和途径准确发现并反映教师履行职责的状况。教师职业道德监督机制是教师职业道德建设的重要保障和制约,建立健全具有约束力的监督机制能够促使教师养成良好的师德修养,切实解决当今面临的各种师德问题并提升师德水平。要从以下几个环节强化监督机制的建设:

1. 健全监督机构,选取监督主体

教育主管部门和学校要专门设立教师职业道德监督机构,依据现有的教师职业道德规范和评价标准,有计划、有步骤地开展监督工作,通过例行监督,挖掘优秀典型、发现师德问题、督促教师遵守职业行为规范。

着重选择监督主体,形成教师职业道德监督合力。吸纳学生、家长和社会各界人士参与教师职业道德状况的监督和评议,构建教育主管部门、学校、教师、学生、家长、社会人士共同参与的"六位一体"的监督网络,时时监督、定期评价教师的职业道德,评价结果作为对教师实行奖惩的依据。

2. 制定监督标准,优化监督方式

教师职业道德监督标准是指教师必须遵守的最基本的职业道德规范要求,是实施监督行为的基础和依据。要制定科学的监督标准并进行量化,从而形成监督量表。监督量表要以教师职业道德规范中的三个层级即职业理想、道德原则和道德规则作为基础来制定,呈现出理想、合格、底线的评价标准,体现可操作性。

在监督方式上要采取例行检查与不定时抽查相结合的方式,有点有面、有轻有重、有缓有急地开展监督工作。通过自我评价、学生评价、家长调查、专家评议、问卷调查等多种方式和渠道了解教师工作表现和职业道德情况,设立教师职业道德监督信箱、教师职业道德监督热线电话等,通过这些方式及时反映情况,使教师的失德行为得到监督和纠正。

3. 加强监督反馈,建立师德档案

教师职业道德监督的目的是为了提高教师的职业道德素养,养成教师良好的师德行为,促使教师由师德他律走向师德自律。因此,要将教师职业道德监督结果及时反馈给学校,特别是教师本人,让教师能够及时了解别人对自己的职业道德行为评价,从而对自身职业道德行为形成更为全面、客观的认识,发现自身职业道德行为中的不足并加以改进和提高。

教育主管部门和学校要为每一位教师建立师德终身档案。建立师德档案会使监督结果具有长期有效性,能将分散的教师职业道德监督反馈结果形成系统资料,使教育主管部门和学校了解教师职业道德状况及其发展趋势,对教师的职业道德水平形成历史的、全面的、客观的评价,也能够让教师针对档案中的问题和状况不断完善和提升自身道德修养和行为。

(三)实施有效的激励措施

"激励是指推动人朝着一定方向和水平从事某种活动并在工作中持续努力的动力。方向指的是所选择的目标,水平指努力的程度。"[①]正确的道德行为需

---

① 王重鸣.管理心理学[M].北京:人民教育出版社,2001.

◆ 第八章 我国中小学教师职业道德的主要问题与解决对策 ◆

要不断巩固和强化,进而形成良好的道德习惯,而巩固和强化的主要手段之一即是激励。在教师职业道德建设过程中,教育、评价和监督工作需要激励措施作为基本保障,没有行之有效的激励措施,教师职业道德教育、评价和监督工作就没有了坚实的基础,同时也缺乏了实际的效果和意义。因此,实施有效的激励措施对于教师职业道德建设有着极其重要的意义。激励有正强化和负强化两种措施。

1. 实施正强化的激励措施

正强化的激励措施即正向鼓励。正强化的激励措施有助于激发教师积极性,增强教师责任心和荣誉感,包括物质激励和精神激励两个方面。有形的物质激励是外在的、最基础的激励措施,无形的精神激励是内在的、长久的激励措施。物质激励是指:一是要加大对教育的投入,大幅度提升教师待遇和工资水平;二是要对优秀教师在工资晋级、职称晋升、住房、津贴、奖金等方面予以物质倾斜。精神激励是指:一是提高教师的政治地位和社会地位,利用庆祝教师节等活动倡导全社会尊师重教;二是评选师德骨干教师,树立师德典型,对优秀教师实施鼓励表扬、授予荣誉称号,并大力宣传。利用正强化的激励方式,发挥榜样力量,在鼓励先进教师的同时激发其他教师学先进、争先进的积极性,促进教师职业道德水平建设的整体提升。

2. 实施负强化的激励措施

负强化的激励措施即惩罚和约束。负强化的激励措施是指对于违反教师职业道德行为规范并造成影响的教师,要求本人承担相关责任,并给予批评、罚款、通报、降职、降级等处罚,有严重违法违纪行为的,还要运用法律手段进行惩治,起到对其他教师警示、告诫的作用,从而约束他们的职业道德行为。

通过正强化和负强化两种激励措施,对于高尚的教师职业道德行为予以物质和精神的奖励,对于有问题的教师职业道德行为予以物质和精神的惩罚及约束,奖优罚劣,从而达到提升教师职业道德修养、培养职业道德意识、规范职业道德行为的目的。

四、创建有利于教师职业道德建设的学校和社会环境

(一)创建有利于师德建设的学校微观环境

教师所在的环境可分为宏观环境和微观环境两种,而学校环境即为教师所处的微观环境。学校环境是指让教师参与其中并体验的物质环境和心理环境,

学校环境如何,与教师的精神状态关系极大。积极向上、和谐文明的学校环境对教师具有吸引力和凝聚力,能够增强教师的自信心和自豪感,使教师能够快速、健康地成长。因此,创建有利于师德建设的学校环境对于提升教师职业道德修养至关重要。

1. 优化学校管理制度

学校要优化各项管理制度,引进先进教学设备和丰富的图书资料,保证教师从事教学科研工作的需要,促使教师不断提升业务能力。要重视激励机制的效能,对师德高尚的教师褒奖,对师德出现问题的教师惩处,奖惩结合,形成优秀人才脱颖而出、问题教师必受严惩的氛围。

2. 建立和谐人际关系

和谐的人际关系是教师遵守职业道德行为的心理基础,能够促使教师敬业、精业、乐业。因此,学校要努力建立和谐民主、友爱平等、相互尊重的校园人际氛围,让教师和学生轻松愉快地工作和学习。一要建立和谐的干群关系。学校领导要理解、尊重、关心普通教师,要懂得"管理即服务"的道理,真心诚意为教师"服务"。教师要模范遵守学校各项制度,尊重学校领导,理解并支持学校领导的正确决定。二是建立和谐的同事关系。良好的同事关系可以为学生在人际关系方面做出表率,学校要鼓励教师和谐相处,鼓励教师之间相互尊重、坦诚相待;学校要公正地对待每一位教师,当教师之间出现矛盾和冲突时,学校要合理适度地进行调节,切忌粗暴武断解决问题。三是建立和谐的师生关系。学校要通过丰富校园生活等方式促进和谐师生关系的建立,增进师生之间的沟通,建立互相尊重、平等友爱的师生关系。教师要真正理解、关心学生,学生要热爱、尊重教师,师生之间教学相长,共同进步。

3. 切实维护教师利益

学校要关注教师的利益需求,关注教师在工作和生活上遇到的问题与困难,及时为教师排忧解难。学校要努力改善教师的工作条件、学习条件和福利待遇,使教师能够安心教学,提升教师的职业幸福感。

4. 积极推进民主治校

学校要发扬民主精神,增强教师的主人翁意识,鼓励教师参与到学校的管理中去。要让教师参与学校的办学、教学、科研等重要问题和重要事项的决策,只有真正落实了教师在学校的主体地位,才能提升教师对学校的归属感,爱校敬业。

（二）创建有利于师德建设的社会宏观环境

社会环境即教师所处的宏观环境,是指学校之外的,影响教师教育教学工作的一切因素和条件的总和,包括生产力发展水平、政治制度、教育制度、法律法规、大众传播媒介等等。社会环境无时无刻不在影响着教师的一切活动,因此,应该创建有利于师德建设的社会环境,发挥社会环境的积极作用。

1. 营造崇尚道德的社会整体环境

"培养良好的社会大环境是教师坚守道德信仰的必要条件,教师的道德信仰状况不是脱离社会环境而孤立存在的。"①教师是社会大环境中的自然人,教师的道德信仰深受周围环境的影响,社会整体环境的优劣会直接影响到教师对职业道德的认识和践行。

要积极采取有效措施,防止社会大环境中的消极因素对公民道德修养的不利影响,倡导并弘扬中华民族传统美德,在全体公民中树立崇尚道德,鄙视不道德行为的道德意识,提升全体公民的道德修养,进而培养良好的社会道德风气,营造积极向上、崇尚道德的社会整体环境。

2. 创设尊师重教的社会整体氛围

社会各界对教师的认可是教师献身教育教学事业的重要动力,社会舆论对教师职业道德修养建设具有重要的导向性作用。

要采取有效措施提高教师的社会地位,让人人尊重教师,让全社会认识到教师的重要性和特殊性,使教师职业成为人人敬仰、人人向往的职业。要通过广播、报纸、电视、网络等多种大众媒体大力弘扬高尚师德,加强职能部门对社会舆论报道的监督力度,通过社会舆论的正确报道引导各界人士正确认识教师职业道德现状,创设包容和谐、尊师重教的社会整体氛围。

参考文献

1. 张学军,曹永川,国晓华.中小学教师师德素养提升80讲[C].重庆:西南师范大学出版社,2017.06:24-28.

2. 赵国柱,陈旭光.教育理念变革中的师德建设[M].天津:天津教育出版社,2012.

3. 林崇德.师魂——教师大计 师德为本[M].北京:高等教育出版社,2014.

4. 刘铁芳,谢春风.师德突出问题典型案例评析·中学教师读本[M].北

---

① 刘苑.论师德建设[J].天津市教科院学报,2003(6).

京:北京师范大学出版社,2014.

  5.齐学红,肖北方.师德突出问题典型案例评析·小学教师读本[M].北京:北京师范大学出版社,2014.

  6.杨浩.我国中小学职业道德建设问题与对策研究[D].哈尔滨师范大学,2012.

  7.王晓艳.中小学师德建设的问题及若干建议[J].中国校外教育,2018(8).

  8.王菊.简谈教师职业道德评价体系的构建[J].教学与管理,2012(30).

第九章 国外教师职业道德建设的做法与启示

教师伦理或者说教师道德规范的制定,是随着时代进步,对教师这一重要职业提出的新的职业约束和行业要求,与律师、公务员等行业道德规范相比,不同国家因其文化、历史及经济发展水平的差异,对教师职业道德规范进行了不同维度的注解和约定。许多发达国家的教师职业道德规范的制定和修编起步较早,其中有代表性有的美国、日本等国,对教师职业道德相关的研究起步于20世纪中叶,虽然不同国家的教育体系、教育制度迥异,但对职业道德的规范方面均有可借鉴之处。本章通过对国外教师职业道德建设进行系统性的对比和综述,总结各国规范制定的大体方略,为我国教师职业道德规范的制定提供可以参考的素材和借鉴。

第一节 有关国际组织关于教师职业道德规范的规定

一、联合国教科文组织的《关于教师地位的建议书》

1966年10月,联合国教科文组织(UNESCO)在法国巴黎举行了各国政府间的特别会议,会议的主体围绕教师地位展开了讨论,并制定了《关于教师地位的建议书》。建议书内容包括:前言和定义、适用范围、指导原则、教育的目标与政策、教师培养、教师的继续教育、雇佣及身份、教师的权利及责任义务、有效的教学及学习条件、教师工资、社会保障、教师的缺乏和最后规定,共13章、146条。其中申明的具体师德规范如下:

1. 教师不得以种族、肤色、性别、宗教、政治见解、民族或社会成分或经济状况为理由,以任何形式歧视学生;

2. 教师要为每一个学生提供可能的、最充分的受教育机会,应适当注意对教育安排有特殊要求的儿童;

3. 教师应具有必要的德、智、体的品质,并且具有必要的专业知识和技能;

4. 教师要尽一切可能与家长紧密合作,但也不能在教师专业职责等方面受到家长不公正和不应有的干涉;

5. 教师要积极参加社会和公共生活;

6. 为了学生、教育工作和全社会的利益,教师要力求与各行政主管部门充分合作;

7. 教师应参加课程、教学方法和教学设备的改进工作;

8 教师要公正地评定学生的学业成绩;

9. 教师应避免学生发生意外事故。

联合国教科文组织出台的《关于教师地位的建议书》对从事教育工作的教师提出了基础道德要求,其中以对待学生的公平性原则为首要要约,同时也提出了教师与家长、社会、同行和行政部门充分协作的重要性。这一建议书与其说是对教师道德的约束,不如说是对教师的社会定位进行了基础的诠释,可以作为全世界教师行为规范制定过程中的基准。

二、国际教育工会的《国际教师团体协商委员会教师宪章》

《国际教师团体协商委员会教师宪章》提出了教师应遵循的师德规范,包括:

1. 教师必须尊重学生的思想自由,并鼓励他们发展独特的判断力;

2. 教师要致力于培养作为未来成人及公民的道德意识,并以民主、和平与民族精神教育儿童;

3. 教师不能因性别、种族、肤色及个人信仰和见解的不同,将个人信仰及见解强加于儿童;

4. 教师要在符合学生自尊心的范围内实施仁慈的纪律,不得采用强制和暴力。

与联合国教科文组织指定的《关于教师地位的建议书》不同,《国际教师团体协商委员会教师宪章》主要注意的是教师与学生之间的关系,强调民主、平等、仁慈,还有尊重这些伦理上的师生关系。

第九章　国外教师职业道德建设的做法与启示

第二节　国外一些主要国家教师职业道德建设的做法和经验

一、美国教师职业道德建设的做法和经验

美国自20世纪二三十年代即开始对现代教师的道德建设进行了系统研究。学者韦伯等人运用调查统计的实证法，归纳总结了25项教师应具备的职业品质，其中涉及职业道德的品质包括：体谅别人、热心、诚实、具有进取精神、自制、虚心坦白等，这一时期美国对现代教师的要求较为宽泛，随着一系列研究成果的发布，整个社会和教育界对教师的道德品质要求更为具体化。

（一）《我们时代的教师》

1948年，全美教育委员会所属的师范教育委员会对符合时代的教师道德品质进行了研究，发布了《我们时代的教师》这一报告，报告中对教师的伦理品质提出了13条要求，主要包括：

1. 社会意识；
2. 自重重人；
3. 与人合作；
4. 理智地处理一切事务；
5. 在专业素养中要培养普遍的优良特质；
6. 要熟悉传达知识的相关技术；
7. 不断地求知；
8. 了解儿童；
9. 爱护儿童，与儿童友善相处；
10. 了解社会并积极参与社会活动；
11. 做学校和社会中良好分子；
12. 有专业的信心；
13. 对自己和儿童的成就有正确的评价能力。

从"二十五项"职业品质到"十三条"道德品质的要求，美国研究人员发现，随着时代的进步，越来越多的教育工作者面临社会价值、个人价值等诸多因素的影响日益严重，教育过程中诸多涉及伦理、道德和价值观的矛盾亟须更加深入的教师道德相关研究。

(二)《教育专业伦理规范》

经历了20世纪五六十年代的系统研究,美国全国教育学会发布了具有时代意义的《教育专业伦理规范》。《教育专业伦理规范》的前身是1929年由美国全国教育协会中的专业伦理委员会(Committee of Ethics of the Profession)颁布的《全国教育协会伦理规范》(Code of Eithics of National Education Association of the United States)。1929年版本的规范主要针对一次3145份的问卷调查中存在的教师不道德行为。全国教育协会认为这一伦理规范是关于某一特定专业的成员正确行为的基本的、实际的原则,代表了最低限度的行为保证,借以通过惩戒性行为得以执行。全国教育协会相信这一伦理规范可以成为教育从业者和公众、雇主、同事及服务对象之间教育专业关系的基本伦理准则。

然而,1929版本的规范的推广并不顺利,许多教师对规范的内容和价值未充分地理解和认知。为了推广并制定更具操作性的规范,全国教育协会于1939年组建了新的专业伦理常设委员会(Standing Committee on Professional Ethics),并于1941年和1952年两次修订并正式更名为《教学专业伦理规范》,修订更加重视规范有效性的发挥。其中1952年版本中指出,教师要公正对待学生,不论学生社会、政治、经济、宗教、种族、身体和情感特点怎样,都要无偏见、公正地对待学生,突出了宗教、种族、政治、经济、社会等方面的平等。

随着联合国教科文组织《关于教师地位的建议书》的发布,美国全国教育学会有针对性地对1952年版本的《教学专业伦理规范》进行了三次修订(1963年版、1968年版及1972年版)。其中,受到"教师工作应被视为一种专门职业"这一理念的影响,于1975年修改并完善为《教育专业伦理规范》(Code of Ethics of the Education Profession)。与前两次的调整版本不同,这一时期的三次修订,在语言表述上从主要以禁止不道德行为的刚性规定逐渐向主动引导的柔性约束,规范内容也有了明显的变化。

在美国《教育专业伦理规范》中,师德规则所占比重最大,它反映的是作为一个称职的教师最基本的要求。与师德理想、师德原则相比,美国的师德规则更加明确、更加具体,在教育实践中也更具有可操作性,它直接影响着教师的教学行为,限定着教师在课堂内外各方面的表现。这些规则是从教师对待自己的学生和所从事的专业两个方面讲的。

其一,在对待学生方面:

1. 不得无故压制学生求学中的独立活动。在学习过程中,要允许并鼓励学生独立地进行活动。如果教师要对这些活动加以阻止,就要提出适当的理由。

2. 不得无故阻止学生接触各种不同的观点。教学中传递的观点并不是唯一的观点,教师本人对某一问题的认识也不见得是正确无误的。因此,学生在学习与生活中,接触并接受与教材、教师不同的观点是正常的,这本身反映的是教学的民主性。

3. 不得故意隐瞒或歪曲与学生进步有关的材料。对于成长中的中小学生来说,获知自己在学习等方面的任何进步尤为重要,这样的反馈对他们而言不仅能增强其成就感,激发他们进一步学习的热情,而且对于他们的身心健康也有着一定的促进作用。教师不能因为自己的偏见或私利,而对这些材料秘而不宣或加以歪曲。

4. 必须做出合理的努力以保护学生不受到对学习或者健康和安全有害的环境的影响。教师应为学生提供一种简化或纯化了的环境。在这种环境中,应剔除那些有可能对学生发展不利的因素,应按照学生身心发展的要求来加以组织和设计。教师要从保护学生的立场出发,及时观察那些有可能对学生学习、健康、安全造成损害的因素,尽力使学生免受它们的影响。

5. 不得有意为难或者贬低学生。教师对学生应有善意和爱心,不能以任何理由故意设置种种障碍为难学生,也不能故意贬低学生。

6. 不得根据种族、肤色、信条、性别、原有国籍、婚姻状况、政治或宗教信仰、家庭、社会或文化背景或者性别,不公正地排斥任何一个学生参加任何课程,剥夺任何一个学生的任何利益,给予任何一个学生以任何有利的条件。这与美国多元文化的社会背景相一致。美国是一个移民国家,几乎世界上任何一个国家或地区的人都在美国有一席之地。

7. 不得利用与学生的专业关系谋取私利。相对其他职业关系而言,教师与学生的关系较为特殊,二者的关系一是相对稳定,二是相互制约。第二点表现得尤为突出。一般来说,教师与学生在教学过程中形成的授受关系,常常使得学生在心理上依赖教师,教师所表现出的权威意识也会使学生依从教师的指令。这种特定的关系容易导致教师借机谋取私利,这是必须加以杜绝的。

8. 如果不是出于令人信服的专业目的,或者出于法律的要求,不得泄露专业服务过程中获得的有关学生的信息。

在对待自己所从事的专业方面:这一方面主要指教师谋求教学职位、职称以及在处理与周围同事的关系时,应遵守的行为规则。这些行为规则在一定程度上与上述对待学生的行为是相一致的。

9. 不得在申请某一专业职位时故意做虚假的陈述,或者隐瞒与能力和资格相关的重要事实。

10. 不得出具不符事实的专业资格证明。

11. 不得帮助明知在品格、教育或其他有关品质上不合格者混入教育事业。因为对于那些将要从事教师职业的人来说，资深教师的推荐常常是比较重要的。

12. 不得在有关某一专业职位候选人的资格陈述上故意弄虚作假。

13. 如果不是出于令人信服的专业目的或者出于法律的要求，不得泄露专业服务过程中获得的有关同事的信息。

14. 不得造谣中伤或诽谤同事。

《教育专业伦理规范》是专就师德问题公布的文件，此外还有其他一些规定也反映着有关师德的要求。为了使制定的规范在实践中发挥效果，确保规划得以执行是一个重要方面。基于这一认识，全国教育协会成立了专门的检查委员会(Review Board)。这一委员会代替了之前的专业伦理委员会。全国教育协会做出规定，检查委员会对于被指控违反了规范的行为与事件拥有裁决权。检查委员会具有指责会员、吊销会员或者开除会员的权利，其执行委员会的成员或者行政官员可以对违规事件提出控告。另外，检查委员会可以对有关管理机构实施与执行全国教育协会章程、伦理规范的相关行动进行审查。

1975年版规范中这种伟大崇高性的条目数量大减，规范条目中更多的是一些具体可行的对教师伦理的要求，在具体的条文中有这样的要求：不得无故压制学生求学中的独立行动；不得无故否定学生的独到见解；不得故意压制或歪曲反映学生进步的事实；不得无故为难或贬抑学生等。这种以师德规则的形式来制约教育工作者在实践中具体的伦理行为，使规范具有可行性和操作性。当然，只有师德规则层次也是不够的，教育教学实践过程中具体的伦理行为多种多样，规范条目不可能将其做一一罗列，这时就需要师德理想和师德原则层次共同发挥作用，以指导教育工作者做出正确的伦理行为。

(三)优秀教师行为守则

《教育专业伦理规范》是专就师德问题公布的文件，此外还有其他一些规定也反映着有关师德的要求。如美国华盛顿州颁布的《优秀教师行为守则》(以下简称《守则》)，就从教学行为方面对教师提出了一些道德要求。《守则》包括26条，其中涉及的师德内容包括：

1. 记住学生姓名；

2. 注意参考以往学校对学生的评语，但不持有偏见，并且与辅导员联系；

3. 对学生真诚相待，富于幽默感，力争公道；

4. 要言而有信,步调一致,不能对同一错误行为采取今天从严明天从宽的态度;

5. 不得使用不能实施的威胁性语言;

6. 不得因少数学生的不轨而责备全部学生;

7. 不得当众发火;

8. 不得在大庭广众之下让学生丢脸;

9. 注意听取学生的不同反映,但同时也应有自己的主见;

10. 要求学生尊敬教师,对学生也要以礼相待;

11. 不要与学生过分亲热或过分随便;

12. 不要使学习成为学生的精神负担;

13. 在处理学生问题时如有偏差,应敢于承认错误;

14. 避免与学生公开争论,应个别交换意见;

15. 要与学生广泛接触,互相交谈;

16. 少提批评性意见;

17. 避免过问或了解学生们的每个细节;

18. 要保持精神饱满,意识到自己的言谈举止都会影响学生的行为;

19. 要利用电话等手段与学生家长保持联系;

20. 在处理学生问题时,要注意与行政部门保持联系;

21. 要严格遵守学校的规章制度。

(四)《职业伦理声明》

美国大学教授协会(American Association of University Professors)于2009年重新修订了《职业伦理声明》(Statement of Professional Ethics),总结概括了高校教师应承担的各类责任,具有比较高的代表性和认同度,包括以下五项内容:

1. 对学术的责任。历史地看,高校教师的责任产生于现代大学的使命,科学研究是高校教师工作中的核心内容,高校教师应始终站在科学前沿,掌握学术发展的最新趋势,将学术成果转化为教学内容,保障人才培养质量,这也是高校教师这一职业与其他职业、其他教育工作者的重要区别,故高校教师专业伦理的核心是对科学精神和学术规范的尊重。"教授应坚守信念,肩负促进知识进步的价值与尊严的特殊责任,探索并阐明所发现的真理。"

2. 对学生的责任。高校教师不仅要发现新知,还应向学生传授新知,强化教师培养人才的能力和本领。由于教师在学识上相对于学生尚处于权威地位,这种不对等有可能因为教师的自律不足而演变为人际关系上的不平等。因此,教师的专业伦理既要维护自身的师道尊严,也有必要申明教师对学生的尊重与引导。"教授应尽一切努力培养学生诚实的学术行为,并确保对学生给予科学合理的评价,真实地反映每一个学生的优点。"

3.对同事的责任。传统意义上,高校教师的科研与教学相对独立,但仍需与团队合作,尤其是在推进协同创新,提升高校科技创新能力的进程中,处于同一研究领域的教师间不可避免地存在着直接或间接的竞争或合作关系,不同视角之下的研究也可能产生矛盾分歧。"作为同事,教授应恪守作为学术共同体成员之一的义务。教授不得歧视或干扰同事,要尊重并捍卫同事的学术自由,即便存在与自己观点不同的研究发现和成果。"

4.对学术共同体的责任。大学是一个以学术为皈依的命运共同体,决定了高校教师应以学术为生存方式。这一学术共同体的核心价值理念、内部结构、管理模式、名誉的维护、声望的提升,需要共同体中每一个高校教师共同努力。"作为学术共同体中的成员,教授首先应致力于成为高效的教学者和研究者。在学术共同体的规章不违反学术自由的前提下,教授应恪守其规定,但仍保有批评和要求修订规章的权利。"

5.对社会的责任。作为社会的一个单元,高校的人才培养、科学研究最终应以服务社会为导向。因此,教师的学术自由与社会责任是一致的,要求高校教师要拥有充足的知识储备,还应作为知识权威承担引导社会自律的责任。通过提高人才培养质量,促进整体社会大众文明程度的提升。"作为高校教师,教授具有特殊义务,应促使整体社会的环境条件更有利于科学的自由探索,并逐渐深化社会大众对于学术自由的认识。"

二、日本教师职业道德建设的做法和经验

(一)森有礼的教育思想

日本的教师职业道德教育,受森有礼的教育思想影响较大。森有礼(1847—1889年),日本明治初期的外交官、启蒙思想家和教育家。明治维新时期,森有礼在伊藤博文内阁中担任文部大臣,致力于日本教育的改革。在森有礼的倡议下,日本相继颁布《学校令》《帝国大学令》《师范学校令》和《小学校令》等学校通例,确立了日本学制的基础,并对"士族教师形象"进行了早期的塑造和培育。

森有礼非常重视师范教育,且十分反对传统的儒教主义教育。森有礼在《对九州各县巡回途中小学校示喻》"学科要领"中,对教师道德教育做了以下

的阐述:"若不顾儿童发育程度情况,即授之以古人言行等难解之理,其中颇有小学生徒之脑力所不可得解之处,故甚不可行也。修身之教当不在于此,否则难免加之以伤害","总之,纵观今日之修身教科书,均难免瑕疵,教员之注意因而最为紧要"。森有礼指出,教师要注意儿童身心发展,这也是最早的日本教师职业道德教育的阐述。

(二)1952年后的《教师伦理纲领》

日本在第二次世界大战战败之后,宣告了军国主义天皇制国体结束,广大教师从政府发动侵略战争的反思中觉醒,力图追求民主主义的"现代教师形象",1947年日本教职员组织成立,通过了以提高教职员地位与建设民主主义教育文化为目标的《宣言》。1952年日本教师联合大会通过《教师伦理纲领》,作为正式的师德规范颁布,至今仍然被广泛运用。

其主要内容共10条:

1. 教师要肩负起日本社会的使命,同青少年一道生活;
2. 教师要为教育机会的均等而斗争;
3. 教师要捍卫和平;
4. 教师要站在科学真理的立场上行动;
5. 教师不容许教育自由遭受侵犯;
6. 教师要寻求公正廉明的政治;
7. 教师要同家长一道跟社会的颓废现象做斗争,创造新文化;
8. 教师是劳动者;
9. 教师要维护生活权益;
10. 教师要团结一致。

应该说,日本的《教师伦理纲领》是战后为了顺应日本当时的困难局面,制定的较为宽泛、缺少实用价值的行为规范,"纲领"对教师及教育从业人员进行道德、行为、职业定义和价值取向上的界定。并提出:"日本的教师,越是困难越要加强与全国工人的团结,以自己的勇气和智慧保卫青少年。"这反映了当时日本社会各个阶层的一种精神诉求。

从1959年起,日本把"道德教育研究"列为师资培训课程的必修课目。日本各地区的道德研究中心负责培训教师,研究讨论当今社会普遍关心的道德问题,以提高对学生进行道德教育的能力。这一时期,日本对教师道德建设的研究成为热点,出版了一系列专著,如原玉川大学总长原国芳撰写的《师道》等,与英美教师道德研究在同一时期的成果交相辉映。

日本的近代及现代化教育是在政府强有力推动下进行的;教育的推进有着平稳的社会大环境,是连续、有计划且稳定推进的;政府决心大、力度大,以"倾国之力"投入教育事业;教育是日本国民的灵魂,《教育敕语》被称为日本的第二部宪法;领导人有着高度的"教育为立国之本"的价值观念。日本近代学校创立之后,就大力创办师范学校,着眼于培养教师,并主张"师魂通士魂",即要求教师应有武士风度。

三、德国教师职业道德建设的做法和经验

德国教师既承担普通公务员的义务,还承担作为国家教师应承担的义务。因此,德国教师职业道德具有鲜明的特征和悠久的历史。其中,决定德国整个教师队伍的教育水平、方式方法的德国教师教育标准也经历了多次的改革。1999年的欧洲一体化过程中的博洛尼亚进程(Bologna Process)和2000年德国参加的"国际学生评价项目"(PISA)调查,都为德国教育标准的大幅度革新提供了外部刺激。由于博洛尼亚进程倡导欧洲国家的大学和硕士研究生可以实现学分共享,即各校之间的无阻碍学生交流,这相当于将各个欧洲国家的教育水平和教育方式推向前台,迫使德国的教育系统进行大规模的因应性调整。此外,由于PISA调查中,德国中学生成绩与欧盟其他国家相比,15岁年龄组表现较差,也引发了德国教育系统的整体震荡。为了应对这一不利局面,2004年德国颁布了具有代表意义的教育标准《教育标准:教育科学》。

这一标准为德国教师(包括小学、中学、职业和特殊教育机构在内)的职前培训制定了严格的标准框架。虽然,2004年的《教育标准:教育科学》的初衷是提升教师的教学质量,但同时也占用了很大篇幅规定了教师职前教育中除教学(Teaching)以外的教化(Education)能力培养。2004年版本的教育标准中共有四个组成部分,其中第二部分主要涉及教化能力培养的具体内容,包括三个能力:

(一)教师了解学生的社会文化生活条件,在学校的框架下对学生个人的发展施加影响

理论教学阶段的标准(毕业生):

1.了解有关儿童和青少年发展与社会化的教育学、社会学和心理学理论;

2.了解学生在学习过程中所处的不利境地,知道如何提供教育救助和采取预防性措施;

3.在设计教育教学过程时注意跨文化维度;

4. 了解性别特征对教育过程的影响及其意义。

见习阶段的标准(毕业生)：

1. 认识到学生所处的不利境地,提供教育救助和采取预防性措施；

2. 向学生提供个性化的支持；

3. 注意到各个学习小组中的文化和社会背景的多样性。

(二)教师传授价值和规范,支持学生自主地判断和行动

理论教学阶段的标准(毕业生)：

1. 了解并反思民主的价值和规范以及对此的传授；

2. 知道如何促进学生形成有价值意识的态度和发展自主判断和行动的能力；

3. 知道如何支持学生应对个人的危机和决策情境。

见习阶段的标准(毕业生)：

1. 反思价值与价值态度并采取相应的行动；

2. 和学生逐步地练习自主的判断和行动；

3. 使用富有建设性的应对价值冲突的形式。

(三)教师可以找到解决学校和课堂中困难与冲突的办法

理论教学阶段的标准(毕业生)：

1. 掌握有关交流与互动(特别是师生互动)的知识；

2. 熟悉谈话的规则以及相互交往的基本原则,即那些对于课程、学校和家庭工作重要的规则和原则；

3. 了解儿童和青少年阶段的风险和危险以及相应的预防和干预措施；

4. 善于分析冲突,了解建设性的解决冲突以及应对暴力的方法。

见习阶段的标准(毕业生)：

1. 能够设计课程和规划学校中的社会关系和社会学习过程；

2. 与学生一起确定相互交往的规则并加以落实；

3. 根据具体的情况应用预防和解决冲突的策略和行为方式。

德国教师教育标准只是设定了目标,但是对于达到目标的途径保持开放性,为各州和各高校个性化和多样性的教师教育课程设置预留了空间。值得指出的是,德国的师德规范重点突出两个方面：一是要求教师热爱学生及自己任教学科,二是要求教师具有人道主义和民主精神。

四、英国教师职业道德建设的做法和经验

（一）洛克的"绅士"教育思想

英国教育家洛约翰·洛克（1632—1704年）是英国著名的资产阶级唯物主义哲学家、政治思想家和教育家。1693年，英国曾经出版了洛克的《教育漫话》，对后世教育思想特别是关于教师职业道德建设产生了重大的影响。

洛克提出十分重视教师的严选和师德培养，在"严选"方面洛克指出："宜于教育青年绅士和形成青年绅士的精神的人不是到处都可以找到的。"而在教师的选聘标准上，洛克认为教师应该是具有"很大的镇定力、忍耐力以及温柔、勤勉、谨慎种种道德的人"。洛克把智育放在德育之后，认为树德是第一位的。

洛克认为，教师应该如慈父一样对学生进行关爱，"态度温和，多与学生攀谈"。要对学生表达出"慈爱和善意"。师生相处要"倾听学生的建议"，主张诱导而不是强制式的教育，让学生热爱学习。要求教师"在他的一切教导上面还要加上和蔼的成分，他的整个举止应该显得慈和，使儿童知道他是爱他，为的只是他的好处，这是使儿童发生爱好，使他因此肯去听课，与他爱好他所教导的事项的唯一方法。"

洛克还重视榜样的力量，强调教师要身教而后言传。他提出："导师应以身作则，使儿童去做他所希望他做的事情。导师的行动千万不可违犯自己的教训，除非是存心使儿童变坏。导师自己如果任情任性，那么教训儿童克制感情便是白费力量的，自己如果行为邪恶，举止无礼，则儿童的行为邪恶，举止无礼，也就无法改正。坏榜样比良好的规则更容易被采纳；所以他应该时时留心，不可使儿童受到不良的榜样的影响。"而重在身教的老师，应该具有"良好的教养，因人、随时、随地，都有适当的举止与礼貌"。这对教师的道德要求是十分具体和明确的。

洛克还对教师的职责进行了更为具体化的建议，提出教师的职责"在于养成学生的风度，形成学生的心理；在使学生养成良好的习惯，怀抱德行与智慧的原则；在逐渐将人世的真情实况显示给学生；在使学生喜爱，并且模仿优良的与值得被人称誉的行为。在当学生正做这种行为的时候，给他力量和鼓励"。

洛克的绅士思想，大力提倡德育的重要性，认为德智体中德育非常重要，更提出教师的品德塑造是重中之重。这对英国的教师职业道德建设影响深远，也塑造了英国"绅士"教育的整体框架。

(二)英国《教师个人与职业行为标准》

英国教师职业道德行为的管理主体是英国教育部的直属机构——英国国家教学与领导学院(National College for Teaching and Leadership),主要负责教师职业道德失范行为的受理、调查、审判等相关事宜。其中对教师职业行为界定主要遵循的标准即2004版本的《教师个人与职业行为标准》(*Teachers Standards Part Two: Personal and professional conduct*)。

其中个人与职业行为对英国教师职业道德做了7个方面的约定,包括:

1. 严格对待学生,与学生之间彼此尊重,遵守教师工作的职业边界;
2. 对于其他人的权利展示尊重与包容;
3. 不损害英国核心价值观,即民主、法治、个人自由、共同尊重,包容不同信仰与观念;
4. 教师确保自己所表达的个人观念不会激发学生的弱点,或可能导致学生犯法;
5. 教师必须了解并遵守学校相关的政策、法规;
6. 教师必须理解教师职业义务与责任,在法律所规定的责任范围内从事教学;
7. 教师必须依照《儿童保护法》的要求保护学生的利益。

而对教师职业道德行为进行监管的过程中,英国国家教学与领导学院有一整套行之有效的流程,包括投诉认证、受理、决策者考察证据、陪审团听证和禁令下达等诸多程序。对教师职业失范行为进行不同程度的界定:包括是否违反职业道德的失范行为最轻,是否破坏教师职业名声的失范行为其次,最严重的构成职业犯罪。也因此判定被投诉教师的处罚水平。

英国还在2007年由英国全国教师联盟发布了一个手册,也更为具体地提出了教师应避免的不合适行为20条、应避免的有争议的行为7条、应避免的渎职行为7条、应避免的失职行为6条。英国对教师职业道德的规范,往往以"不应该"和"不能够"来有效规避教育教学中可能存在的失德行为,这对保护儿童起到了非常好的示范作用,也充分揭示了教育以学生为本的思想,是对洛克的教育思想的全面的现代阐释。

五、法国的师德问责制

在法国,自拿破仑时期建立的师范学院就非常重视道德引导,当时的法国师范学院与一般意义上的大学有着不同的价值理念。注重道德,用引导的方式去获取知识;注重学生和教师之间的密切培育关系;具有很强的职业责任感。法国师范学院培养学生的教学理念被继承和延续下来,为法国师德培养打下了坚实的基础。

法国中小学的师德问责制非常著名,其主要的组织构成包括:中央总督学、学区督学、省教育督学、校长和家长五类。通过这五级的监督、评价体制保障,法国建立了健全的督导制度,通过不同层次对从业教师的职业行为进行监督和管理。当然,法国更重视师德的培养和制度体系的保障,在培养方面,法国的"大学级教师培训学院(IUFM)"对法国教师的选材、培养都有非常严格的规定,保障了法国中小学教师的从业水平。在纪律惩戒方面,由于法国教师和德国类似,教师还具有法国国家公务员的身份,除需要遵守教育法律法规外,还必须遵守《公务员总章程》,对于违反公务员相关制度的行为同样需要被行政问责。

六、俄罗斯的教师道德建设

俄罗斯的《师德规范》从对待教师职业、对待学生、对待学生集体、对待学生家长、对待同事、对待学校领导的态度和对待社会7个方面详细地概括了对教师的要求,其具体内容要求俄罗斯的在册教师"要根据自己对教育专业的兴趣选择教师职业";在对待学生上,要求教师"要能够耐心地对待儿童的不正确行为、意见和信念,善于说服他们,耐心地说明他们的错误"。

而俄罗斯最重要的教师道德约束文件应该是《俄罗斯联邦教育法》,最初版本于苏联解体后发布,即1992年7月经联邦总统批准发布实施。分总则、教育体系、教育体系的管理、教育系统的经济、实现公民受教育权利的社会保证、教育系统的国际活动6章,共58条。包含国家制定教育政策的原则、教育组织形式、各级各类教育的实施、各级政府部门的教育权限、教育机构的权限和职责、教育机构的经营性活动等多方面内容。《俄罗斯联邦教育法》经历了1996年和2012年的两次修订,在最新的修订中对有关教师道德建设进行了进一步规定。第四十八条"教育工作者的义务和责任"明确提出了11项教育工作者应当履行的岗位职责,其中有两项职责重点关涉教师道德维度:一是遵守法律、道德和伦理规范,遵循职业道德要求;二是尊重学生及其他教育关系参与者的荣誉和尊严。此外,《俄罗斯联邦教育法》从意识形态层面对教师"行为底线"进行了法律约束——"教育工作者禁止利用教育活动进行政治鼓吹,强迫学生接受违背个人意愿的政治信仰、宗教或其他信仰,煽动社会、种族、民族或宗教仇恨……禁止传播关于历史、民族、宗教和民族文化传统的不可靠消息,禁止鼓动学生参与违反俄罗斯联邦宪法的行为"。

俄罗斯教育科学部正在积极筹备制定《教育工作者职业标准》。该标准主要面向学前、小学、普通中学三级教育机构的教育工作者,重点将从"教学""育人""促进儿童发展"等维度系统规定教师的职业准则。目前公布的《教育工作者职业标准(草案)》特别强调了教育工作者的自身道德意识和开展育人工作的重要职业取向,提出了"掌握德育工作的形式和方法,善于将其运用到课堂及课外的学生活动之中""善于与学生交谈,认可他们的优长,理解学生""善于同其他教育者和专家合作解决德育任务""能够为学校创造积极的贡献,支持学校生活的氛围和各项传统"等18项具体职业标准。

七、加拿大的《教师职业道德标准》

加拿大安大略省的《教师职业道德标准》是由加拿大安大略省教师协会所制定的,在2006修订版中,在导言中就提出:安大略省注册教师"在其高度信任的职责中",在与学生、家长、监护人、同事、教育合作者、其他专业人员、环境和公众的关系中,表现出"责任感"。并且指出,教师职业道德标准具有四大义务:

1. 激励教师维护和提升教师职业的荣耀与尊严;
2. 识别教师职业中的道德责任和义务;
3. 指导教师职业中的道德决定和行为;
4. 提升公众对教师职业的信任和信心。

在加拿大职业道德标准中,对教师也提出了四条可行的品德诉求:

1. 关爱(Care)

关爱的道德标准包括为提升学生潜能所表现出的同情、包容、兴趣与洞察力。教师通过积极影响、专业判断和实践中的同理心,表达他们对学生福利和学习的高度责任。

2. 尊重(Respect)

尊重的道德标准的核心是信任和公正。教师尊重人的尊严、情感健康和认知发展。在教师的职业实践中,教师以身作则,对精神与文化价值观、社会公正、隐私权、自由、民主和环境表示尊重。

3. 信任(Trust)

信任的道德标准包括公正、开放和诚实。教师与学生、同事、家长、监护人和公众的关系应建立在信任的基础上。

4. 正直(Integrity)

正直的道德标准包括诚实、可靠和道德行为。不断的反思有助于帮助教师在履行其职业义务和责任时做到正直。

加拿大安大略省的《教师职业道德标准》针对性强,从四个方面对教师道德进行了较为全面的阐释,要求教师积极、沟通、诚实和公正。

八、新西兰的《注册教师职业道德规范》

新西兰教师委员会制定的《注册教师职业道德规范》强调,教师的工作除了要"充分照顾到学生的能力、文化背景、性别、年龄和发展阶段,努力为学生提供最高水平的专业服务",更应该注重合作,包括与学生、家长、同行和社会的合作,只有充分地合作才能将教育这一复杂的工作有效完成。

(一)基本原则

在《注册教师职业道德规范》的开篇即界定了教师的专业互动需要遵照的四条基本原则:

1. 自主性:尊重并保护他人的权利;
2. 公正性:分享权力,防止权力被滥用;
3. 求善:善对他人,把对他人的伤害降到最低;
4. 求真:诚实对待他人和自己。

(二)对学生、监护人、社会和本职业的责任

从对学生、监护人、社会和本职业的责任四个方面,界定了教师的道德规范要求。具体内容包括:

1. 对学生的责任

注册教师最主要的专业职责是为学生负责。教师要培养所有学生的思考能力和独立行为能力,并努力鼓励学生对民主社会的基本价值观有明智的理解和认同。

教师应该努力做到:

(1)以最有利于学生为前提,建立并保持专业的师生关系;
(2)让自己的专业实践建立在以下基础之上:不断的专业学习,有关课程内容和教学法的最佳获知,对所教学生的尽可能了解;
(3)向学生呈现教学内容时,做到来源可靠、观点平衡;
(4)鼓励学生对重大社会问题进行批判思考;
(5)服务于不同学生的不同学习需要;
(6)促进学生在身体、情感、社交、智力、精神等方面的发展;
(7)对在专业服务过程中获得的有关学生的信息要依法保密。

2. 对学生家长/监护人及家人的责任

教师应该认识到，他们与学生的家长/监护人及家人是合作关系，应鼓励他们积极地参与孩子的教育。教师应该认识到，家长拥有就孩子的福利和进步情况向教师进行咨询的权利，尊重法律许可下的家长权力，尽管教师的专业决定必须总是以什么对学生最有利为依据。

（1）让他们参与有关孩子的照看与教育的决策；
（2）与他们建立开诚布公、相互尊重的关系；
（3）尊重他们的隐私权；
（4）尊重他们获得有关孩子信息的权利，除非出现对孩子不利的情况。

3. 对社会的责任

公众赋予了教师信任和责任，同时，在最广泛的意义上，也期望能够与教师一起为学生的人生做好准备。为了履行自己对社会的责任，教师应该努力做到：

（1）积极支持有关促进人人机会平等的政策和计划；
（2）平等合作，把学校建设成民主典范；
（3）传授广为社会接受的积极的价值观，并以身作则，鼓励学生学以致用，并批判地理解它们的重大意义。

4. 对本职业的责任

鉴于教学职业的服务质量对国家及其国民有着重大的影响，教师应该尽其所能地维持、提高职业标准，努力营造一个鼓励运用专业判断的氛围，并为吸引值得信任的人从教创造条件。为了履行自己对教学职业的职责，教师应该努力做到：

（1）通过负责任的、合乎操守的实践促进教学职业的利益；
（2）将自己视为学习者，不断致力于专业发展；
（3）在做关于资格与能力的陈述时说实话；
（4）为合理教育政策的制定和实施贡献力量；
（5）为营造一个开放、善于反思的职业文化贡献力量；
（6）尊重同事和助手，与他们平等合作，共同促进学生的学习；
（7）为新教师的入职提供帮助；
（8）尊重同事的隐私权，除非法律要求或有足够说服力，不得泄露同事隐私；
（9）如有同事的行为严重违背本规范，须举报。

第三节 国外教师职业道德建设的共性比较及其对我国的启示

一、国外教师职业道德建设的共性比较

(一)重视教师与不同社会关系的处理

不同国家制定的道德规范都十分重视师生关系,但不局限于师生关系,均将教师定位于社会性的教师,即除了制定教师与学生的关系的道德规范,还充分强调教师与同行(学校和行业协会)、家长、社会间的关系等处理方面的道德规范。

如联合国教科文组织《关于教师地位的建议书》中第4、5和第6条提出教师如何处理家长关系、社会关系和主管部门关系,教师要尽一切可能与"家长紧密合作",但也不能在教师专业职责等方面受到"家长"不公正和不应有的干涉。教师要积极参加"社会和公共生活"。为了学生、教育工作和全社会的利益,教师要力求与"各行政主管部门"充分合作。

美国《教育专业伦理规范》中除了主体对待学生的第一条至第八条外,其余条目均对美国教师与同事、资深推荐人和行业原则方面进行了明确的规范约束。

在德国,身为教师和公务员的双重身份,教师要"熟悉谈话的规则以及相互交往的基本原则,即那些对于课程、学校和家庭工作重要的规则和原则"。日本的规范则较为宽泛,对教师提出了较为形而上的约定,如"教师要寻求公正廉明的政治",但也对教师和家长、教师之间的关系进行了较为明确的规范:"教师要同家长一道跟社会的颓废现象做斗争,教师要团结一致。"

俄罗斯的《师德规范》从对待教师职业、对待学生、对待学生集体、对待学生家长、对待同事、对待学校领导的态度和对待社会7个方面详细地概括了对教师的要求。加拿大更为重视多层关系在道德规范中的地位,提出了"教师与学生、同事、家长、监护人和公众"相互之间的关系,需要建立在"信任"的基础上。其他国家也都或多或少提出了老师作为社会人的多层关系十分重要。

将教师定位于社会人,对其处理社会关系进行多方面的道德规范,是一种与时俱进的表现,教师只有在诸多关系中遵循上述道德规范,才能在最根本的师生关系中起到表率作用,也能更好地指导学生融入社会、适应社会并做一个健康的社会人。

(二)民主平等原则作为道德规范的基础

教师往往因为在以班级为单位的团体内部有更多的话语权,其一言一行往往被看作绝对的权威。然而,教育发达国家却充分认识到,教师应该更加重视平等,往往将平等作为教师道德规范的基础要求和先决条件。

联合国教科文组织的《关于教师地位的建议书》开明宗义地表明:"教师不得以种族、肤色、性别、宗教、政治见解、民族或社会成分或经济状况为理由,以任何形式歧视学生。"同时,教师要"公正"地对待学生的成绩。美国作为移民国家,对公平公正这一原则更加付诸笔墨,"不得根据种族、肤色、信条、性别、原有国籍、婚姻状况、政治或宗教信仰、家庭、社会或文化背景或者性别,不公正地排斥任何一个学生参加任何课程,剥夺任何一个学生的任何利益,给予任何一个学生以任何有利的条件"。日本则提出"教师要为教育机会的均等而斗争"。新西兰则在《注册教师职业道德规范》的开篇中即提出"公正性:分享权力,防止权力被滥用"的重要。

平等这一理念,常常作为教师从业的第一准则,这也是教师最容易出现偏差的一个方面,为了杜绝不公正,各国都做出了相应的努力。

(三)规范的可操作性

一个规范制定得好,除了从道德伦理角度上无懈可击,更为重要的是其可行性和可操作性。联合国教科文组织的《关于教师地位的建议书》更像是对教师职业的总体定位,具有普适性但缺少可操作性。各国的道德规范的可操作性也大相径庭,值得深思。以美国为例,《教育专业伦理规范》和《优秀教师行为守则》两个文件,大部分的道德规范从"要如何做"变成了"不要"如何做,这种变化使教师明确了职业边界和道德界限,可操作性要比日本的《伦理纲领》中较为宽泛的10条强很多。而采用建议式的加拿大和新西兰相关规范,制定了大量的与"如何做"相关的规范条目,条目的内容可操作性较强,但无强制性和约束性,是一种偏自由的规范。

最有特点和最具可操作性的是法国的师德问责制度,法国对于教师的考核采用评分制度。小学教师一般受国民教育督学监督,考核分数满分20分。而中学教师一般由学区督学和中学校长共同监督,满分100分。对中学教师行政方面的打分一般是由所在学校的校长负责,满分40分;教学方面的打分一般由学区督学负责,督学主要关注教师教学设计能力和语言表达能力,具有依据学生的学习情况评价学生学习的能力、提供差异化教学和培养学生自主学习能力,满分60分。联合委员会将两项得分相加,由各级行政官员评判,得出最后评分。教师督导的结果与教师的晋升和调动紧密挂钩,不同级别、不同岗位教师的工资待遇具有明显差别,这种差别推动着教师的进步与成长。这种严格的评价体系,除了对教师的教学水平提出了很高要求,更对教师的师德师风有了很好的间接评价,值得借鉴。

(四)重视教师的在职培训和教师自身发展

西方国家对教师教育的模式十分多样化,而且非常重视职业教育,包括入职前的培训和在职培训。对于教师的道德教育,强调常态化和日常化,认为教育理念和职业道德是一种习惯,需要长期培养。此外,也将教师的职业教育中的道德素质教育作为常态化教育的一种方式,在教学实践中塑造教师的优良教育品德。

世界各国对教师的培养和教育都十分重视,对于教师队伍的素质教育都提升到很高的高度,主要从以下几个方面进行保障:

1. 建立良好的教师培训环境,为教师培训提供先进的师资,充分提升教师的全面技能水平;

2. 为教师培训提供完善的教育设施和教育配套服务;

3. 教师培训多为免学费的高等教育;

4. 毕业的工作待遇优厚,减少教师就业压力;

5. 严格控制教师的工作量,保障其工作量在合理范围内,减少其工作压力;

6. 为教师提供充足的业余时间,免费提供高品质的职业教育和职业培训。

二、国外教师职业道德建设对我国的启示

通过对国外职业道德教育的发展进行深入研究发现,随着国外的教师职业道德教育的规范逐渐完善,教师道德素质的塑造也趋于多元化和立体化,在重视师生关系这一基本原则下,我国教师职业道德教育以及相关规范的制定可以遵循以下原则:

(一)建立可塑性的教师专业标准,将优秀的传统思想与现代的新理念相结合

我国以儒家文化为代表的传统文化博大精深,源远流长,儒家道德教育思想更是有着丰富的内涵,如仁爱诚信、崇义重德的德育内容;因材施教、重体悟

轻灌输的德育方法;注重培养道德情感和道德行为习惯的德育观念等。因此,汲取传统文化的精华,借鉴儒家道德教育的智慧,结合国外的教育教学理念,创造具有中国特色的教师专业标准,更符合我国的基本国情,也更能切合我国的实际教育状况。

(二)重视教师职业教育,完善教师职业教育的体系

在当代教育改革实践中,教师的工作职能出现了深刻变化,这种变化极大地提高了教师劳动的复杂程度和创造性质。没有教师的发展,没有教师专业上的成长,教师的历史使命便无法完成。因此,教师发展是历史进步的必然要求,是信息时代教育改革的呼唤。同时,信息时代的经济与社会发展又为教师发展创造了更多的条件。在新时代背景下,提升教师职业教育的投入力度,构建更适合现代教师职业教育的体系是当务之急。例如,提供暑期和寒假期间的专业性教师培训,为教师提供免费且高效的在职培训,这需要整个教育系统加大投入,整合资源,才能取得长期的效果。

(三)鼓励教师的在职深造,为教师自身素质提升提供多方位支持

当今社会科学技术迅猛发展,知识更新日益加快。如果要求教师的教学质量不断提高、职业素养良性发展,就必须为他们创造继续教育的条件和机会。教师的进修与培训,通常是指教师在职进修或脱产学习深造。教育系统要遵循教育发展的规律,有针对性地结合教学实践中产生的问题,为教师深造提供便利条件,鼓励教师不断地提高自身的教育教学水平,也提供充分的机会为其职业发展朝着健康、积极和乐观的方向进行引导。

参考文献

1. 兰英. 中美教师职业道德规范的文本分析及建议[J]. 西南大学学报(社会科学版),2012,38(5).

2. 美国优秀教师行为守则26条[J]. 新课程研究(下旬刊),2007(3).

3. 何颖. 美国高校教师专业伦理规范体系的经验与启示[J]. 比较教育研究,2012(2).

4. 万明明. 21世纪德国教师教育标准的发展、实施与评价——访德国IQSH主任托马斯·里克-包雷克[J]. 山东高等教育,2018,45(2).

5. 徐斌艳. 基于能力标准的德国教师教育改革[J]. 基础教育,2012(2).

6. 沈文虎. 略论洛克的教师职业道德思想[J]. 理论导刊,2008(12).

7. 王素一,陈琳. 英美教师专业伦理建设经验及对我国的启示[J]. 石家

庄铁路职业技术学院学报,2014,13(4).

8. 朱云艳. 日本近代化教育的推动者森有礼[J]. 科教文汇,2009(35).

9. 沈璿. 师道与师德合一:构建教师专业伦理制度的理性探索[D]. 西安:陕西师范大学出版社,2012.

10. 陈国仕,谌启标. 加拿大安大略省教师教育质量认证研究[J]. 世界教育信息,2008(2).

11. 薛超. 新西兰教师职业道德规范分析及启示[J]. 文艺生活,2010(7).

12. 雷蕾,叶·弗·布蕾兹卡琳娜. 新时期俄罗斯教师职业道德建设的现实诉求与实践路径[J]. 现代教育管理,2017(10).

13. 王楠,乔花云. 法国中小学师德问责制的内容、特点及启示[J]. 教学与管理(中学版),2017(2).

后　记

　　《教师职业道德解读》一书是根据形势要求,适应教师职业道德培训工作需要而编写的。该书的编写大纲由主编制定,并统修全书。副主编协助主编做了大量辅助性工作。本书编写人员全部为黑龙江教师发展学院的教师。各章的作者分别是:第一章,杨晓东;第二章,赵超;第三章,赵敬春;第四章,于洁;第五章,李迪;第六章,高峻峡;第七章,蔡连国;第八章,刘莹;第九章,王凤鸣。黑龙江教师发展学院院长庄严教授审阅了全书。黑龙江教师发展学院党委书记吴涛研究员欣然为本书作序。

　　本书在编写过程中,参阅了大量国内研究出版发表的相关文献,吸取了有关专家学者的研究成果,在此表示深深的谢意。由于编写时间仓促,编者水平有限,疏漏不足之处在所难免,敬请读者批评指正。

作　者

2019 年 9 月 22 日